SŒUR ANGÈLE

Biographie

Concetta Voltolina

SŒUR ANGÈLE

Biographie

Préface de Monseigneur Turcotte

MARCEL BROQUET
La nouvelle édition

Catalogage avant publication de Bibliothèque et Archives nationales du Québec et Bibliothèque et Archives Canada

Voltolina Kosseim, Concetta, 1938-

[Sapori e profumi di paradiso. Français]

Sœur Angèle

(Passion et défi)

Traduction de : Sapori e profumi di paradiso.

ISBN 978-2-89726-071-2

1. Angèle, sœur. 2. Cuisinières (Personnes) - Québec (Province) - Biographies. 3. Sœurs de Notre-Dame du Bon-Conseil - Biographies. 4. Canadiennes d'origine italienne - Québec (Province) - Biographies. I. Titre. II. Titre : Sapori e profumi di paradiso. Français. III. Collection : Passion et défi.

TX649.A53V6414 2013   641.5092   C2013-941414-2

Pour l'aide à la réalisation de son programme éditorial, l'éditeur remercie la Société de Développement des Entreprises Culturelles (SODEC), le Programme de crédit d'impôt pour l'édition de livres - gestion SODEC. L'éditeur remercie également le Gouvernement du Canada pour son aide en regard du programme du Fonds du livre du Canada.

SODEC
Québec ██

Marcel Broquet Éditeur
351 Chemin Lac Millette, Saint-Sauveur (Québec) Canada J0R 1R6
Téléphone : 450 744-1236
marcel@marcelbroquet.com
www.marcelbroquet.com

Marcel Broquet Éditeur, pour la langue française
© Edizioni del noce, 2011
35012 Camposampiero - Italie

Révision: Christine Saint-Laurent
Mise en page : Alejandro Natan
Traduit de l'italien par Isabelle Martiliani

Distribution :
Messageries ADP* - 2315, rue de la Province, Longueuil, (Québec) Canada J4G 1G4
Tél. : 450 640-1237 - Téléc. : 450 674-6237
www.messageries-adp.com
* filiale du Groupe Sogides inc.
  filiale du Groupe Livre Quebecor Media inc.

Distribution pour la France et le Benelux : DNM Distribution du Nouveau Monde 30, rue Gay-Lussac, 75005, Paris Tél. : 01 42 54 50 24 Fax : 01 43 54 39 15 Librairie du Québec 30, rue Gay-Lussac, 75005, Paris Tél. : 01 43 54 49 02 www.librairieduquebec.fr

Distribution pour la Suisse : Diffusion Transat SA Case postale 3625 CH-1211 Genève 3 Tél. : 41 22 342 77 40 Fax : 41 22 343 46 46 transat@transatdiffusion.ch

Pour tous les autres pays: Marcel Broquet Éditeur 351 Chemin Lac Millette, Saint-Sauveur (Québec) Canada J0R 1R6 Téléphone : 450 744-1236 marcel@marcelbroquet.com www.marcelbroquet.com

Diffusion – Promotion :
r.pipar@phoenix3alliance.com

Dépôt légal : 3ᵉ trimestre 2013
Bibliothèque et Archives du Québec
Bibliothèque et Archives Canada
Bibliothèque nationale de France

À ma mère,
femme courageuse qui, toute seule,
a fait face aux moments difficiles de la guerre,
élevant et sauvant tous ses enfants.

À toutes les femmes émigrantes
qui, avec leur sacrifice silencieux,
ont gardé et transmis
le patrimoine culturel, le respect et l'amour
de leur très cher pays lointain.

Table de matières

Aucun doute. Arrivée d'Italie en 1955, sœur Angèle est devenue une vraie Québécoise. On la sent chez elle chez nous. Je parierais qu'elle considère sa Vénétie natale et son Québec d'adoption comme deux grands amours.

Ce qui me frappe d'abord en elle, c'est son sourire lumineux, éclatant. C'est sa joie de vivre. Deux dons de la nature, sans doute, mais aussi de Dieu. Ce sourire de sœur Angèle, sa joie de vivre nous tournent du côté du bonheur. On a du mal à imaginer cette femme en train de pleurer. Et pourtant, elle sait certainement pleurer, elle qui, durant son enfance, a connu la guerre et la persécution nazie, elle qui a vécu sous les bombardements.

Elle a néanmoins poursuivi sa route. Elle a traversé l'épreuve. Son Dieu y a été pour beaucoup.

Ses prières à la Madonna del Covolo l'ont aidée. La présence de Dieu dans sa vie explique le choix qu'elle a fait, à 19 ans, de devenir religieuse chez les Sœurs de l'Institut Notre-Dame du Bon-Conseil de Montréal : une communauté « qui regroupe des femmes attirées par le goût de Dieu et de la justice ». Ginetta Pizzardo est alors devenue sœur Angèle.

Elle a acquis de grandes compétences en art culinaire. Durant plusieurs années, elle a travaillé à l'Institut du Tourisme et de l'Hôtellerie de Montréal. Les portes de la télévision lui ont été largement ouvertes. On a fait d'elle une star. En tant que représentante du gouvernement, elle a fait connaître la cuisine québécoise un peu partout dans le monde.

Durant ces années de grand travail et d'immense popularité, sœur Angèle n'a jamais caché son statut de religieuse. Elle ne s'en est pas vantée non plus. Être religieuse fait partie de sa vie. Ce n'est pas pour elle un vêtement qu'elle porterait ou enlèverait selon les circonstances. C'est une flamme inscrite en elle. C'est un trésor qu'elle porte au fond de son cœur et qui donne un sens à sa vie.

Sœur Angèle n'a jamais caché la foi qui l'anime mais elle sait aussi disserter longuement sur sa foi, témoigner de sa joie de vivre. Et il m'a toujours semblé que, pour elle, cuisiner c'était se mettre au service des autres. Ce qui est très évangélique. Se pourrait-il que sœur Angèle soit un prototype de la religieuse d'aujourd'hui ? Chose certaine, on ne voit pas très bien ce qu'on peut reprocher à la vie religieuse quand on constate ce que cette vie religieuse a fait d'elle.

Digne représentante d'Italie, digne représentante du Québec et digne représentante de la vie religieuse contemporaine. Sœur Angèle est tout cela. Je suis heureux d'avoir été invité à préfacer un ouvrage qui nous la fera encore mieux connaître.

+ Jean-Claude Turcotte.

Cardinal Jean-Claude Turcotte
Archevêque de Montréal

LE SOURIRE DE SŒUR ANGÈLE
Ma rencontre avec Sœur Angèle

Un jour, dans le temps des festivités entourant Noël, j'assistais à une présentation de vins mousseux. Une jeune fille, du moins je le croyais, chantait *O sole mio* tout en préparant de délicieuses tartines. Je lui ai demandé des renseignements sur le vin présenté et elle m'a répondu en souriant : « Madame, il est très bon, il vient d'Italie, c'est du Prosecco. ».

Dès qu'elle prononça le mot Prosecco, j'ai deviné, à son accent, qu'elle devait être de la Vénétie et je le lui ai demandé.

— Bah oui... je viens de la région de Venise, pourquoi ?

— Parce que moi aussi. Je viens de Venise.

Ce fut notre première rencontre et plusieurs autres s'ensuivirent.

Son sourire plein de soleil m'avait conquise. Je me sentais seule. Et l'avoir rencontrée juste durant le temps de Noël m'apparut comme un cadeau du ciel. Il me semblait avoir retrouvé une partie de moi-même, celle qui était restée dans ma Venise lointaine.

Nous nous sommes liées d'amitié. Nous avons passé bon nombre d'heures à nous raconter nos vies et elle, à me soutenir avec patience et bonne humeur et surtout avec sa profonde confiance dans la divine Providence, foi qui me manquait.

Les souvenirs du pays que nous avions toutes deux quitté par la volonté du destin, par un drôle de hasard, se rencontraient. Les siens étaient à peu près les miens.

Depuis longtemps, je voulais écrire l'histoire d'une femme émigrante car tous les écrits d'émigration ont comme personnage principal l'émigrant homme et moi, je voulais surtout faire connaître les difficultés et le vécu des femmes en émigration car à la femme on demande beaucoup plus de courage et de foi pour pouvoir en donner à son homme et à ses enfants. Et voilà qu'avec sœur Angèle, j'ai trouvé l'histoire d'une femme qui, bien que religieuse, pouvait représenter toutes les femmes émigrantes. En effet, si les détails de chaque histoire diffèrent, le leitmotiv était et est toujours le même : une longue marche vers un avenir meilleur à la recherche d'un pays accueillant avec dans le cœur la nostalgie d'un pays perdu peut-être à jamais

De plus, son histoire est l'histoire d'une femme de la Vénétie et à l'approche du 150ᵉ anniversaire de l'Italie unie, le gouverneur de la Vénétie me demandait de rédiger un dossier sur l'émigration des habitants de la Vénétie à Montréal.

Ainsi est née cette biographie qui, comme l'a si bien souligné monsieur Daniel Stival, en présentant le livre le 7 octobre 2011 à Venise, se lit comme un roman qui n'est cependant pas le fruit de l'imagination. Il s'agit de l'histoire vraie d'une vraie femme qui n'abandonne jamais devant ses difficultés, même si parfois elle semble accepter en silence son destin sans se plaindre des injustices et mesquineries humaines.

Une histoire qui, avec le fil des souvenirs, brode la toile de la vie de sœur Angèle depuis sa naissance à aujourd'hui : les terribles moments de la guerre vécus durant son enfance, le difficile chemin de l'émigration et à la fin le triomphe de son intégration dans son pays d'adoption. Au bout de nombreux sacrifices, en proie au découragement, elle est arrivée à conquérir, avec ses seules forces et sa foi en Dieu, ce grand pays qu'est le Canada.

Concetta Voltolina

N.B. Tous les événements et les personnages sont réels, sauf pour certains noms qui, avec le temps ont été oubliés.

PREMIÈRE PARTIE

L'Italie
Parfum de sous-bois et pluie de bombes

Chapitre 1
La mort du grand-père Agostino

Autrefois, les Gustin, c'est ainsi qu'on appelait la famille Rizzardo d'Agostino, étaient de riches propriétaires terriens qui vivaient aisément à Cavaso del Tomba, un joli petit village de la région de Trévise au pied des montagnes préalpines. Ils possédaient des terres et des maisons dans presque toute la vallée et leurs vignobles s'étendaient jusqu'aux flancs du Mont Tomba. Le vin qu'ils produisaient, le fameux Prosecco, était connu dans toute la région

Au village, après la tourmente tragique de la guerre de 1914-1918, on vivait paisiblement et sereinement grâce au dur labeur quotidien des champs.

Le vieil Agostino qui s'était battu contre l'ennemi sur les côtes rocheuses du Mont Grappa pour libérer l'Italie et protéger ses terres du danger d'une invasion autrichienne en prenait maintenant le plus grand soin. Il les cultivait, les chérissait comme des créatures nées de son propre sang et les faisait fructifier avec l'aide de plusieurs villageois qui travaillaient pour lui et de sa femme bien-aimée, sa plus précieuse collaboratrice. Comme il se plaisait souvent à le dire, il était le chef et son épouse, douce compagne de toute une vie, avait été comme le cou qui soutient la tête sur le corps humain : sans lui, la tête ne peut ni agir, ni fonctionner. Son bras droit était Angelo, le fils aîné et son bras gauche, sa fille, la benjamine de la famille. Un jour, tous ses biens reviendraient de droit à Angelo et sa belle petite famille.

En effet, à cause d'une maladie incurable dont souffrait la femme d'Agostino, sa belle-fille Enrichetta, surnommée Richetta, avait pris en main la maison et son mari Angelo dirigeait maintenant l'entreprise agricole familiale connue comme le domaine des Gustin.

Le vieil Agostino pouvait ainsi vivre tranquillement sachant que le fruit d'une vie entière de travail se perpétuerait avec son nom. Sa famille cultiverait avec amour non seulement ses terres, mais aussi son souvenir, celui d'un homme honnête, intègre, bien qu'un peu austère et bourru. Son fils Angelo était de plus en plus engagé dans la gestion du travail agricole, sa fille avait épousé le propriétaire de la ferme avoisinante, et Richetta avait pris la place de sa belle-mère au sein de l'entreprise en assumant la direction de la maison. C'était une belle femme, forte et courageuse, mais surtout capable de créer autour d'elle toute une atmosphère de confiance et d'espoir. Une grande foi en la Providence, son soutien en toutes circonstances, avaient été sans doute sa plus belle dot qui avait enrichi, comme c'était la coutume à l'époque, son maigre trousseau de mariage. Mais son charisme était tel qu'elle était aimée et appréciée de tous ses parents et amis.

Agostino avait beaucoup d'estime pour sa belle-fille et, sans le vouloir, il suscitait par ses éloges la jalousie de sa propre fille Carmela qui voyait en elle une rivale. Richetta, de son côté, répondait toujours en souriant, d'une voix calme et sereine. Orpheline de père dès l'âge de 11 ans, elle avait commencé à travailler très tôt pour aider sa mère qui vivait dans des conditions économiques difficiles. Elle avait trouvé un emploi auprès d'une famille d'aubergistes qui l'exploitait en lui donnant un salaire misérable. Malgré cela, elle ne s'était jamais plainte; bien au contraire, elle remerciait le Bon Dieu pour tout ce qu'elle avait et le travail qu'on voulait bien lui donner.

Angelo l'avait rencontrée lors d'une fête à la paroisse. Il avait été profondément touché par la bonté et la beauté intérieure que l'on devinait en cette femme aux yeux souriants, jamais ternis par aucune ombre de rancune ou de colère. Il avait décidé sur le champ que c'était bien elle la femme qu'il cherchait, celle qui lui offrirait le réconfort, l'amour et le courage pour poursuivre ensemble le chemin de toute une vie.

De leur union étaient nés six enfants, tous beaux, joufflus et en pleine santé. Une ribambelle de gamins aux cheveux de jais, tellement noirs que lorsque tous ensemble ils couraient dans les champs, en riant et en gazouillant. On aurait dit un vol d'hirondelles. Le grand-père Agostino était aux anges quand le soir, en rentrant chez lui, il les voyait venir à sa rencontre en courant. Il remerciait le Seigneur qui lui permettait de vivre sereinement ses vieux jours, entouré de l'amour de cette belle famille, bien que la maladie de sa femme le tourmentait toujours comme une épine dans le cœur. Heureusement, au fil du temps, cette douleur lui était devenue supportable grâce au dévouement de sa belle-fille qui prenait soin de son épouse quotidiennement. Chaque matin, il pouvait ainsi aller tranquillement inspecter ses champs et ses vignobles. Plus tard dans la journée, il se promenait, le fusil de chasse à l'épaule, suivi de ses deux chiens fidèles, tirant de temps en temps sur un lapin sauvage ou un lièvre. Ensuite, au coucher du soleil, il faisait à nouveau la tournée des vignobles pour vérifier le travail exécuté pendant la journée, puis il en discutait avec son fils, après le souper.

Rien ne semblait alors devoir troubler les jours de ce gentilhomme de campagne, malgré les derniers événements politiques qui commençaient à perturber la paix et la tranquillité du village. Quant à lui, il avait déclaré sa neutralité et ne voulait participer d'aucune façon à la vie politique du pays. Il avait déjà rempli ses devoirs envers la patrie en combattant aux côtés des troupes alpines sur les crêtes rocheuses du Mont Grappa. Maintenant, alors que son âge avançait, non seulement il était propriétaire de ses terres et vivait de son travail, mais il donnait de l'ouvrage à d'autres tout en étant en bons termes avec ses voisins.

Il pouvait aussi compter sur l'amitié du comte Balbi, un noble vénitien qui avait trouvé refuge dans sa villa palladienne pour échapper aux rafles des fascistes qui infestaient désormais toute la ville de Venise. Souvent le comte l'invitait à souper chez lui avec d'autres voisins.

Les soirées se déroulaient dans la tranquillité, tous les convives écoutaient respectueusement les conseils d'Agostino qui suscitait parfois, à son insu, la jalousie de certains, s'exposant aux critiques de ceux qui le décrivaient comme un « grand parleur bourru » et voyaient avec scepticisme le comte suivre à la lettre tous ses conseils pourtant judicieux. Au village, on commençait d'ailleurs à répandre une foule de médisances venimeuses à son égard, insinuant divers intérêts de nature politique.

— Le vieux n'a jamais voulu rejoindre les rangs du mouvement fasciste..., murmurait-on.

— Et oui !, commentaient d'autres, comme tout riche propriétaire qui se respecte, Gustin a trouvé pour son fils une échappatoire afin d'éviter qu'il ne soit enrôlé dans les *Chemises noires*, en l'envoyant faire son service militaire en Éthiopie dans l'armée régulière italienne pour qu'il n'ait pas à adhérer au mouvement fasciste.

Depuis que Mussolini s'était emparé du pouvoir dans le gouvernement italien, Agostino, qui à son époque avait combattu avec l'armée du duc d'Aoste, s'était renfermé sur lui-même, ne pensant qu'à sa famille et à ses terres. Il avait accepté à contrecœur que ses petits-enfants portent l'uniforme des *Fils de la louve* afin de pouvoir aller à l'école… lorsqu'il les voyait « déguisés de la sorte » – comme il le disait à voix basse – il détournait le regard. Fort heureusement, il partait tôt le matin à la campagne et ne rentrait chez lui que lorsque les enfants, au retour de l'école, couraient à sa rencontre après avoir quitté leur uniforme.

Mais les commérages et la médisance augmentaient de jour en jour et bientôt le vent froid de la calomnie déclencherait la terrible tempête qui allait bouleverser toute sa famille.

Les *Chemises noires* infestaient désormais le village entier. Par amour ou par force, presque tout le village était devenu fasciste. Quant à ceux qui ne voulaient pas s'inscrire de leur propre gré au parti, on ne manquait pas d'employer la manière forte pour les convaincre, en les frappant à la matraque jusqu'au sang ou bien en s'introduisant la nuit dans leurs maisons pour des missions punitives au cours desquelles les récalcitrants étaient gavés d'huile de ricin à l'aide d'un gros entonnoir enfoncé dans la gorge.

L'atmosphère de Cavaso, autrefois si sereine et joyeuse, était maintenant lourde de peur. Les *Chemises noires* arrivaient également des villages voisins, Possagno, Valdobbiadene et même Bassano et Vicenza; elles faisaient la loi et se pavanaient dans les rues du village, fanfaronnant dans le seul café du centre déserté par les tous ceux qui ne partageaient pas leurs idées. Même les notables du village s'étaient inscrits au parti, condition *sine qua non* pour pouvoir exercer une profession. Les employés de la mairie, des postes, ainsi que les enseignants, tous devaient être inscrits au parti, à l'exclusion des quelques paysans qui travaillaient pour les propriétaires terriens. Mais ces derniers devaient bientôt eux aussi obtempérer aux demandes des *Chemises noires* sous peine d'expropriation. Voilà pourquoi de nombreux propriétaires finirent non seulement par s'inscrire au parti, mais bon nombre d'entre eux allèrent grossir les rangs de la hiérarchie fasciste. Et c'est à ce moment-là aussi qu'apparut sur la place du village la Maison du fascisme.

Seul le vieil Agostino résistait, dur comme un roc. Il n'était pas de nature à plier comme un roseau au moindre souffle de vent. Il avait plutôt le tempérament d'un grand pin montagnard défiant pendant des siècles les vents glacés des tempêtes qui, finalement incapable de résister à la force dévastatrice, se casse et s'effondre.

Et tristement, il en fut ainsi.

Par une sombre nuit sans lune, de connivence avec les employés de la mairie, une bande de *Chemises noires* s'introduisit dans les bureaux du cadastre et, falsifiant les titres de propriété de la famille des Gustin, expropria leurs terres et les assigna à ceux qui, parmi les participants à cette expédition nocturne, souhaitaient les posséder. « Le vieux serait bien forcé ainsi à mettre de côté son orgueil, son entêtement et son arrogance. » C'est ce que murmuraient tous ces êtres subversifs illuminés qui s'en allaient la tête haute, en pleine nuit, chantant et sifflant dans la rue l'hymne fasciste *Sole che sorgi...* (Soleil, toi qui t'élève…)

Et le lendemain, le soleil se leva pâle et triste, caché derrière les nuages comme par peur d'apparaître, honteux à l'idée d'illuminer des terres depuis toujours rendues fertiles par ses chauds rayons pour les Gustin, leurs seuls, uniques et légitimes propriétaires.

La matinée était froide et humide, la terre encore mouillée de rosée dégageait une senteur de feuilles mortes, un brouillard pluvieux descendait des collines recouvrant la campagne d'un léger voile blanc.

Agostino, ignorant absolument tout ce qui s'était tramé derrière son dos la veille, sortit comme tous les matins dans la cour de la ferme. Il appela ses chiens qui accoururent à son sifflet et se dirigea vers les champs pour faire sa tournée habituelle. L'été tirait à sa fin, la saison avait été généreuse en soleil et en chaleur. Les raisins avaient mûri avant le temps et étaient gorgés de nectar, les vignes pliaient sous leur poids annonçant des vendanges précoces. Il fallait donc organiser le travail.

Perdu dans ses pensées Agostino se dirigeait vers les vignobles, mais dans la brume du matin, il n'arrivait pas à distinguer clairement les lieux et les choses qui lui étaient familières; il éprouvait une étrange sensation de nervosité qui lui serrait l'estomac. Il n'arrivait pas à comprendre pourquoi, mais une peur angoissante le tenaillait… Les chiens qu'il tenait en laisse commencèrent à aboyer frénétiquement et à tournoyer sur eux-mêmes, comme en proie à une folie subite : ils avaient pressenti le danger. Impossible de les mettre au pas.

Prenant son courage à deux mains, Agostino avançait, cherchant à pénétrer le brouillard qui se levait lentement et laissait passer quelques traits de lumière. Il aperçut de loin, éparpillés le long du remblai en talus, une série de piquets en bois noir qui n'étaient pas là la veille.

— C'est étrange, murmura-t-il, de quoi s'agit-il? Mais qui peut bien avoir mis ça là ?

D'un pas décidé, il se dirigea vers les piquets pour en avoir le cœur net. Au fur et à mesure qu'il avançait, les piquets noirs prenaient une forme humaine, devenant finalement une longue chaîne de *Chemises noires*… elles surgissaient nombreuses tout au long du remblai, mais également de derrière les arbres, tel un essaim de mouches pestiférées qui envahissaient ses terres. Il s'arrêta, figé. Il fit taire ses chiens et attendit, immobile. Pendant combien de temps ? Il ne le sut jamais. Le temps n'avait plus aucune importance, il semblait s'être arrêté à jamais et lui, Agostino, était pétrifié.

Trois ombres noires s'avancèrent vers lui; trois dirigeants fascistes, suivis d'un groupe de *Chemises noires*. Semblables à un cortège funèbre, sans mot dire, ils lui remirent des papiers où étaient inscrits les noms des nouveaux propriétaires de ses terres. Puis, levant le bras droit en salut militaire à la manière fasciste, claquant fort les talons de leurs bottes, ils rebroussèrent chemin en piétinant avec violence cette terre qu'Agostino aimait tant. Chaque pas pesait lourd sur le cœur du grand-père qui le sentait battre toujours plus fort et toujours plus vite. Il revint à la maison, le dos courbé, lui qui s'était toujours tenu haut et droit comme un sapin, les yeux fixés sur ces maudits papiers froissés qu'il tenait entre les mains.

Il comprit alors qu'il n'y avait plus rien à faire. Impossible de se révolter, la vengeance de ces bêtes noires eut été encore plus féroce, mettant en péril sa famille entière. Il comprit qu'ils étaient complètement ruinés, il ne leur restait que la maison avec un petit potager et ses yeux pour pleurer... s'il en était encore capable.

Chancelant, il poussa la porte de sa maison; il n'y avait personne dans la cuisine. Il se laissa tomber sur une chaise, la tête entre les mains. Tout tournait autour de lui, les arbres, les champs, les vignobles, les grappes chargées de raisins, les mouches noires sur ses terres, ces insectes répugnants accrochées à ses fruits, une vie entière d'honnête labeur rendue vaine, détruite par une peste noire dévastatrice, puis finalement sa famille, sa maison, et surtout le regard innocent de ses chers petits-enfants…

Qu'adviendrait-il d'eux ?

Son cœur qui battait déjà trop vite s'arrêta d'un coup. Le vieil homme glissa de sa chaise et s'écroula lourdement sur le sol en terre cuite.

Chapitre 2
On fera ce qu'on doit faire

Pendant toute la nuit, il tomba une pluie torrentielle qui crépitait avec insistance sur les tuiles du toit. Un vent froid soufflait du haut des montagnes vers la vallée et hurlait lugubrement; on aurait dit qu'une meute de loups rôdait autour de la maison. Les deux chiens fidèles, couchés sur le seuil de la porte, gémissaient, comme pour pleurer la perte de leur maître.

La maison des Gustin était sombre et silencieuse. Richetta et Angelo n'avaient pas fermé l'œil de la nuit.

Ce matin fatidique, en rentrant à la maison, Angelo avait retrouvé son père effondré par terre dans la cuisine. Il avait immédiatement appelé Richetta qui était occupée à prendre soin de sa belle-mère paralysée, et ensemble ils avaient essayé de le réanimer, mais en vain…

Au retour de l'école, les enfants devant une telle nouvelle devinrent silencieux et ne firent aucun bruit. Ce jour-là, personne n'eut envie de manger. Le soir, toute la famille se coucha le cœur gros et la mort dans l'âme. Il n'y avait rien d'autre à faire, il fallait ménager ses forces pour le lendemain matin, lorsqu'il faudrait penser aux obsèques.

Don Pietro, le curé, avait été averti le soir même par Angelo. Il allait arriver le lendemain matin tôt pour bénir la maison et le défunt. Étant donné les circonstances, c'était vraiment nécessaire.

Tourmentée par la pluie qui tambourinait sur le toit, Richetta s'efforçait de comprendre comment un homme aussi fort et en bonne santé que son beau-père Agostino avait pu succomber ainsi, tellement subitement.

Angelo, de son côté, se tournait et retournait dans le lit, il n'avait pas révélé à sa femme ce qui était réellement arrivé la veille. Il l'avait découvert par hasard en soulevant le corps inanimé de son père qui serrait encore dans sa main les fameux papiers. Il eut du mal à s'en saisir parce que la main d'Agostino, crispée par la mort, s'ouvrait difficilement. Angelo avait alors glissé les documents dans sa poche et n'en avait parlé à personne. De toute façon, il avait tout le temps pour annoncer aux siens une autre mauvaise nouvelle ! Mais tout d'un coup, comme s'il parlait dans son sommeil, il laissa échapper une phrase entrecoupée de sanglots : « Et maintenant, qu'allons-nous faire ? ».

Richetta, qui ne pouvait saisir le vrai sens de cette exclamation douloureuse, caressa tendrement son mari et répondit doucement : « On fera ce qu'on doit faire… ».

Elle pensait naturellement à tous les préparatifs pour les obsèques. Elle devait prendre dans le coffre au grenier le drap noir pour habiller la porte d'entrée avant l'arrivée de don Pietro; il fallait préparer du vin et du café pour tous les gens qui allaient venir présenter leurs condoléances; mais avant tout, elle devait aider sa belle-mère à revêtir sa robe de deuil pour s'assurer qu'elle soit prête à temps. La pluie continuait à tomber abondamment et le vent était déchaîné. Chaque heure de la nuit semblait une éternité. Angelo dormait d'un sommeil très agité et Richetta le veillait en silence, toujours obsédée par son idée fixe de saisir réellement la raison de ce malheur si soudain.

Lorsque, trois jours plus tôt, le médecin était venu pour la visite habituelle de sa belle-mère, elle lui avait demandé d'examiner également son beau-père. Le docteur l'avait assurée que le cœur du vieux Gustin fonctionnait aussi bien que celui d'un jeune homme et qu'il n'y avait aucune raison de s'inquiéter : il pouvait continuer à travailler tranquillement sur ses terres car il allait sans doute vivre jusqu'à cent ans. Il est vrai que les médecins peuvent se tromper aussi, mais pas de façon aussi radicale et tragique et elle n'arrivait pas à se faire une raison.

Dès les premières lueurs de l'aube, elle se leva discrètement et, sans réveiller personne, elle commença les préparatifs. Elle monta au grenier et sortit du coffre le drap funéraire, le secoua pour l'aérer et enlever l'odeur de naphtaline et de moisi car il n'avait pas servi depuis longtemps. Ils avaient vécu une période tranquille, faite de petites joies et d'évènements heureux en famille : mariages, naissances, baptêmes, premières communions… et voilà qu'il fallait de nouveau sortir le drap noir.

Après avoir habillé sa belle-mère, Richetta descendit à la cuisine préparer le petit déjeuner pour ses enfants et son mari et rendre la maison un peu plus accueillante pour les amis et les membres de la famille qui n'allaient pas tarder à arriver. Il avait cessé de pleuvoir. Le ciel était clair; dans la cour, les premiers rayons d'un pâle soleil semblaient jouer gaiement avec les énormes flaques d'eau.

Richetta, sortie pour accrocher le drap funéraire à la porte de la maison qui devait rester ouverte, frissonna de froid et de fatigue. L'odeur intense de la terre humide la réconforta et le vent qui soufflait encore léger lui apporta un parfum de sous-bois et de cyclamens.

Les cloches de l'église du village sonnaient le glas pour annoncer aux gens que l'un d'eux les avait quittés à jamais. On entendait au loin un bruit confus qui montait des champs, des voix entremêlées de brefs éclats de rire et des bruissements de pas sur l'herbe mouillée. Un cortège de villageois montait d'un pas lent le sentier qui conduisait à la maison des Gustin. La nouvelle de la mort d'Agostino s'était vite répandue dans Cavaso et, en cette matinée automnale, amis, parents et voisins se dirigeaient vers la maison du défunt en bavardant et en commentant les faits.

Arrivés dans la cour de la ferme, les gens s'arrêtèrent en silence avant d'entrer, les yeux levés vers les fenêtres fermées.

Pas un bruit ne sortait de la maison qui, avec sa porte habillée de noir et ses sombres volets tirés, ressemblait à une pauvre vieille aveugle. Certains ironisaient. Il y en avait parmi eux qui étaient non seulement déjà au courant du deuil, mais qui en connaissaient la cause et en avaient peut-être même été les acteurs…

« Maintenant, ils drapent leur maison de noir – disaient-ils – Ils auraient mieux fait d'y accrocher plus tôt les drapeaux noirs fascistes; ainsi, le vieux Gustin serait encore en vie… »

Puis, soulevant lentement le drap, ils entraient un par un dans la cuisine. Sans mot dire, ils saluaient la veuve d'Agostino, la vieille Gustin, comme ils la surnommaient, et s'asseyaient autour de la table en chêne massif, sur laquelle le pauvre Agostino s'était effondré la veille. Ils continuaien à marmonner entre leurs dents d'autres méchancetés. Parfois, les bavardages cessaient, cédant la place à un lourd silence à peine interrompu par quelques quintes de toux. La matinée s'étirait lentement dans l'attente du curé.

Petit à petit, la maison s'était remplie de gens, il y en avait même dehors dans la cour et certains murmuraient avec pitié : « C'est maintenant que les malheurs vont vraiment commencer… ». Mais ils se taisaient aussitôt pour ne pas révéler ce qu'ils savaient.

Sur ces entrefaites, don Pietro arriva en compagnie du sacristain et, après s'être entendu avec Angelo pour les funérailles du lendemain, il monta dans la chambre où la dépouille du défunt, étendue sur le lit, avait été préparée avec amour. Il bénit le corps de quelques coups d'aspersoir, dit les prières à voix basse et, redescendu dans la cuisine, il s'approcha de la veuve en lui adressant à voix haute quelques mots de réconfort : « Ce n'est pas nécessaire de réciter le chapelet maintenant car lorsqu'on a vécu en honnête homme comme ton mari, qui a toujours été un bon chrétien, on n'a pas besoin de toutes ces prières, on s'en va droit au paradis. ». Puis, se tournant vers les gens présents, il ajouta : « Agostino vous laisse en héritage un nom respectable, un exemple d'intégrité et de droiture que beaucoup d'entre vous feraient bien de suivre. »

Ainsi, il bénit l'assemblée à la hâte, jetant ici et là, nerveusement, quelques gouttes d'eau bénite et s'en alla car il y avait parmi les gens présents plusieurs individus qui ne lui plaisaient guère, à commencer par le secrétaire municipal accompagnant le maire, venu au nom de son ancienne amitié avec le défunt.

À maintes reprises, le maire avait essayé de convaincre Agostino d'accepter les idées de Mussolini. Peine perdue. Son vieil ami avait préféré sacrifier leur amitié plutôt que de renoncer à ses idéaux de liberté. En entrant dans la cuisine, tout le monde s'était levé en signe de respect. Il s'était dirigé directement vers la veuve qu'il avait courtisée dans sa jeunesse. Sentant tous les yeux fixés sur lui, il éprouva une gêne alors qu'il essayait d'exprimer ses condoléances en adoptant une attitude émue et sincère. Il dit alors d'une voix rauque : « Je suis vraiment désolé pour la perte de votre cher époux, mais peut-être que rien de tout cela ne serait arrivé s'il n'avait pas été aussi têtu ! Pour le bien de nos proches, il faut parfois convenir que l'orgueil ne sert à rien et qu'il peut, au contraire, finir par ruiner une famille entière. ».

Son secrétaire, ajouta à voix basse : « Après tout, pourquoi s'obstiner à ne pas porter une chemise noire ? Peu importe la couleur : rouge, verte, blanche ou noire, c'est toujours une chemise qui sert à s'habiller. Et celles que nous fournit le parti sont d'ailleurs d'excellente qualité ! ».

« Tais-toi, tu dis des bêtises ! », répliqua le maire, irrité.

« Je ne fais que répéter ce que tu as dit tout à l'heure, insista le secrétaire avec arrogance – après tout, on peut changer de chemise quand on veut, du moment qu'on vit bien. »

Angelo écoutait, il savait déjà exactement de quoi on parlait. Pendant ce temps, Richetta offrait café et vin chaud; elle prêtait une oreille très attentive à ces phrases incompréhensibles, les enregistrait dans son esprit pour demander ensuite des explications à son mari.

Les femmes commencèrent à réciter le chapelet, même si don Pietro s'était retiré. Sur le seuil de la porte, Richetta saluait ceux qui s'en allaient, souhaitant en son for intérieur que tout le monde parte le plus tôt possible pour que cette comédie des condoléances puisse se terminer au plus vite. Même si les amis avaient apporté, comme le voulait la coutume, des cadeaux de toutes sortes et même s'ils étaient là pour soutenir et réconforter la famille, en fin de compte, chacun racontait ses propres misères et parlait sans retenue du malheur des Gustin.

« C'est vraiment une sale histoire ! – murmura une voisine à l'oreille de Richetta en la serrant dans ses bras – Maintenant tout va reposer sur tes épaules. Je ne crois pas que le vieux vous ait laissé grand-chose, mais tes mains sont habiles, c'est la plus belle dot que tu possèdes et personne ne pourra te l'enlever ! » Et elle partit après l'avoir embrassée. Une autre lui dit : « Ma pauvre ! Mes pauvres enfants, comment allez-vous passer l'hiver, maintenant ! ».

Richetta ne disait rien, elle hochait la tête en silence, mais une seule idée l'obsédait : comprendre ce qui s'était passé la veille. Elle attendait avec impatience que tout le monde soit parti pour pouvoir trouver la clé des phrases mystérieuses qu'elle avait entendues.

Enfin, il n'y eut plus personne. Richetta et Angelo restèrent seuls dans la cour. Ce fut à ce moment qu'Angelo tendit silencieusement à sa femme les papiers qui sanctionnaient leur ruine. Il aurait préféré attendre la fin des funérailles pour tout lui expliquer, mais il n'en pouvait plus de garder pour lui ce douloureux secret qui écrasait et torturait son cœur meurtri, comme s'il eut été foulé par les lourdes bottes des brigades noires.

Il cherchait de l'aide et du réconfort auprès de sa femme.

Le lendemain, aux obsèques, il y avait beaucoup moins de gens que la veille et le cortège qui accompagna le défunt au cimetière était encore plus réduit. Au fond, Richetta était contente car elle n'en pouvait plus des commérages et des commentaires, surtout maintenant qu'elle connaissait la vérité et savait qu'elle allait devoir la révéler à ses enfants et à sa belle-mère. Devant la fosse encore ouverte, Angelo et Richetta s'attardèrent un long moment en silence, tenant leurs enfants par la main comme pour former une chaîne d'amour, cherchant ainsi à se donner du courage et de l'espoir mutuellement.

En rentrant à la maison, Richetta marchait comme un automate. Elle avait l'impression de vivre dans un autre monde. Sa confiance et sa grande volonté, toujours présentes dans les moments difficiles, l'avaient abandonnée. Comment allait-elle dire la vérité aux enfants et à sa belle-mère ? Comment trouver les mots ? Elle ne s'en prenait pas au sort, elle ne s'emportait pas contre le destin. Pourtant, à la maison, elle restait prostrée en silence pendant des heures devant la fenêtre de sa chambre en regardant les figuiers qu'ils avaient plantés, comme le veut la tradition à la campagne lors de la naissance des enfants. Chacun avait le sien et chaque arbre avait le même âge qu'un enfant. Qui en prendrait soin maintenant ? C'étaient des arbres personnifiés, chacun avait son nom, ils faisaient partie intégrante de la famille… Qu'allaient-ils devenir à présent ? Son regard se perdait au loin, sur ces terres qui ne leur appartenaient plus.

Tout son passé lui revint à l'esprit, les souvenirs d'une vie dure depuis sa plus tendre enfance. À 11 ans seulement, elle avait perdu son père, emporté par la grippe espagnole. La misère qui s'ensuivit l'avait obligée à quitter l'école et commencer à travailler pour aider sa mère. Plus tard, lorsqu'elle rencontra Angelo, elle croyait avoir découvert le paradis, menant une vie laborieuse mais tranquille, élevant du mieux qu'elle pouvait ses six enfants et souhaitant pour eux un destin meilleur que le sien.

Ses enfants auraient dû étudier et prendre un jour la relève de leur grand-père et de leur père. Sa famille avait toujours été très respectable et leur domaine était l'un des plus connus de la région… Tout s'effondrait maintenant, tout était à recommencer. Le malheur avait frappé au cœur de leur famille et ils se retrouvaient une fois de plus dans la misère.

Le soir, la porte fermée et la famille assise autour de la table, après un souper silencieux, la grand-mère commença à réciter le chapelet en y ajoutant quelques prières pour le repos éternel de l'âme du grand-père.

Angelo serrait fort la main d'Enrichetta sous la table pour que personne ne les voie et elle, les yeux pleins de larmes, s'efforçait de ne pas pleurer.

Finalement, le cœur battant vite comme s'il allait exploser, Richetta se décida à briser le silence et dit d'une vois à peine audible : « Nous nous remettons maintenant entre les mains du Seigneur. C'est triste, mais nous sommes financièrement ruinés. La propriété ne nous appartient plus et il nous reste bien peu de terres pour pouvoir continuer à vivre. Nous n'avons plus que notre amour et notre bonne volonté pour affronter tous ensemble la tempête, sachant qu'après l'orage vient toujours le beau temps. Maintenant il va falloir faire encore plus attention aux sous et apprendre à vivre comme le font les fourmis. ». Puis elle se tut.

Elle regarda ses petits qui, les yeux écarquillés, essayaient de comprendre exactement le sens de ses mots. Seul Antonio, le plus âgé des garçons né après trois filles et confié à la protection de saint Antoine de Padoue dont il portait le nom, osa dire d'une voix tremblante : « Tu veux dire que tout d'un coup, nous sommes devenus pauvres ? ».

« Non, nous ne sommes pas pauvres – répliqua Angelo – tant que votre maman est parmi nous, nous ne sommes pas pauvres… Si seulement tous les enfants pouvaient avoir une maman comme la vôtre ! Et maintenant, avant de dormir, n'oubliez pas de demander à votre ange gardien et de nous protéger parce que nous ne savons malheureusement pas ce que nous réserve l'avenir. »

Ce soir-là, le coucher de soleil avait enflammé tout le ciel d'un rouge incandescent. Puis, soudainement, une lumière sombre, presque hostile, descendit sur les monts et la vallée. La luminosité était étrange; elle disparut d'un coup, laissant la place à un banc de brouillard épais. Enrichetta ressenti une douleur semblable à une chape de plomb comprimant son coeur et sa tête et qui lui faisait terriblement mal. Assise au bord du lit, elle se mit à pleurer sans pouvoir s'arrêter, versant toutes les larmes qu'elle retenait depuis trois jours déjà.

« Qu'allaient-ils faire maintenant ? »

« On fera ce qu'on doit faire » était sa devise, mais à ce moment-là, elle n'avait vraiment aucune idée de ce qu'ils pourraient bien faire.

Ce n'était pas l'ouvrage qui lui faisait peur. Même s'il fallait qu'elle travaille encore davantage, elle était infatigable : jamais elle ne se plaignait, jamais elle ne manifestait le moindre sentiment de jalousie envers ceux qui avaient connu une vie plus facile que la sienne. Lorsqu'enfant, elle revenait du lavoir avec son panier de linge à livrer aux familles riches du village, celles-ci l'accueillaient à la porte sans jamais l'inviter à entrer dans leurs belles maisons, on lui remettait les quelques sous qu'elle avait gagnés honnêtement et elle remerciait, un sourire radieux aux lèvres. Elle était heureuse d'être vivante et de pouvoir aider sa maman…

Les années s'étaient ainsi écoulées. Et même après son mariage, alors qu'elle avait connue une vie plus facile ,elle n'avait jamais changé sa façon d'être. Comme toujours, elle ne s'emportait pas, elle ne maudissait pas les fascistes qui les avaient jetés dans la misère, raflant tout ce qu'ils trouvaient et s'attaquant sans aucune pitié aux pauvres gens sans défense.

Les honnêtes gens se résignent à tout, ayant comme seul recours la prière et la foi en la Providence.

« Qu'allons-nous faire maintenant ? », demanda Angelo qui, entré dans la chambre sans faire de bruit, l'observait en silence depuis une dizaine de minutes. Richetta le regarda hébétée, le visage inondé de larmes. Elle ne savait que dire. Elle ne savait plus quoi faire pour réconforter les autres, incapable même de répéter sa phrase proverbiale « On fera ce qu'on doit faire », ne sachant pas elle-même ce qui était juste de faire pour sauver ce qu'il y avait encore à sauver et rendre moins pénible la vie de ses proches. La famille était nombreuse : neuf bouches à nourrir, des enfants encore jeunes et une grand-mère très malade. Elle se doutait qu'elle ne pourrait pas compter sur leur aide. Après tout, les enfants sont des enfants et ils ont droit de vivre leur enfance. Elle aurait voulu leur donner tout ce qu'elle-même n'avait jamais eu, mais la vie en avait décidé autrement…

Angelo s'assit auprès d'elle, le visage caché dans ses mains : « Tout ce que je sais faire, c'est m'occuper des terres, des vignobles et des bêtes. Au fond, je suis un paysan et si on m'enlève mes champs, c'est comme si je mourais. Qu'est-ce que je pourrais bien faire ? ».

« Eh, à l'armée, en Éthiopie, tu as appris à cuisiner », lui rappela Richetta d'un ton mi-sérieux mi-moqueur.

« Penses-tu ! Même si je sais cuisiner, comment veux-tu que je réussisse à subvenir aux besoins de toute la famille ? Et comment pourrons-nous assurer l'avenir des enfants si nous n'avons plus les moyens de les envoyer à l'école ? Ils ont voulu nous ruiner, voilà tout ! Ils ont voulu nous obliger à baisser la tête. »

Puis, brusquement, comme s'il avait senti une piqûre d'aiguillon dans le dos, il se mit debout et, regardant sa propriété par la fenêtre, il s'écria d'un ton décidé, presque désespéré : « Non ! Non ! Je vais leur montrer qui sont les Gustin ! Ces terres nous appartiennent depuis des siècles et nous les reprendrons. Il n'y a qu'une seule solution : les racheter, nous réapproprier ce qui nous appartient. Bien entendu, il faut de l'argent, car avec l'argent on obtient toujours tout… Eh bien, nous y arriverons. ».

Richetta le regardait, ahurie. Elle ne cherchait même pas à lui faire entendre raison. Où, quand et comment allaient-ils trouver l'argent ? Angelo ressemblait tellement à son père : il portait en lui l'orgueil des Gustin, la fierté d'une famille honorable et respectable qui avait atteint un niveau de vie relativement aisé grâce à son travail assidu et honnête.

« Nous allons tous travailler, oui, les enfants aussi : ils peuvent aller à l'école le matin et au retour, plutôt que d'aller jouer, ils aideront à la maison ou chez les voisins. Ils recevront en échange peut-être un poulet, un peu de légumes ou autre chose à manger et même quelques petits sous. L'an prochain, les deux aînées auront fini l'école primaire et elles pourront réellement contribuer en gagnant un peu d'argent que nous pourrons mettre de côté pour racheter nos propriétés… La grand-mère, elle, pourra coudre à la main, faire des retouches aux robes, repriser et broder les trousseaux des jeunes fiancées, moyennant bien entendu un paiement… Quant à moi, je retournerai à l'armée, je serai bien rémunéré et je ne dépenserai rien… Et toi, Richetta, tu n'auras pas à t'inquiéter parce que je n'irai pas à la guerre : je suis père d'une famille nombreuse et si on n'a pas assez de six enfants, eh bien, on en fera d'autres ! »

« Mais tu es devenu fou ! C'est de la folie ! On ne sait pas comment s'en sortir avec six et tu parles d'en mettre d'autres au monde ? »

« Mais tu ne comprends donc pas ? Ils veulent que nous soyons fascistes. Eh bien, profitons au moins des avantages du système ! Mussolini offre d'habiller et de nourrir le septième, le huitième enfant et tous ceux qui suivront après le sixième. Que l'on soit neuf ou dix, ça ne change pas grand-chose à notre situation. Six, par contre, ce n'est pas assez pour éviter le risque d'être envoyé au front, parce que, c'est triste à dire, mais il y aura bientôt une autre guerre ! »

Richetta le regardait, abasourdie. Elle n'essaya même pas de le dissuader. Les décisions avaient déjà été prises et Angelo lui avait dit clairement ce qu'il fallait faire et ce qui allait être fait. Pour la première fois, ce n'était pas elle qui était à la barre du bateau et il était en train de couler ; avant qu'il ne sombre, il fallait le redresser et le remettre sur la bonne voie. Comme toujours, elle allait suivre les ordres de celui qui tenait le gouvernail. Tous allaient participer à cette expédition, ensemble, en cordée, du plus grand au plus petit, ils allaient remonter la pente, comme de braves montagnards. C'est ce qu'aurait voulu le grand-père, en bon chasseur alpin qu'il était.

Au fond, les idées de son mari n'étaient pas tellement farfelues… Avoir un autre bébé. Après tout, elle aimait les enfants, surtout pendant les premiers mois, lorsqu'elle les prenait dans ses bras pour les allaiter et les bercer tendrement comme une madone. Sans compter qu'elle avait beaucoup de lait, ainsi elle pourrait allaiter en même temps le nouveau-né d'une famille riche et gagner un peu d'argent comme nourrice. Des pensées plein la tête, elle s'allongea épuisée sur les draps en lin parfumés à la lavande. Angelo s'étendit à côté d'elle et ils restèrent ainsi toute la nuit enlacés, serrés l'un contre l'autre, cherchant non seulement un peu d'amour et de réconfort, mais aussi la force et le courage pour continuer.

Chapitre 3

La nuit de la Saint-Laurent, 1938

Un an s'était écoulé depuis ce matin tragique où le grand-père Agostino avait perdu la vie ainsi que tous ses biens, laissant sa famille dans des conditions précaires.

L'hiver n'avait pas été trop difficile pour les Gustin, puisqu'ils avaient pu compter sur les réserves qu'ils avaient accumulées pendant la belle saison, au grenier et à la cave, comme on avait coutume de le faire. Bien entendu, les portions ne furent pas aussi abondantes que d'habitude, mais tout le monde s'était habitué à être plus parcimonieux, acceptant cette nouvelle façon de vivre.

La nuit, il faisait froid à la maison car on économisait le bois et même sous les couvertures, avant de s'endormir en serrant la bouillotte d'eau chaude, les enfants frissonnaient. Richetta tremblait sous l'édredon, toute recroquevillée dans un coin pour chercher un peu de chaleur.

Elle était seule dans le grand lit car Angelo s'était engagé dans l'armée et il ne rentrait que rarement à la maison. Parfois elle sentait monter en elle une angoisse profonde et se calmait ensuite, concentrant ses pensées sur l'organisation de sa journée. Elle avait toujours une foule de choses à faire : prendre soin de sa belle-mère, préparer les enfants pour l'école, laver le linge, nourrir le cochon et les poules qu'ils avaient heureusement pu garder.

Les enfants étaient devenus moins joyeux. Toujours propres et silencieux, ils ne jouaient plus en rentrant de l'école. Comme des petits soldats bien disciplinés, chacun avait sa propre tâche à accomplir. On aurait dit une petite armée dirigée par le chef, la mère, qui assurait le rôle des deux parents. Plus le temps passait, plus la situation devenait difficile. Richetta était enceinte de son septième enfant et, même si elle se fatiguait beaucoup, elle ne se plaignait jamais car il fallait être forte et courageuse et garder une parcelle d'espoir. Elle avait toujours un sourire et un mot d'encouragement pour ses enfants; quant à la grand-mère, qui grommelait de temps en temps, tout ce qu'elle lui demandait, c'était de prier. Prier, car Richetta n'avait plus le temps de le faire. Le soir, après le souper, on restait assis autour de la table et lorsque la grand-mère récitait le chapelet pour tous, Richetta sentait sa tête se balancer bien malgré elle, lourde de fatigue, mais le sommeil disparaissait une fois couchée, la laissant seule et désemparée.

Lorsqu'elle descendait au village pour faire ses courses, elle filait sans s'arrêter pour bavarder avec les quelques amis qu'elle avait conservés, car bon nombre d'entre eux lui avaient tourné le dos. De toute façon, elle n'avait pas de temps à perdre. Elle poursuivait son chemin, même si elle entendait les conversations qui allaient bon train sur la place, au marché et au café où, après les courses, elle entrait pour se réchauffer un peu avec un café *espresso* arrosé d'une goutte d'eau-de-vie, le seul luxe qu'elle se permettait pour reprendre un peu de force.

Beaucoup de gens soutenaient que le fascisme était une bénédiction, qu'il avait servi à organiser l'Italie et que maintenant, après avoir confisqué les terres appartenant aux riches, tout le monde allait avoir du pain et bien davantage. Certains estimaient que c'était une grâce que d'avoir Mussolini au pouvoir, d'autres célébraient l'alliance avec l'Allemagne et disaient qu'Hitler admirait le Duce et qu'il le voulait comme ami et allié, il avait d'ailleurs déjà été à Venise, et bientôt il reviendrait en Italie car il fallait absolument changer le monde et refaire l'histoire. Richetta ne saisissait qu'à moitié ces conversations. Tout ce qu'elle comprenait, c'est que les biens qui lui avaient été enlevés avaient servi à garnir les caisses du parti plutôt que les tables des malheureux. Les Gustin étaient ruinés, mais les pauvres du village n'étaient pas plus riches qu'avant !

Au début du mois de mai 1938, Mussolini accueillit Hitler en Italie avec tous les honneurs. Pour souligner encore davantage l'amitié avec le dictateur allemand, on introduisit dans le pays, à l'instar de l'Allemagne, des lois raciales de discrimination et de persécution contre les Juifs.

Tout cela n'annonçait rien de bon. Certains parlaient de guerre imminente, insistant sur le fait qu'il fallait absolument s'allier à l'Allemagne pour pouvoir défendre l'Empire conquis par Mussolini avec tant de sacrifices. Ils voulaient entrer dans le conflit par "amour de la patrie" et prétendaient qu'il était nécessaire de montrer aux autres nations que l'Italie comptait, elle aussi, parmi les grands et les puissants de ce monde et que le roi ne régnait pas simplement sur l'Italie et l'Albanie, mais qu'il était également empereur d'Éthiopie.

Richetta était très inquiète. Pendant les courtes périodes où il était de retour à la maison, Angelo la rassurait; après tout, ils attendaient leur septième enfant et cela allait sans doute lui éviter de partir au front.

Enrichetta avait toujours connu des grossesses normales et tranquilles, les accouchements s'étaient toujours déroulés à la maison avec l'aide de la sage-femme du village. Il n'avait jamais été nécessaire d'appeler le médecin pour des complications car elle était de bonne constitution et la nature l'avait prédisposée à porter des enfants. Mais cette fois-ci, la fatigue due à la surcharge de travail, les soucis pour son mari parti au loin et tous ces évènements porteurs de nouvelles funestes avaient contribué à rendre sa grossesse plus difficile. Elle était toujours en proie à des angoisses et des cauchemars, à tel point qu'elle décida un jour d'aller demander conseil au curé don Pietro.

« Don Pietro, je vous en prie, aidez-moi, s'il-vous-plaît ! – lui dit-elle. – Je ne sais plus quoi faire. Depuis un certain temps, la nuit en particulier, j'ai de terribles crises d'angoisse, des cauchemars qui me terrorisent. Je vois bouger les murs de ma chambre, j'entends les loups hurler, je sens une chaleur qui m'étouffe et mes rêves sont peuplés de cadavres et de gens qui se traînent dans les rues désertes. J'entends aussi le bruit des pas des soldats avec leurs lourdes bottes… j'ai l'impression de devenir folle. Et le matin, je me lève encore plus fatiguée que la veille.

J'ai très peur, mon père, j'ai très peur pour ce petit être que je porte en moi. Je crains qu'il soit déjà mort à la naissance ou qu'il ne soit pas normal avec tout ce qu'il doit souffrir à cause de ces cauchemars qui me hantent. Mon père, je vous en prie, bénissez-moi, aidez-moi… »

Puis, elle se laissa tomber, accablée et désespérée sur le premier banc devant l'autel.

Don Pietro, qui la connaissait depuis sa plus tendre enfance, s'assit à côté d'elle. Près de l'autel, il y avait une statue de Saint-Antoine portant dans ses bras l'Enfant Jésus.

« Donne-moi ton alliance de mariage », lui dit-il. Il bénit ensuite la bague, puis la déposa aux pieds du saint de Padoue.

Il prit ensuite son bréviaire et ferma les yeux. Il priait en silence, la tête basse et il y avait tellement de ferveur dans sa prière qu'on aurait cru qu'il conversait avec Dieu et surtout avec le saint vers lequel il tournait de temps en temps le regard. Finalement, il leva la tête et, après avoir essuyé la sueur qui perlait sur son front, il lui dit : « Chère Richetta, ne sois pas angoissée. Il n'arrivera rien de mal à cette petite créature qui sera belle et naîtra en bonne santé, elle sera même un peu spéciale, différente des autres. Ce sera ce petit ange que vous attendez tous et elle apportera parmi vous cette joie de vivre qui vous manque maintenant. Je ne peux t'en dire davantage, mais sois tranquille, tout va bien se passer. ». Puis, il remit l'alliance de mariage au doigt de Richetta qui le regarda ébahie et rassurée en même temps. Le curé la bénit et la laissa prier aux pieds de la statue de Saint-Antoine.

Sur le chemin du retour, Richetta se sentit plus légère. À partir de ce moment-là, elle ne prêta plus attention à ce qui se racontait au village, ni aux voisins qui avaient toujours leur mot à dire sur la situation politique. Elle concentra toutes ses pensées sur cet enfant qui allait naître. La nuit, quand elle peinait à s'endormir, elle conversait avec lui, elle lui racontait sa journée de travail, elle lui présentait tous ses petits frères et sœurs, elle lui parlait de son père parti au loin. Elle passa ainsi les derniers mois de la grossesse. Angelo avait promis d'être auprès d'elle au moment de l'accouchement; il demanda une permission et rentra chez lui dès les premiers jours d'août, à la grande joie des enfants qui continuaient à aider à la maison et chez les voisins même pendant les vacances d'été. Ils se réjouissaient à l'idée de pouvoir travailler avec leur père.

Angelo trouva de l'ouvrage pour les moissons auprès des voisins. Parfois, il montait à la montagne, accompagné de ses trois garçons qui le suivaient jusqu'au dernier petit champ qui lui restait comme pâturage pour leurs deux chèvres.

Là-haut, l'air était frais et le paysage, magnifique. En parcourant les monts du regard, on pouvait voir s'élever vers le ciel les pâles cimes du Mont Grappa, ce massif si cher à l'Italie, alors qu'un parfum intense de cyclamens montait des bois. C'était là qu'Angelo se ressourçait, qu'il reprenait force et courage. Il retrouvait une sérénité bienfaisante en s'amusant avec ses trois enfants qui attendaient un petit frère comme compagnon de jeux. Il était impensable pour eux qu'en dessous du chou qu'ils avaient choisi dans le potager, leur maman trouve une petite fille !

Ce soir-là, en rentrant du pâturage les bras chargés de marguerites sauvages et de fleurs des bois pour leur maman, ils trouvèrent Amalia, la sage-femme, en train de faire chauffer de grandes quantités d'eau. Elle préparait des draps propres en courant entre la cuisine et la chambre des maîtres.

On l'avait appelée d'urgence l'après-midi lorsqu'Enrichetta avait commencé à avoir de violentes contractions : elle ne voulait pas rester seule à la maison. Maintenant, elle était allongée sur son lit; les douleurs avaient repris en soirée, mais moins fortes et finalement tout s'était calmé.

Angelo s'affaira alors à préparer le souper pour tout le monde et à improviser un lit de fortune pour la sage-femme qui allait certainement passer la nuit chez eux.

Après le souper, les enfants se mirent au lit tôt, aidés par leurs deux sœurs aînées Lina et Maria qui, après avoir pris soin de la grand-mère et l'avoir couchée, montèrent dans la chambre de leur mère pour lui tenir compagnie.

La soirée était magnifique. De la fenêtre ouverte, on pouvait entendre les grillons chanter et les grenouilles coasser dans les fossés.

La cour de la ferme était silencieuse. Un silence d'attente. Le ciel était constellé d'étoiles et Enrichetta invita ses filles à s'approcher de la fenêtre pour scruter le manteau d'étoiles.

C'était la nuit de la Saint-Laurent, une des plus belles nuits d'été où se produit le phénomène des étoiles filantes. La légende veut que l'on prononce les mots suivants : « Étoile, ma belle étoile, je souhaite que… » avant que l'étoile filante ne disparaisse. Ainsi, le vœu secrètement formulé au fond du cœur de chacun se réalisera un jour. Tout comme leur mère plusieurs années auparavant, les filles allaient faire la même chose en contemplant le ciel étoilé.

Elle leur raconta comment ce soir-là précisément, elle avait connu l'amour de sa vie, leur père, lorsque tous deux, après une fête paroissiale, s'étaient mis à regarder les étoiles. Sans même le savoir, ils avaient formulé le même vœu et s'étaient retrouvés après quelque temps mari et femme !

Il était agréable de bavarder avec leur mère, assises auprès d'elle sur le grand lit ! Elles auraient voulu que ce moment dure toujours. C'était un de ces instants magiques que la vie leur offrait pour y goûter instantanément car il ne reviendrait plus jamais. Puis, après avoir récité la prière du soir avec leur maman, elles allèrent se coucher, le cœur comblé de leurs vœux précieux et secrets.

Enrichetta, qui se sentait mieux, sortit se promener un peu dans la cour accompagnée de la sage-femme, pour activer le travail. Elle attendait entre-temps le retour d'Angelo, qui était parti demander à sa sœur si elle voulait bien prendre soin de la grand-mère pour une dizaine de jours au moins. Les rapports entre frère et sœur étaient plutôt tendus, surtout depuis que Carmela avait appris qu'à la mort de leur père, Angelo et sa famille avaient hérité de la propriété tout entière.

À son mariage, Carmela avait reçu une dot considérable en terres et en argent, ainsi qu'un somptueux trousseau, mais tout cela ne lui suffisait pas : elle ne voulait pas perdre ses droits d'héritière du patrimoine paternel. Depuis ce temps-là, elle avait cessé de rendre visite à sa mère malade et, après la mort de son père, au lieu d'aider la famille de son frère, elle avait fait comprendre à ce dernier que les malheurs de sa famille devaient lui servir de leçon pour le punir de sa cupidité.

Loin d'avoir un caractère facile et charitable, Carmela était au contraire hautaine et orgueilleuse, une nature exacerbée par sa position de femme riche et d'épouse de l'une des plus hautes autorités fascistes du village.

Angelo n'avait jamais rien demandé à sa sœur, mais il se sentait maintenant obligé de lui rappeler son devoir de fille envers sa propre mère, du moins le temps qu'il faudrait à Richetta pour reprendre la vie de tous les jours…

Cette vie pénible, avec un mari absent, une famille nombreuse, une belle-mère de plus en plus malade et un bébé à allaiter.

La discussion houleuse entre frère et sœur fut interrompue par le beau-frère qui, bien que fasciste, était un homme bon, un peu trop complaisant peut-être avec son épouse, mais ami d'Angelo depuis l'enfance. Ils s'entendirent à la fin pour que Carmela et son mari viennent présenter leurs vœux à Enrichetta lors de la nouvelle naissance et rendre visite à la grand-mère; ensuite, avec l'aide d'une domestique, ils s'occuperaient de la malade pendant un certain temps.

Angelo rentra chez lui plus serein après avoir obtenu l'appui de son beau-frère, aide d'autant plus nécessaire qu'il lui fallait revenir à la caserne immédiatement après la naissance. De retour à la maison, Angelo rencontra Enrichetta qui se promenait dans la cour. Dans l'obscurité de la nuit, il la vit les yeux rivés vers le ciel qui parlait toute seule en s'adressant aux étoiles et à tous les saints du paradis, plus particulièrement à Saint-Antoine et au martyr Saint-Laurent. C'était une nuit de souffrance et d'espérance. Nuit de souffrance, parce que les étoiles filantes sont les larmes du ciel pour le martyre de Saint-Laurent et pour tout le mal qui existe sur terre. Nuit d'espérance aussi, dans l'attente que les souhaits exprimés se transforment en réalité. Angelo s'approcha de sa femme, la prit par la main et ils continuèrent à se promener ensemble, scrutant le ciel à la recherche d'une étoile filante pour pouvoir formuler leurs souhaits.

Enrichetta aurait tellement voulu avoir une petite fille, mais elle n'osait pas trop en parler, car après une attente aussi angoissante, garçon ou fille, ce serait toujours un petit ange arrivé sur terre dans la traînée d'une étoile filante messagère de paix.

Et dans la tranquillité de la nuit, en attendant l'heureux évènement, elle bavardait sereinement en s'abandonnant avec confiance à la Divine Providence.

Le lendemain soir, après un violent orage, Enrichetta sut que son souhait avait été exaucé. Sous un pâle rayon de soleil qui entrait par la fenêtre de sa chambre, Enrichetta se reposait, épuisée mais heureuse, tenant dans ses bras un poupon tout rose et blond, un petit ange aux yeux bleu vert comme la mer.

Jamais au grand jamais, n'aurait-elle pu imaginer que cette enfant, confiée au saint qu'elle avait invoqué la nuit de son martyre, allait vivre un jour son propre destin dans une terre lointaine, amarrée sur les berges d'un immense fleuve. Un fleuve aussi grand que la mer, un fleuve légendaire, le Saint-Laurent, coulant tranquillement parmi terres glacées et forêts millénaires, un fleuve grandiose et infini comme la bonté de l'Amour divin.

Chapitre 4

La guerre

Ainsi, Angiola vint au monde en plein été 1938, dans un fracas de tonnerre, d'éclairs et de pluie battante. Mais après l'orage vint le parfum des roses grimpantes sous la fenêtre de la chambre où elle vit le jour. On choisit pour elle le nom d'Angiola, comme son papa Angelo, mais surtout parce qu'elle était ce petit ange tant attendu et annoncé par le curé don Pietro.

Enrichetta l'appela tout de suite Angiola.

Lorsque ses petits frères vinrent la voir pour la première fois, ils firent la grimace en disant : « Oh ! La ! La ! Encore une fille ! ».

Leur maman les gronda en souriant : « C'est sans doute parce que vous n'avez pas pris assez soin de votre chou. Cette nuit, alors que je me promenais avec votre père dans le potager, nous avons entendu un bébé qui pleurait. Nous avons cherché sous les choux mais il n'y avait rien. À la place, nous avons trouvé ce trésor sous un rosier. Ce doit être parce que vos sœurs se sont occupées des roses mieux que vous ne l'ayez fait pour les choux. La prochaine fois, vous devrez soigner davantage vos choux si vous voulez un petit frère ! ».

En expliquant cela, elle jeta un regard moqueur à Angelo et ils se sourirent avec complicité. Enrichetta ne se doutait pas à ce moment-là à quel point elle disait vrai puisque quelques années plus tard, elle mettrait au monde Giuseppe, le garçon tant attendu par ses petits frères, suivi de Flora, à la grande joie des filles qui voulaient elles aussi leur petite poupée. C'est ainsi que la famille se trouva considérablement agrandie. Il y avait neuf enfants à élever dignement, mais c'était assez pour être certain qu'Angelo ne partirait pas en guerre. Il était bien loin d'imaginer que les choses allaient s'aggraver de toute façon.

L'alliance avec l'Allemagne devint de plus en plus forte. Mussolini signa avec Hitler le Pacte d'Acier donnant naissance à l'Axe Rome-Berlin. Ainsi, l'Italie n'était plus « l'esclave de Rome » comme le dit l'hymne national italien, mais devint « l'esclave de Berlin »…

Et en Italie, alliée des allemands, surgit alors une période de terreur, de brutalité, de violence et l'atroce persécution des Juifs.

La plupart des habitants du village ne comprenaient pas ces nouvelles lois raciales. Ils ne pouvaient pas concevoir pourquoi autant de braves gens devaient être braqués, emprisonnés et exécutés. Des familles entières décimées et déportées on ignorait où. C'étaient des gens honnêtes, qui avaient jusque-là vécu en harmonie avec les Italiens, des citoyens qui étaient d'ailleurs Italiens eux aussi. La plupart des ces personnes étaient nées en Italie et avaient partagé les principaux évènements de l'histoire du pays, versant également leur sang pour l'unification de l'Italie qu'elles considéraient comme étant leur propre patrie. Mais parce qu'elles étaient Juives, on leur confisqua tous leurs biens et elles furent expulsées des écoles, des universités et de l'armée. On leur enleva la nationalité italienne et, plus tragique encore, elles furent déportées comme du bétail dans les camps de concentration et d'extermination.

À Casavo même, il n'y avait pas de Juifs, mais ils venaient parfois de Venise en vacances l'été pour respirer l'air frais de la montagne. Souvent, un monsieur très distingué s'arrêtait chez les Gustin. C'était un antiquaire qui passait tous ses étés à l'hôtel Socal de Possagno. Il arrivait en train avec toute sa famille jusqu'à Pederobba; puis, le fils du propriétaire de l'hôtel allait les chercher en auto et les conduisait à Possagno, en passant par Cavaso, où ils rendaient toujours visite aux Gustin qu'ils connaissaient depuis longtemps déjà. L'antiquaire avait en effet combattu sur le massif du Mont Grappa avec le grand-père Agostino; ils étaient liés par une amitié profonde et se fréquentaient tous les étés.

Après le décès d'Agostino, voyant les conditions précaires de la famille Gustin, l'antiquaire avait proposé à Enrichetta de se défaire de plusieurs objets anciens et des bibelots de tous genres qui se trouvaient à la cave depuis la nuit des temps. Ainsi, en rentrant à Venise après les vacances, il emportait avec lui plusieurs antiquités pour sa boutique et l'année suivante, de retour à Cavaso, il ramenait toujours un petit magot qui représentait une vraie manne pour Enrichetta. De plus, il n'oubliait jamais d'apporter à la vieille grand-mère les *baicoli*, des biscuits – spécialité vénitienne - qu'elle trempait dans son café d'orge et, pour les enfants, des gâteaux achetés dans la meilleure pâtisserie de Venise, la *Rosa Salva*.

Mais ce qu'il y avait d'encore plus précieux pour Enrichetta, mis à part l'argent qu'elle conservait soigneusement pour racheter les terrains perdus, c'était les sacs d'habits usagés presque neufs que l'ami vénitien lui apportait. Dans ses moments de répit, Enrichetta se mettait à coudre, à raccourcir, à rétrécir, à réadapter tellement bien que les commères du village se demandaient par quel miracle toute sa famille était toujours aussi bien habillée.

Lorsqu'arrivait l'été, tout le monde chez les Gustin attendait avec impatience et enthousiasme l'arrivée de ce bienfaiteur. Puis, un jour, l'antiquaire et sa famille déménagèrent définitivement à Possagno. De temps en temps, ils venaient rendre visite aux Gustin, mais toujours avec beaucoup de circonspection et de prudence. Bientôt, ils ne purent plus offrir à Enrichetta l'aide qu'ils lui avaient donnée autrefois, mais Richetta et sa famille continuèrent à les accueillir chez eux avec une grande courtoisie, une reconnaissance profonde et, surtout, en cherchant discrètement à les aider à leur tour.

Un jour, Richetta attendit en vain leur arrivée et lorsqu'elle se rendit à Possagno pour avoir des nouvelles, le propriétaire de l'hôtel lui répondit qu'il était plus sage pour tous de ne plus les chercher ni même de prononcer leur nom. On ne sut jamais ce qu'ils étaient devenus, s'ils s'étaient cachés ailleurs pour se sauver ou s'ils avaient été faits prisonniers et déportés. Que s'était-il passé ? Un grand silence entoura leur disparition. Il aurait été trop dangereux à ce moment-là de chercher à savoir surtout si par hasard quelqu'un dans le village les avait dénoncés. Il n'y avait plus qu'à prier et espérer que la Bonté Divine les eut sauvés : après tout, c'étaient vraiment de braves gens.

Enrichetta avait le cœur gros et se tourmentait pour eux. Et, lorsqu'elle faisait des retouches aux habits qu'ils lui avaient donnés, des larmes coulaient sur ses joues silencieusement. Elle avait dit aux enfants et à la grand-mère que leurs amis avaient quitté le pays pour aller en vacances ailleurs.

Angelo rentrait de temps en temps à la maison portant l'uniforme gris-vert de l'armée où il prêtait service comme soldat chargé des cuisines. En apprenant leurs disparitions, il s'irrita et s'assombrit encore davantage. Il était de plus en plus inquiet et agité. Il n'y avait que le calme et la patience d'Enrichetta qui parvenaient à apaiser ses tourments et à créer une atmosphère un peu plus sereine au sein de la famille. C'est pourquoi il était absolument défendu de parler politique à la maison. Pour eux, comme pour la majorité de leurs concitoyens, tant de haine contre ceux qui pratiquaient une religion et des traditions différentes était incompréhensible. Jésus, Marie et Joseph n'étaient-ils pas nés Juifs, eux aussi ? C'est ce que don Pietro avait toujours enseigné à l'église en racontant la vie de Jésus et des premiers chrétiens. Certes, ceux qui persécutaient et tuaient maintenant ces pauvres gens étaient loin d'être de bons chrétiens !

Dans ce contexte sombre et tragique, la vie des enfants qui ignoraient ce qui se passait, continuait dans la routine quotidienne : l'école le matin, suivie des tâches à la maison pour aider leur mère, le souper le soir, la prière et le chapelet avant d'aller se coucher, puis le lendemain, on reprenait la même routine inchangée. Leur seule distraction était le rassemblement du samedi matin, ce qu'on appelait le « samedi fasciste » : les jeunes garçons vêtus de l'uniforme des *Balilla* et les deux fillettes aînées habillées en *Petites Italiennes*, laissaient libre cours à leur vitalité avec les exercices de gymnastique en plein air dans la cour de l'école sous la direction de leurs enseignantes. Parfois, ces réunions revêtaient une importance toute particulière parce que le maire ou l'évêque venait admirer les prouesses de toute cette jeunesse qui, sans le savoir, se préparait à un avenir qui ne s'annonçait pas vraiment le meilleur.

Le dimanche, par contre, on dédiait la journée au Seigneur.

Enrichetta courait assister à la première messe, celle de six heures du matin pour être de retour à temps et préparer le petit déjeuner pour ses enfants, qu'elle laissait se reposer un peu plus longtemps sous les couvertures. Plus tard, tous ensemble comme une petite équipe, ils descendaient au village pour la messe des jeunes enfants à neuf heures du matin. Au retour, ils s'arrêtaient sur la place pour bavarder avec leurs camarades ou regarder les vitrines des magasins, sans même avoir la tentation d'acheter quoi que ce soit car ils avaient déjà offert à la quête de l'église les seules pièces qu'ils possédaient. L'après-midi, ils retournaient au village pour assister aux Vêpres avec leur maman qui portait la petite Ginetta dans ses bras.

Ginetta grandissait et devenait une jolie petite poupée blonde aux yeux verts comme l'eau des lacs en haute montagne. À deux ans, elle gambadait joyeusement dans la cour de la ferme, poursuivant les oies et les poules, jouant avec le chat et les deux chiens fidèles. De nature très gaie, elle gazouillait comme un petit rossignol et devenait de plus en plus jolie. Ses cheveux avaient la couleur des épis dorés des champs de blé, ce qui la distinguait de ses frères aux cheveux de jais. Elle était comme un rayon de soleil dans l'atmosphère sombre et inquiétante qui régnait tout autour d'eux.

Les autres enfants du village étaient, eux, désorientés. Ils avaient abandonné leurs jeux habituels et imitaient les adultes; endoctrinés par l'idéologie et la propagande fascistes véhiculées dans les écoles, ils jouaient à la guerre et tentaient de tuer un ennemi imaginaire avec un fusil qui l'était tout autant.

Chez les Gustin, ces jeux avaient toujours été interdits; du reste, tout le monde était déjà suffisamment occupé par les tâches de la maison. Parfois, l'attitude silencieuse et soucieuse de Richetta déteignait un peu sur les enfants qui n'osaient même plus parler. Seul Antonio, plus espiègle et audacieux que les autres, essayait tant bien que mal de comprendre la vérité qui se cachait derrière les mots des adultes.

« Dis, maman, c'est vrai qu'il va y avoir une guerre ? Et contre qui ? Et pourquoi ? »

Richetta ne pouvait lui répondre que : « Tais-toi, tais-toi. Pourvu que non… j'espère que cela n'arrive pas… », tout en faisant le signe de la croix.

« Prions plutôt pour que Jésus, Marie et Joseph nous gardent loin de tout mal. »

Pendant ce temps au village, même parmi les familles leurrées par la propagande fasciste, on commençait à voir émerger les premiers signes d'affolement et d'angoisse. Les femmes agenouillées à l'église priaient plus que jamais pour leurs fils et leurs maris… On plaça aux fenêtres de la Maison du fascisme des haut-parleurs pour que tout le monde puisse écouter les discours de Mussolini. Certains forcenés s'arrêtaient sur la place et hurlaient : « Guerre, guerre ! Duce, nous sommes avec toi ! ». Alors que les vieux regardaient en silence et secouaient la tête : ils ne savaient que trop bien à quoi mènerait toute cette ferveur ! Quel lot de misère, de deuil et de larmes allait apporter dans leurs maisons une deuxième guerre !

Et puis un jour, au début de l'été, plus précisément le 10 juin 1940, les haut-parleurs, après avoir diffusé comme chaque jour les marches militaires et les chants patriotiques, transmirent les mots fatidiques du Duce qui, du haut d'un balcon de la Place de Venise à Rome, haranguait emphatiquement le peuple pour annoncer officiellement l'entrée en guerre de l'Italie aux côtés de l'Allemagne, son alliée, contre la France et l'Angleterre. « L'heure marquée par le destin sonne dans le ciel de notre patrie… etc., etc. » Maintenant, tous les hommes aptes au combat devaient se présenter au Commandement et tous allaient être appelés aux armes. Dans le village circulaient déjà des soldats de tous grades. Militaires de l'armée, *Chemises noires*, fascistes et même quelques soldats allemands, tous se réunissaient à la Maison du fascisme.

Il régnait une atmosphère explosive, allant de l'enthousiasme à l'angoisse et le temps courait à toute allure, inexorablement, vers la ruine du genre humain.

Chapitre 5

Une enfance durant la guerre

À Cavaso, tous les hommes aptes à prendre les armes étaient partis. Il ne restait que les vieillards pour veiller sur les femmes et les enfants : ils n'arrivaient pas à comprendre comment on pouvait se retrouver à combattre aux côtés des « Boches », cette même armée qu'ils avaient chassée de leurs terres à une époque relativement récente, ces mêmes Allemands qu'ils avaient réussi à faire reculer pour les empêcher de traverser le fleuve Piave.

Les enfants se faisaient de drôles d'idées sur la guerre. À l'école, c'étaient les petits drapeaux qu'ils plaçaient sur la carte géographique pour marquer chaque victoire. À la maison, c'étaient les lettres de leur père, Angelo, qui leur écrivait de Gênes où il avait été envoyé; c'était la *Befana* fasciste qui arrivait avec ses cadeaux en janvier, pour l'Épiphanie; c'était le lait que l'on distribuait à l'école et les séjours en colonie pour ceux dont les papas étaient partis au front.

Pendant les vacances, les petits Gustin voyaient leurs amis les quitter pour aller à la mer, mais eux, malheureusement, ne pouvaient pas bénéficier de tels avantages car leur papa n'était pas au front.

Lorsque les femmes se rencontraient dans la rue, elles échangeaient des nouvelles de leurs maris ou de leurs fils partis au loin et les vieux se retrouvaient à l'unique café de la place pour parler de guerre assis au soleil. Les lignes de combat étaient ailleurs. Au village, c'était la routine quotidienne qui continuait; par contre, c'était au tour des femmes et des enfants de travailler la terre s'ils voulaient manger, puisque la campagne, privée des bras des hommes, était de plus en plus en friche.

L'automne avançait, les journées raccourcissaient et la noirceur pénétrait de plus en plus tôt dans les maisons, privées des soirées joyeuses en compagnie des amis rassemblés dans la cuisine autour du feu pour savourer les châtaignes rôties et le vin cuit…

Les premiers jours de novembre, les femmes et les enfants se rendaient au cimetière pour porter des fleurs sur les tombes de leurs chers défunts. Parmi elles, il y en avait qui allaient accueillir sous peu des hommes partis le cœur léger et confiant, ignorant ce destin tragique qui les emmenait vers un long voyage sans retour. Vers la fin du mois déjà, on commençait à recevoir au village les nouvelles des premiers soldats tués au combat, fauchés par des rafales de mitrailleuses. Ils étaient « tombés en héros », ainsi disait la lettre que les carabiniers venaient remettre aux familles. Ce fut alors le début d'une longue série de deuils. Dans plusieurs familles, on comptait un ou deux héros morts pour la patrie, des héros qui seraient ensuite décorés d'une médaille d'honneur militaire, sans que cela ne soulage en aucune façon la douleur de ces mères qui exposaient dans la vitrine du buffet de la cuisine les dernières photos de leurs chers disparus.

Richetta vivait constamment dans l'angoisse en pensant à Angelo; toutefois, elle prenait bien soin de cacher ses craintes et n'en parlait à personne. Elle avait choisi de s'abandonner complètement, avec confiance, à la Sainte Providence et sa foi solide l'aidait à surmonter avec courage et espoir les difficultés quotidiennes omniprésentes.

Il suffisait parfois d'un seul mot, prononcé au bon moment, pour réconforter et redonner du courage. Enrichetta savait prodiguer généreusement autour d'elle la sérénité nécessaire pour affronter autant de peines et de souffrances; elle avait toujours pour chacun une parole d'encouragement, un sourire, une phrase pleine de foi et d'espérance. Derrière elle, Ginetta suivait chacun de ses pas en trottinant, observant tout autour d'elle. Curieuse, elle demandait à sa maman le pourquoi des choses et Enrichetta lui répondait patiemment en lui enseignant petit à petit l'amour et la compassion pour son prochain, en lui apprenant à aimer les merveilles de la création, en essayant de dissimuler la laideur et la méchanceté qui ternissaient le monde.

L'âme et le cœur de Ginetta découvraient ainsi la beauté de l'univers et s'ouvraient à l'amour envers tout ce qui l'entourait. Elle était toujours souriante et joyeuse, même quand elle s'amusait toute seule à lancer son ballon contre le mur ou lorsqu'elle jouait à la marelle dans la cour arrière de la maison. Et elle chantait, elle chantait les comptines pour les enfants, elle chantait les litanies entendues à l'église, elle chantait les airs qu'elle avait retenus en écoutant ses frères et parfois elle chantait tout simplement en inventant un rythme et des paroles. Il lui suffisait de chanter pour se sentir heureuse.

Lorsqu'elle voyait ses frères et sœurs occupés par leurs diverses tâches, elle courait vers eux pour les aider en les imitant et les jeunes s'impatientaient; lorsqu'ils en avaient assez de la voir tourner autour d'eux, ils la grondaient parfois rudement : « Oh ! La ! La ! Tu es toujours dans nos jambes, comme les chats. Laisse-nous donc tranquilles un peu… tu ne vois pas qu'on travaille… allez, va-t'en, va donc jouer… ». Et ils continuaient leur besogne en ronchonnant.

Ginetta ne se vexait pas, elle ne pleurnichait pas, elle s'éloignait toujours aussi gaie en riant et en chantant. Peut-être y avait-il chez ses frères une pointe de jalousie envers leur petite sœur, cette jalousie qui naît chez les enfants que l'on prive de jeux trop tôt et qui sont obligés de devenir adultes trop vite.

Depuis longtemps déjà, les deux sœurs aînées qui n'avaient qu'une douzaine d'années, ainsi que les trois garçonnets âgés de huit à dix ans avaient commencé à mettre de côté leurs jeux insouciants et leurs espiègleries transformant chaque tâche en une sorte de jeu, mais un jeu exécuté avec beaucoup de sérieux et de précision. Ils se sentaient alors importants et ils aidaient leur maman qui comptait sur leur collaboration. Chacun avait sa tâche à accomplir, et il y en avait pour tout le monde car à la campagne, ce n'est pas l'ouvrage qui manque : il fallait nourrir et prendre soin des oies, puis tuer, plumer et nettoyer les poules si on voulait du bon bouillon de poulet, et enfin ramasser les plumes des poules et des oies pour confectionner les édredons et les oreillers… car il n'y a rien qui soit aussi chaud que les plumes d'oie ! Et c'était à ce moment-là plus nécessaire que jamais car le soir, pour économiser du bois, on ne rallumait plus le poêle qui s'éteignait tout seul. Les chambres à coucher et les draps étaient alors humides et froids.

Avec le temps, la crise s'aggravait. Depuis que l'on ne faisait plus les vendanges, on ne tuait plus le cochon, il n'y avait plus d'hommes pour travailler la terre et prendre soin des vaches et des chevaux, la misère et les privations devenaient de plus en plus lourdes et, comme disait Richetta à ses enfants lorsqu'ils étaient tous réunis le soir à table devant l'unique plat de *polenta*, il y avait dans le village des familles encore plus pauvres que la leur, qui n'avaient même pas les croûtes de la *polenta* à manger !

Dieu merci, Angelo était encore en vie et de temps en temps il glissait dans ses lettres quelques économies que Richetta utilisait pour se procurer les denrées les plus indispensables, bien que rationnées, car on ne pouvait les acheter qu'avec la carte de ravitaillement distribuée par la mairie. Petit à petit, même la carte était devenue inutile car on manquait des denrées alimentaires essentielles et seuls ceux qui avaient réussi à mettre de côté une bonne quantité de vivres s'étaient mis à les vendre maintenant à des prix exorbitants sur le marché noir, bien entendu, non pas aux gens du village, mais aux réfugiés et aux citadins nantis qui venaient dans les campagnes justement pour s'approvisionner.

Richetta se mit, elle aussi, à la recherche de vivres dans les villages avoisinants, apportant avec elle plusieurs petits vêtements encore neufs que le pauvre antiquaire lui avait laissés; elle espérait ainsi pouvoir les échanger contre quelques poignées de haricots, de farine ou de sucre… Le peu de lait qu'elle réussissait à trouver devait être gardé pour le petit dernier. Elle travailla ensuite au service de la comtesse Balbi, qui avait toujours conservé ses propres terres et qui était l'épouse du fils du comte vénitien, ami du grand-père Gustin.

De temps à autre, la comtesse organisait des réceptions à sa villa et invitait des personnalités de haut rang : secrétaires fédéraux, dignitaires fascistes, aristocrates vénitiens, romains et même allemands. À ces occasions, Richetta offrait ses services et elle réussissait toujours, en s'arrangeant avec les autres domestiques, à rapporter chez elle les restes des repas.

« Il faut avoir confiance ! – continuait-elle à répéter à ses enfants – si nous nous aidons les uns les autres, avec amour et compréhension, et si nous prions la Vierge, le Seigneur de là-haut ne nous abandonnera pas. »

Ginetta, assise à table auprès de sa maman, écoutait et réfléchissait, elle aussi maintenant voulait l'aider; mais comment ? On la considérait encore trop petite et, mis à part jouer, la seule chose qu'elle devait faire, c'était de s'occuper de son petit frère et de sa petite sœur, la cadette de la famille. Mais Ginetta, dans toute sa sensibilité d'enfant, souffrait en silence en se voyant écartée par ses grands frères qui, après tout, n'étaient pas beaucoup plus âgés qu'elle. Umberto n'avait que deux ans de plus et elle était tout à fait capable, du moins c'est ce qu'elle pensait, d'accomplir certaines tâches, comme faire la vaisselle sans briser les assiettes… Il est vrai qu'elle était très vive, mais son enjouement n'aurait fait que rendre cette aide plus joyeuse, surtout lorsqu'elle se mettait à chanter en travaillant.

Finalement, elle réussit à convaincre son frère Umberto de lui confier la tâche de garder des oies, le libérant ainsi pour qu'il puisse s'occuper avec ses frères de besognes plus importantes. Armée d'une belle baguette, elle dirigeait les pas des deux oies qu'ils possédaient. Belles, blanches et bien dodues, elles se promenaient en se dandinant dans les prés autour de la maison puis jusqu'au ruisseau, où elles allaient s'ébrouer bruyamment. Ginetta ressemblait à une petite fée qui, en agitant sa baguette magique, chassait les soucis et égayait la journée comme un rayon de soleil… Ses frères éclataient de rire et s'amusaient en se moquant d'elle gentiment : « Regardez-moi ça ! À la place de deux oies, on en a trois maintenant… ». Et Ginetta riait avec eux. Ce qui comptait pour elle, c'était de montrer qu'elle était capable d'aider et de contribuer elle aussi. Du reste, elle ne faisait plus partie des tout petits, elle avait cédé sa place depuis longtemps déjà à ses jeunes frères dans le grand lit où elle dormait avec sa maman.

Maintenant qu'elle était grande – comme ils disaient – elle devait également se charger d'autres tâches : mettre la table et la débarrasser trois fois par jour, le matin pour le déjeuner, à midi pour le dîner et le soir pour le souper.

Ce qu'elle trouvait le plus pénible, c'était de devoir se lever le matin avant tout le monde et apprêter la table pour le déjeuner, mais elle se consolait en pensant que le fait d'être aussi matinale lui permettait de se laver et de s'habiller en toute tranquillité et de sortir ensuite dans la cour de la ferme pour assister au spectacle du soleil levant et réciter ses prières devant le magnifique autel de l'univers tout entier. Elle était également devenue une petite glaneuse de blé, qui allait dans les champs pour ramasser les épis restés par terre après la moisson mécanique. Elle chantait en les égrenant, car c'était une tâche plutôt pénible pour ses petites mains fragiles. Elle chantait aussi lorsque, assise sur une minuscule chaise, elle secouait longuement, jusqu'à en avoir mal au bras, la grosse bouteille contenant la crème du lait pour en faire du beurre, mais elle ne s'arrêtait pas tant qu'elle ne voyait pas se former une belle boule jaune à l'intérieur de la bouteille.

Angelo, son papa, rentrait à la maison assez rarement car il avait été assigné au port de Gênes où sa tâche consistait à dégager les cadavres des ruines des bombardements, les reconstituer ensuite, les faire identifier, surtout lorsqu'il s'agissait de soldats, et enfin préparer les papiers pour annoncer la nouvelle à la famille. Un travail macabre et pénible, tellement différent de ce qu'il était habitué à faire dans les cuisines.

Chaque fois qu'il avait la permission de retourner chez lui, il était de plus en plus silencieux et tendu, il supportait difficilement le bruit et le joyeux vacarme des enfants; ainsi, Antonio, l'aîné des garçons, devint rapidement son bouc émissaire. Il n'y avait que la maman qui réussissait à adoucir l'atmosphère à la maison. Inconsciemment, les enfants préféraient maintenant que leur père vive plus loin, son retour n'était plus une source de joie comme dans le passé.

Tout semblait avoir tragiquement changé !

Chapitre 6
La Madonna del Covolo

La guerre qui, aux dires de tant de naïfs, allait être une guerre-éclair et un triomphe garant de prospérité, de gloire et de puissance pour la nation, durait depuis déjà deux ans sans qu'on n'entende parler de victoire. Les haut-parleurs de la Maison du fascisme communiquaient la progression des armées italienne et allemande, mais on ne parlait pas de batailles remportées, pas plus qu'on n'annonçait toutes les défaites subies ni tous les jeunes gens tombés au combat. Mais on avançait, on avançait… on avançait où, vers quoi ?

En Grèce, la ténacité et le courage du peuple grec, résolu à défendre sa terre par tous les moyens, ne laissait aucun répit à l'armée italienne. En Afrique, les soldats de l'Axe Rome-Berlin avançaient en plein désert, tenaillés par la soif, accablés par la chaleur brûlante et aveuglés par les tempêtes de sable. Sur le front russe, ils avançaient dans la steppe, au milieu de plaines durcies par le gel et sous un vent glacial qui soufflait par moins 40 et moins 50 degrés : les pieds et les mains gelaient, le corps entier s'engourdissait. C'est ce qui avait fait sombrer le rêve fou de Napoléon. Personne n'avait jamais réussi à prendre Moscou et rares étaient ceux qui avaient survécu aux rigueurs de l'hiver russe. Dans la chaleur torride des sables roux de Cyrénaïque et sous la blancheur glacée des steppes de Russie gisaient dispersés les corps de trop nombreux soldats italiens, victimes d'une grandeur factice.

Au village, la petite vie continuait. Au café de la place, les vieux jouaient aux cartes sans arrêter de discuter. L'un espérait la victoire, l'autre affirmait que ce ne serait pas possible parce que la guerre était devenue beaucoup plus meurtrière que celle qu'ils avaient faite. Le progrès scientifique avait créé des armes beaucoup plus sophistiquées et presque tous les pays s'en étaient procuré. L'Italie avait voulu étaler sa force et elle s'était alliée pour cela à l'Allemagne, qui était dotée d'armes puissantes, de bombardiers de haute précision, de blindés, de canons lance-flammes, etc.

Mais les plus sages hochaient la tête. « On verra, disaient-ils, on verra… Les guerres n'arrangent jamais rien… tout ce qu'elles rapportent aux gens, c'est la misère et la mort. »

Au marché, les femmes se montraient les lettres qu'elles venaient de recevoir et elles se consolaient comme elles le pouvaient : « Tu as de la chance qu'il soit disparu et non pas mort, toi au moins tu peux toujours garder l'espoir qu'il revienne un jour ! ».

« Et s'il ne devait jamais revenir ! Toi au moins tu es certaine qu'il est mort et tu n'auras pas à attendre quelqu'un qui ne reviendra jamais : un jour, on te rapportera son corps, et tu pourras lui donner un dernier baiser, lui porter des fleurs au cimetière… mais moi, quel espoir me reste-t-il ? »

Les lettres qui arrivaient du front après des mois et des mois d'attente parlaient de gros sacrifices, de la douleur d'avoir vu mourir un compagnon d'armes, mais surtout de la nostalgie du pays, du village, de la vie d'autrefois, des montagnes et des enfants qu'on n'avait pas encore vus parce qu'ils étaient nés de la dernière étreinte avant le départ, et elles parlaient du rêve de pouvoir enfin dormir dans son lit avec sa femme à ses côtés.

Au village, Richetta ne se mêlait pas à ces conversations; elle ne voulait pas entendre qu'on la critiquait ni se voir enviée, ni qu'on lui dise : « Tu en as de la chance ! ». Après tout, à chacun son fardeau de misères et rien ne sert d'envier les autres. Elle ne descendait au village que lorsqu'il le fallait et, si elle avait un moment, elle allait voir don Pietro parce qu'en parlant avec lui, elle arrivait à retrouver un peu de force et de courage, et elle déposait ses peines et ses angoisses aux pieds de saint Antoine afin qu'il les protège tous.

La vie devenait de plus en plus difficile et voilà que l'eau vint à manquer. Énorme problème que chacun devait résoudre de son côté, car ni la carte de rationnement ni le marché noir n'y pouvaient rien. L'eau est essentielle à la vie… et Richetta, avec neuf enfants et la grand-mère encore plus mal en point, avait assurément besoin d'eau. De beaucoup d'eau. Mais où la trouver ? Impossible de rationner l'eau si les puits et les robinets n'en fournissaient plus !

Aussi, du plus grand au plus petit, sur des charrettes traînées par des ânes, des chevaux, des canassons, tout le monde grimpait vers les sources et les ruisseaux de montagne remplir des tonneaux, des bouteilles et des seaux avant que n'arrivent l'hiver et le gel. Les petits Gustin aussi étaient de la procession, mais comme ils n'avaient même pas de canasson, ils durent s'ingénier à faire tirer leur charrette par leur chien-loup, et ils faisaient la navette toute la journée pour rapporter à la maison des seaux d'eau de source.

La grand-mère malade souffrait d'une terrible gangrène au bras : il fallait laver la plaie et la panser avec des bandages propres et désinfectés que Richetta confectionnait à partir de bandes de drap de lin blanc qu'elle déchirait et stérilisait dans le peu d'eau qui restait à la fin de la journée, et c'est ainsi que le soir elle pouvait soigner sa belle-mère.

Ginetta, elle aussi, prit part à la corvée d'eau : elle parvint à convaincre son frère Umberto de la prendre sur la charrette. Voilà un voyage merveilleux, à travers les champs et les bois, assise sur son carrosse imaginaire telle une petite reine qui commanderait à son palefrenier de prendre le chemin des cimes, là où règnent l'air pur et l'eau vive. L'eau la meilleure, la plus salubre parce que bénie, était celle qui jaillissait de la source des « trois creux », là où la Vierge avait touché trois trous d'où sort toujours une eau fraîche et pure qui guérit non seulement les blessures du corps, mais aussi celles de l'âme. C'est ce qu'Umberto avait appris à la catéchèse quand don Pietro avait raconté aux enfants l'histoire de la petite église de la Madonna del Covolo (la Vierge de la grotte). Ginetta ne connaissait pas cette histoire, mais elle se la fit raconter par Umberto pendant qu'il guidait la charrette le long des sentiers dans la montagne. C'était une histoire merveilleuse, qui était arrivée voilà bien longtemps, très longtemps, une histoire vraie mais qui avait un parfum de fable et, comme pour une fable, Umberto commençait en disant : « Il était une fois… » Mais ce n'était pas une histoire de rois, de reines, de fées et de lutins; c'était l'histoire d'une pauvre bergère sourde-muette qui menait ses brebis aux champs à travers la forêt de hêtres, le long de la pente de la vallée qui porte d'ailleurs toujours le nom de vallée de la Madonna del Covolo.

Un gros orage surprit la bergère; affolée, elle chercha refuge dans une grotte où elle se mit à prier, recroquevillée dans une niche étroite et obscure. Tout à coup, une belle dame enveloppée de lumière lui apparut et lui dit de ne pas avoir peur : elle la protégerait toujours et si jamais elle avait peur, elle n'avait qu'à se mettre à chanter et qu'elle, cette Dame, viendrait à son secours. En échange, elle lui demandait d'aller au village prier tous les habitants de renoncer à leurs conflits et d'édifier à cet endroit une petite église en son honneur, un refuge de paix et de repos pour qui s'égare en forêt.

Mais comment faire ? La bergère était sourde-muette !

Et ce fut le miracle. La jeune fille avait entendu tout ce que lui avait dit la belle dame, qui était la Vierge Marie et, une fois arrivée au village, elle put parler aux paysans et, à compter de ce jour, elle commença à chanter à l'église. Les villageois construisirent la petite église et la chapelle tout près de la source des « trois creux » et, depuis, la Madonna del Covolo protège tous ceux qui se perdent en forêt et tous les soldats qui ont livré bataille sur les cimes des environs. Des soldats de toutes les nationalités reposent là dans la paix et la sérénité, les uns à côté des autres, même s'ils étaient ennemis de leur vivant.

« Dans sa petite église, la Vierge ouvre les bras pour protéger de son céleste manteau d'azur tous les jeunes qui sont aujourd'hui à la guerre; elle veut la paix, elle implore, elle prie pour la paix entre les hommes. C'est donc avec ces paroles que don Pietro avait terminé sa classe de catéchisme », dit Umberto à Ginetta qui l'écoutait avec la plus grande attention. C'est une belle histoire, et maintenant la petite veut, elle aussi, monter à la source, même si le chemin est long et fatigant; elle veut arriver à la source de la Madonna del Covolo pour rapporter l'eau miraculeuse à sa mère, l'eau qui guérit toutes les blessures, l'eau qui guérirait la grand-mère de sorte que sa mère puisse respirer un peu et qu'elle n'ait plus à laver chaque soir les plaies suppurantes de la gangrène. Eux aussi, en buvant de cette eau, seraient protégés pour toujours. En voyageant sur la charrette d'Umberto, elle n'aurait pas à se fatiguer. Son frère lui dit alors : « Tiens-toi bien et prends garde à ne pas tomber. ».

Le sentier qu'ils commençaient à gravir était dangereux, parsemé de gros cailloux; la charrette avançait en cahotant entre la paroi rocheuse et une sorte de ravin assez dangereux bien que peu profond, recouvert par le feuillage touffu des hêtres. À chaque pas, on risquait de glisser et de tomber.

« Accroche-toi et ne bouge pas », lui cria Umberto qui continuait à grimper en tirant le chien et la charrette. Tout à coup, il buta sur une grosse pierre qu'il n'avait pas vue, glissa, tomba et lâcha la charrette qui se renversa. Le chien aboya furieusement. Umberto resta prostré au sol, la cheville foulée et… Ginetta ? Au terme d'un plongeon dont elle n'eut jamais conscience, elle se retrouva au milieu de la frondaison d'un arbre, pendue par miracle à une branche à laquelle était restée accrochée la ceinture de sa robe; ses petites jambes étaient prisonnières des branches, mais elle pouvait bouger la tête et les bras. Elle se mit à crier et à agiter les mains et les bras comme si elle nageait ou si elle voulait se mettre à voler. Mais voici qu'elle entendit au-dessus d'elle quelqu'un qui lui criait : « Reste tranquille, ne bouge pas ! ».

Ginetta leva la tête, mais ne vit personne. Elle obéit au cri qu'elle venait d'entendre. Elle ne sut jamais si c'étaient les mots qu'Umberto lui avait lancés quand elle était encore assise sur la voiture qui maintenant résonnaient encore à ses oreilles comme un écho lointain, ou si c'était vraiment lui qui, du haut du ravin, l'avait aperçue.

Après être arrivé non sans peine à se relever et voyant la charrette renversée et le chien qui aboyait furieusement, au bord du précipice, Umberto céda à la panique. Il libéra le chien de la charrette, redescendit très lentement dans la vallée en boitillant et arriva en larmes à la maison.

Ginetta resta là-haut, immobile, tendue et effrayée. C'était la première fois que la petite connaissait la peur. Peu à peu, elle se calma et, comme pour exorciser la panique, elle se mit à chanter. Chanter était pour elle naturel. Elle chante et chantera toujours, même dans des circonstances aussi improbables, aussi tragiques. Et son chant se mêla à celui des oiseaux qui voletaient autour d'elle. À un certain moment, il lui sembla remarquer sur l'arbre voisin que les branches brillaient d'une lumière argentée et qu'elles s'allumaient comme des cristaux frappés par un rayon de soleil; elle se rappela l'histoire de la bergère sourde-muette.

« Chante, prie et je viendrai à ton aide. » C'est ce que la belle dame avait dit à la jeune fille. Ginetta se mit à prier la Madonna del Covolo pour qu'elle lui porte secours et elle continua de chanter…

« Reste tranquille, ne bouge pas ! » Cette fois, c'était la voix grave d'un homme qui lui parlait, non plus d'en haut, mais d'en-dessous de l'arbre, et Ginetta vit deux bras vigoureux se frayer un passage à travers les branches et se tendre vers elle.

« Donne-moi la main, n'aie pas peur ! » Elle tendit les mains qu'on saisit avec force puis, tirée vers le bas d'un coup qui lui arracha sa ceinture, elle se retrouva dans les bras musclés d'un homme encore jeune, grand et fort.

« Qu'est-ce que tu faisais juchée là-haut, tu te prenais pour un oiseau ? Ne pleure pas, va, je te ramène à la maison… Tu es bien la petite des Gustin ? »

Ginetta fit signe que oui. Elle se tut. Il lui semblait connaître cet homme, mais elle ne se souvenait pas où elle l'avait vu.

« J'étais un ami de ton père. Où est-il à présent ? Nous nous sommes perdus de vue. Je vais te reconduire chez toi, mais ne dis à personne que tu m'as vu. Je parlerai à ta maman. »

Et c'est ainsi, dans les bras vigoureux de cet inconnu, que Ginetta rentra à la maison où, dans la cour, sa mère folle d'inquiétude était en train de bander la cheville d'Umberto en le réprimandant vertement.

À la vue de sa petite saine et sauve trônant sur des épaules amies, elle courut à sa rencontre et la serra sur son cœur, partagée entre rires et larmes, puis elle se tourna vers son sauveteur pour le remercier et voulut l'inviter à la maison. Mais il refusa : « C'est mieux… Il vaut mieux que les gens ne me voient pas, qu'ils ne voient pas que vous me connaissez. ».

Il embrassa la petite, contourna la maison et repartit prudemment vers la montagne en se fondant dans l'ombre du soir.

Ce soir-là, lors du chapelet, il y eut une prière spéciale de remerciement à la Madonna del Covolo et, toute sa vie, Ginetta aura pour elle une dévotion particulière.

Chapitre 7
Un Noël de guerre

Décembre était déjà avancé et l'hiver régnait désormais sur toute la nature. Les arbres tendaient vers un ciel gris des branches squelettiques. Tout était congelé, il faisait très froid, la campagne était déserte, il n'y avait personne sur les chemins, pas d'eau dans les fossés, que des haies desséchées, des prés dénudés, une terre noire et durcie. Les faibles rayons du soleil ne réchauffaient plus; ils ne faisaient qu'éclairer un village accablé de sacrifices et courbé par la perte de tant de vies humaines. La mort était entrée presque dans chaque foyer où on pleurait un être cher. Avec la souffrance, il n'y a plus de différends; et il n'y avait plus de fascistes ni d'antifascistes, de riches ni de pauvres : tout le monde était désormais uni dans la misère et l'attente en vain de la fin de la guerre. Quelques rares passants se hasardaient frileusement dans les rues du village, emmitouflés dans de vieux manteaux élimés.

L'église était presque déserte; le matin seulement, quelques femmes s'y attardaient pour prier puis, l'après-midi, entrait la troupe joyeuse des enfants que don Pietro préparait à la fête de Noël en leur racontant la belle histoire de la naissance de Jésus. Il les avait enrôlés dans la représentation de la scène de la Nativité, ce qui leur apportait un peu de joie et d'espoir. Les gens cherchaient à oublier la guerre et, autour d'un plat chaud, on s'encourageait un peu avant d'aller se cacher sous des draps froids et humides parce qu'on n'arrivait plus à bassiner les lits.

Chez les Gustin, avant d'aller dormir, on récitait le chapelet en famille et la prière du soir : « Seigneur, je vais me coucher et j'ignore si je me réveillerai demain, à Toi d'en décider. Que Ta volonté soit faite. Bénis-moi pour la nuit, bénis papa qui est au loin, bénis maman, grand-maman et tous mes petits frères, la maison et toutes les personnes qui y vivent. ».

Enrichetta, contrairement à tant de femmes du village, continuait à espérer parce que, même loin, Angelo était toujours vivant et de temps à autre elle recevait de ses nouvelles. Quand il le pouvait, il envoyait même un peu d'argent qu'elle cachait aussitôt dans un coffret sous le lit en attendant des jours meilleurs.

Ce serait bientôt Noël, mais un Noël de guerre. Une guerre-éclair, avait-on dit, mais qui durait depuis plus de deux ans et voilà que l'Amérique était entrée dans ce jeu tragique contre les forces de l'Axe.

Ginetta ne se rendait compte de rien. Pour elle, les fêtes de Noël étaient toujours les mêmes : la messe à l'église, les prières devant la crèche et quelques friandises pour souligner l'esprit des fêtes. Et sa maman encourageait toute la famille : « Remerciez le Bon Dieu pour ce que vous avez, disait-elle, parce que l'avenir est entre Ses mains. ». Elle ne soupçonnait pas à quel point elle disait vrai.

Ginetta passait tranquillement ses journées à aider sa maman; elle chantait souvent, car elle avait le cœur joyeux. L'après-midi, quand ses trois frères descendaient au village avec Persilla, qui avait quinze ans, pour aller à la catéchèse et aux répétitions de la représentation de Noël, Ginetta, restée seule dans la cour, se consolait en jouant et en bavardant avec Niko, un petit cousin de son âge qui habitait la maison voisine. En fait, Augusto, le chef de la lignée, avait construit avec son frère une belle grande maison qu'on avait divisée en deux. Augusto, père d'une famille nombreuse, avait habité la partie la plus grande et son frère, l'autre. Les deux familles avaient toujours vécu ensemble; elles partageaient le préau et la cour et, pendant les belles journées ensoleillées, les plus petits jouaient toujours sous l'œil attentif d'un membre de la famille. Ginetta et Niko avaient donc grandi côte à côte comme des jumeaux; si Ginetta n'était pas à la maison, on pouvait être sûr de la retrouver avec Niko. Même s'ils n'étaient que cousins au second degré, les deux enfants étaient plus que frère et sœur; pour elle, Niko était tout : son ami, son frère, son confident. Non seulement passait-elle ses journées avec lui mais ils partageaient tout : leurs jeux, leurs idées, leurs problèmes et ils cherchaient ensemble les solutions aux mystères de la vie, que les adultes ne leur expliquaient jamais en répondant à leurs questions : « Tu comprendras quand tu seras grand… ». Ils avaient des tempéraments complètement différents, mais ils se complétaient.

Ginetta, gaie et optimiste; Niko, réservé, calme, le sourire discret et innocent, toujours prêt à aider et à pardonner même quand on le réprimandait injustement. On devinait dans son regard comme une ombre de tristesse et, quand il jouait avec sa cousine à inventer des personnages et des situations fictives, il mettait en scène les cérémonies du culte, surtout les funérailles. Il était très réfléchi et, tout petit, il avait confié à Ginetta qu'il deviendrait prêtre quand il serait grand, pour apaiser la souffrance et les larmes des gens, surtout celles de sa maman qu'il voyait parfois pleurer sans comprendre pourquoi.

Alors Ginetta, pour ne pas être en reste, disait qu'elle se ferait religieuse et ils s'amusaient tous deux à mimer les cérémonies liturgiques; le plus souvent, la gaîté de Ginetta changeait en joie de vivre les appréhensions de son cousin et le détournait de certaines pensées macabres.

La guerre et la mort planaient malheureusement sur leur insouciance, mais Ginetta ne se laissa jamais envahir par la tristesse, même aux heures les plus difficiles et les plus tragiques de sa vie.

La petite aimait beaucoup entrer à l'église où régnait un climat mystique qui la rapprochait de l'Infini. Dans le silence de la nef, elle pouvait prier et remercier le Seigneur qui la protégeait. Mais, elle aimait surtout s'attarder devant la statue de la Vierge qui semblait couvrir toute l'humanité de son beau grand manteau couleur du ciel. Devant la Madone, la petite se rappelait le miracle de la bergère de la grotte, elle se souvenait qu'elle avait été sauvée elle aussi par deux bras vigoureux venus du ciel pendant qu'elle chantait. Toute sa vie, Ginetta chantera : elle chantera pour s'encourager, elle chantera pour continuer d'avancer sur le chemin de sa vie… comme chantaient les soldats au front pour se redonner courage même si, justement le 19 décembre de cette année-là, leurs chants furent étouffés par les colonnes de l'ennemi soviétique et tournèrent au tragique. Ce soir-là à Cavaso, le soleil couchant donna au village un spectacle d'une incroyable splendeur, qui réveilla l'espoir dans les cœurs.

La neige qui recouvrait déjà les montagnes et les rochers s'illumina d'or, de rose et de violet. On aurait dit que les cimes du Mont Grappa voulaient donner le dernier baiser à leurs fils tombés au loin, sur une terre étrangère.

Le matin de la veille de Noël, de blancs flocons de neige tombaient du ciel gris, voltigeaient légèrement, se posant sur les toits et les arbres en effaçant peu à peu les rues, les sentiers et les bords des fossés.

Ginetta, le visage collé à la fenêtre de la cuisine, regardait les blancs flocons tout légers et elle songeait à l'histoire de Marie et Joseph qui, après un long voyage, étaient arrivés sous la neige à la grotte de Bethléem où naquit l'enfant Jésus.

Le soir, tout le monde était autour de la table, on avait préparé la place de papa, comme toujours à Noël, le poêle était allumé et la cuisine embaumait le feu de bois et de brindilles de sapin. Pour l'occasion, Richetta avait fait brûler tout le bois qu'on avait pour qu'au moins ce soir-là ses petits puissent goûter la chaleur d'un bon feu, un bouillon de poulet brûlant et l'amour de la famille réunie.

Après le souper, Richetta réunit les enfants devant la petite crèche préparée à côté du foyer avec les quelques personnages qui lui restaient et ils firent la chaîne en chantant *Tu scendi dalle stelle*, en priant pour que papa revienne et pour que la guerre finisse et en remerciant le Seigneur pour la chance de passer, sous un toit, au chaud, ces heures d'attente de la Sainte Nuit.

Il neigea toute la nuit. La nuit de Noël toute blanche de neige était tranquille, silencieuse. Une nuit sereine, une nuit de paix.

Au matin de Noël, une belle surprise attendait tous les Gustin. Il avait tellement neigé qu'il fallut pelleter pour dégager la porte de la maison. Et les enfants, ravis, se mirent à se lancer des boules de neige et à inventer un bonhomme de neige. Puis, pour aller à la messe, ils sortirent de la remise le long traîneau de montagne qui servait à transporter le bois et y installèrent les plus petits. Les trois plus grandes conduisaient le traîneau, les trois garçons à l'arrière veillaient à ce que les petits, dont Niko, ne tombent pas, et les deux mamans fermaient la marche.

L'église de Cavaso était presque entièrement couverte de neige, les gens y affluaient en silence, marchant à petits pas pour ne pas glisser. Il faisait beau et le temps était froid, pas un seul nuage dans le ciel blanc. Il flottait tout autour un air de sécurité, un sentiment de paix. Après la messe, on présenta le récit de la Nativité devant la crèche sous le regard maternel de la Vierge et des mamans toutes fières des prouesses théâtrales de leurs enfants. À la fin, tout le monde se retrouva sous le porche de l'église pour recevoir les vœux de don Pietro qui avait une parole de réconfort pour chacun de ses paroissiens. Pendant quelques heures, on oublia les privations, les deuils, les larmes; pendant quelques heures, on voulait oublier la guerre. La paix et la sérénité étaient revenues au village, on se souriait entre concitoyens, on se serrait la main sans penser aux tensions et aux haines politiques.

Tout le monde au village avait droit à cette journée de paix qui allait malheureusement être la dernière. En fait, l'année 1942 qui allait se terminer n'avait pas été une année de victoires, mais une année de défaites et, avec le temps, l'angoisse recommença à se répandre dans le pays. Les derniers jours de l'année apportèrent de tristes nouvelles à plusieurs familles, des proches disparus, d'autres morts ou faits prisonniers. Le climat d'inquiétude était contagieux. Les travailleurs qui rentraient de Trévise ou de Padoue rapportaient des nouvelles invraisemblables sur la cruauté des alliés allemands. De terribles histoires d'une férocité inouïe, qui dépassaient en horreur ce dont les pauvres gens de Cavaso avaient entendu parler dans les légendes sur les sorcières, les ogres et les gnomes des forêts : récits inimaginables de cruauté contre des êtres humains. C'est pour cette raison, disait-on, que l'Amérique, grand pays riche et démocratique, était entré en guerre pour combattre le Mal dont s'étaient rendus coupables les deux dictateurs, l'Allemand surtout. Ces histoires donnaient des cauchemars, elles faisaient naître l'angoisse. Aussi Richetta avait-elle interdit d'en parler, il fallait essayer de vivre sereinement au sein d'une famille unie, même si le père était loin. Il fallait toujours qu'il y ait une lueur d'espoir pour éclairer la route. Et Richetta voulait insuffler une énergie positive à tout le monde et principalement à ses enfants. Il leur fallait du courage et de la force pour aller de l'avant et continuer à vivre. Le Jour de l'an, même chez les Gustin, on essayait de fêter, de chanter et de jouer aux cartes. Niko et sa maman étaient venus s'associer à la joyeuse compagnie des cousins. Personne n'imaginait que l'un d'entre eux ne verrait pas la fin de la nouvelle année.

Chapitre 8

Un retour espéré mais inattendu

Cavaso, Possagno, Crespano, Bassano, autant de villages dont la situation géographique est stratégique à cause de leur proximité avec la frontière autrichienne. La route qui porte au col du Brenner passe par là, et pour descendre de la montagne vers la vallée en allant vers le sud, il faut nécessairement traverser ces villages.

Les gens des lieux, les vieux surtout qui avaient combattu sur le Mont Grappa, savaient combien leur position était dangereuse puisqu'ils en avaient déjà fait l'expérience près de vingt-cinq ans plus tôt, mais ils ne disaient rien pour ne pas accroître l'angoisse qui, insidieusement, s'installait dans le village.

Avec la nouvelle année, les *Chemises noires* et les Allemands recommencèrent à fréquenter la Maison du fascisme qui s'était vidée auparavant. On voyait souvent de gros camions stationnés dans la place, chargés de troupes italiennes et allemandes qui se dirigeaient vers le sud de l'Italie. Même si les soldats circulaient allègrement dans les rues au cœur du village, en chantant et en sifflotant *Lili Marleen* ou *Faccetta Nera*, les gens étaient plutôt effrayés et avaient hâte de s'enfermer chez eux. On craignait le danger imminent et l'inquiétude finit aussi par gagner Richetta. Le sombre pressentiment que les malheurs allaient devenir de plus en plus tragiques lui serrait le cœur.

Le printemps arrivait avec son vent léger apportant le parfum de la mer. Petit à petit, la vallée perdait son manteau blanc qui fondait au soleil. À sa place, des filets d'eau sillonnaient la campagne pour aller rejoindre les torrents et les ruisseaux de montagne. Les premiers brins d'herbe commencèrent à pointer et bientôt les prés n'étaient plus qu'une immense mer verte.

Les hirondelles étaient de retour, on les voyait voleter joyeusement dans le ciel bleu autour du clocher de l'église pour aller ensuite se réfugier dans leur nid sous le toit de la maison des Gustin.

Le matin, Ginetta se levait tôt pour préparer le déjeuner de ses frères qui s'en allaient à l'école et pour ses deux sœurs aînées qui travaillaient dans une fabrique de soie. Elle, de son côté, pouvait rester à la maison, jouer avec ses jeunes frères et soeurs dans la cour.

Pâques approchait et elle aimait beaucoup peindre des œufs durs. Elle était l'artiste de la famille : pour chacun, elle décorait un œuf personnalisé.

Parfois, elle sortait de la maison toute seule pour s'enfoncer dans les bois qui sentaient bon le musc et les cyclamens. Sans aller trop loin, bien sûr, il lui suffisait d'arriver jusqu'à une esplanade d'où le regard pouvait embrasser le paysage tout entier et jouir de la beauté des montagnes. Elle se mettait alors à chanter fort et l'écho lui répondait. Elle écoutait sa voix ricocher d'une cime à l'autre pour se perdre enfin dans l'immensité du ciel, convaincue de rejoindre ainsi avec son chant cet Être Infini qui la protégeait et la réconfortait.

Pendant ce temps, le va-et-vient des camions militaires se poursuivait au village; les soldats paraissaient épuisés et découragés, ils ne chantaient plus. Même les haut-parleurs de la Maison du fascisme semblaient être devenus muets. Et ce silence était loin d'être rassurant. On apprit de certains villageois plus aisés qui possédaient une radio, que les Américains avaient débarqué en Sicile et qu'ils essayaient de remonter vers le nord grâce à l'aide des partisans italiens opposés au fascisme qui s'étaient réfugiés dans les montagnes afin d'organiser la résistance contre la dictature et les troupes allemandes. Quelques jours après le 25 juillet, la radio diffusa une nouvelle encore plus retentissante : Mussolini avait été destitué, arrêté et emprisonné en Italie, sur le massif du Gran Sasso.

Un frisson de stupeur d'abord, de terreur ensuite, secoua la population qui, rassemblée devant l'église, essayait de comprendre ce qui se passait. On pouvait voir les militaires sortir en silence de la Maison du fascisme, la mine aussi sombre que leur chemise, puis monter à bord des camions et partir vers Padoue.

D'un coup, une immense clameur éclata sur la place. Certains chantaient, dansaient et riaient, alors que d'autres juraient et sacraient. Les enfants faisaient la fête sans trop saisir le sens de ces événements, les plus grands disaient qu'il y avait sans doute quelque chose d'important qui s'était passé, mais ils ne comprenaient pas pourquoi ces mêmes gens qui, jusqu'à la veille, célébraient le Duce, en arrivaient maintenant à le maudire.

La journée avait été torride et la soirée chargée d'électricité, prête à exploser : on lisait dans les yeux des gens des étincelles de joie, des éclairs de peur, une peur qui tenaillait le ventre.

« Comment se terminera tout ça ? » était la question que tous se posaient.

Le lendemain, la vie reprit comme d'habitude, mais tous les citoyens se regardaient avec méfiance et chacun avait peur de parler à l'autre. Sur le village planait un silence crispé. À l'église, don Pietro cherchait en vain à rétablir le calme et la sérénité, invitant les fidèles à prier pour la paix.

Vers la fin du mois d'août, on commença une neuvaine pour la Madonna del Covolo fêtée le 8 septembre. Ce jour-là, une longue file de villageois suivit en procession le curé jusqu'au sanctuaire et à la petite chapelle de la Madonna pour rapporter de l'eau bénite et demander grâce à la Madonna afin que cesse la guerre. La journée était belle et les Gustin y prirent part eux aussi. Ginetta était heureuse car elle aimait beaucoup ces manifestations religieuses où elle pouvait chanter et se sentir transportée vers le ciel. Les fidèles traversèrent le bois avec leurs flambeaux allumés et la vallée entière se remplit de chants à la Vierge.

De retour chez eux, une belle surprise attendait les villageois : le roi d'Italie déclarait à la radio avoir signé l'armistice avec les Américains et avoir demandé la clémence pour le peuple italien.

C'était la fin de la guerre ! Du moins, c'était ce que tout le monde croyait. Il y eut une explosion de joie dans la place. La procession, ce jour-là, fut suivie du bal populaire…

« C'est fini, c'est fini ! », criaient les villageois tout en s'embrassant. Mais certains d'entre eux osèrent dire, en secouant la tête : « On verra, on verra… le pire peut encore arriver… ».

Ce soir-là, Enrichetta se sentait partagée entre l'allégresse et la crainte, comme si elle eut pressenti de nouveaux et imminents dangers. Avant d'aller se coucher, elle rappela à tous la prière du soir : « Seigneur, fais que cette paix soit durable et que papa qui se trouve loin d'ici puisse vite rentrer à la maison… ».

Peu de jours après, une nouvelle étrange et inexplicable aux yeux des anciens monarchistes se répandit dans le village : le roi s'était enfui avec toute sa famille. Ne sachant pas à quelles représailles s'attendre, il avait préféré se mettre à l'abri laissant ainsi l'Italie et les Italiens courir à leur ruine ! C'était un scandale, surtout pour les vieux qui avaient combattu sur le Mont Grappa au nom de la Maison de Savoie.

Pendant les jours qui suivirent, on commença à croiser dans les campagnes des hommes hagards, errant d'une ferme à l'autre à la recherche d'un lieu sûr. Il s'agissait de soldats de l'armée royale qui essayaient de rentrer chez eux après s'être défaits de leur uniforme; ils se cachaient de peur de rencontrer des Allemands ou des fascistes. Don Pietro en recueillit quelques-uns et les cacha dans la sacristie. Certains trouvèrent refuge dans des maisons perdues dans les bois. D'autres encore furent aidés par les résistants qui se cachaient dans les montagnes.

La Paix n'avait été qu'une illusion, elle avait duré le temps d'un rêve… L'Italie était désormais occupée et sous le contrôle de l'armée allemande car les troupes alliées de la libération progressaient très lentement : au sud, on combattait en gagnant un mètre à la fois, mais l'Italie du nord et du centre était encore aux mains des Allemands. Les jours passaient, interminables, dans une attente fébrile. Qu'allait-il arriver maintenant ? Personne n'osait y penser.

Mais le 18 septembre, la Maison du fascisme recommença à se peupler de *Chemises noires* et les haut-parleurs, jusque-là muets, diffusèrent la voix tonitruante du Duce. Tous s'arrêtèrent sur la place pour écouter, en silence, stupéfaits et déconcertés. Le Duce avait repris le pouvoir avec ses milices pour continuer la guerre aux côtés des Allemands.

Une sorte de République était née, on n'avait plus besoin du roi et les fascistes avaient pris la direction de ce nouveau gouvernement qui siégeait à Salò, sur le lac de Garde. À l'annonce de la nouvelle, bien des gens étaient consternés; d'autres, au contraire, se réjouissaient d'avoir retrouvé leur Duce.

À partir de ce moment-là, tous les jeunes garçons âgés de 16 ans et plus devaient prêter serment et prendre les armes pour combattre avec les Allemands qui, eux, avaient désormais perdu confiance vis-à-vis des Italiens, d'autant plus qu'ils se retrouvaient à devoir combattre contre l'armée mystérieuse d'un ennemi qui n'avait pas de visage et frappait silencieusement lorsqu'ils s'y attendaient le moins.

Les gens ne se rendaient pas compte que ces derniers évènements n'étaient que le prélude d'une période monstrueuse de terreur, de violence et de luttes fratricides.

Les escouades fascistes, sous le commandement d'un seul soldat allemand, faisaient brusquement irruption dans les maisons et chambardaient tout sur leur passage, cherchant avec acharnement des hommes qui refusaient de s'enrôler dans l'armée et défoulant leur colère sur les jeunes garçons de 14 ans et plus qu'ils recrutaient de force.

Pendant les nuits sans lune, de sombres silhouettes passaient furtivement près des maisons en rasant les murs, prêtes à entrer par une porte qui s'ouvrait silencieusement lorsque le danger approchait. Ces *hommes-ombres* se réfugiaient dans les montagnes et, tels d'invisibles fantômes, ils frappaient à l'improviste Allemands et fascistes. Tout le monde vivait caché, dans la terreur et la misère. Le dur visage de la cruauté grandissait au fil des jours et ce nouveau Noël n'apportait ni paix ni joie.

Tous les soirs, chez les Gustin, on récitait la même prière, et chaque nuit, Richetta fermait les yeux en espérant la fin de la violence. À la maison, il était interdit de parler de ces évènements, surtout devant les trois jeunes enfants; mais Ginetta, qui dormait dans la même chambre que ses sœurs Lina et Maria, écoutait leurs conversations. Vittorio, un ami de Maria, avait été pris avec son père et emmené dans une écurie pour prendre soin des chevaux et des ânes. Les deux sœurs racontaient aussi que les Allemands étaient devenus de plus en plus barbares et toutes deux avaient peur lorsqu'elles allaient travailler à la fabrique de soie parce qu'il y avait parfois des rafles d'hommes, surtout des jeunes. Chaque fois qu'ils découvraient un fugitif caché dans la montagne, les soldats le pendaient devant sa propre maison et y mettaient ensuite le feu pour que tout le monde puisse le voir. C'est ainsi que le pauvre Ernesto, leur voisin, avait perdu l'usage de la parole après avoir assisté impuissant à la pendaison de son propre fils âgé de 20 ans. Il errait maintenant dans le village, les yeux hagards, ne sachant plus où il allait…

Et Ginetta, recroquevillée sous les couvertures répétait : « Sainte Croix, Sainte Croix, j'ignore si je me réveillerai demain, c'est la grâce du Seigneur qui décide. Que Sa volonté soit faite sur la terre comme au ciel. Bénis ma maison et tous ceux qui y habitent. ».

Cette année-là pour Noël, par mesure de prudence, don Pietro avait décidé de ne plus accueillir les jeunes à la paroisse. L'église était donc presque toujours fermée. Les fidèles récitaient la neuvaine de Noël chacun chez soi. Tous les soirs, Enrichetta faisait, elle aussi, la neuvaine de Noël après son chapelet. Elle préparait la crèche avec les enfants, à l'aide des quelques statuettes qui lui restaient, du papier d'emballage et de vieux journaux peints en bleu, vert, brun et blanc.

Dehors, il soufflait un air de tempête. Le vent semblait enragé et s'engouffrait furieusement dans la vallée. Le silence n'était rompu que par de violentes rafales qui secouaient les arbres en hurlant. Tout d'un coup, en pleine nuit, les deux chiens fidèles couchés près du foyer se levèrent d'un bond et coururent vers la porte. Enrichetta fit signe à tout le monde de ne pas parler et de ne faire aucun bruit. Elle souffla la bougie car la maison devait sembler vide; puis, elle s'approcha de l'entrée et posa son oreille contre la porte. Elle entendit d'abord une sorte de murmure, on aurait dit deux personnes qui parlaient à voix basse, suivi d'un bruissement de pas sur les feuilles mortes et enfin, un grattement léger derrière la porte. En regardant par la fente d'une fenêtre, elle crut entrevoir deux ombres.

Elle s'arma de courage et ouvrit. Elle faillit perdre connaissance; mais elle se ressaisit immédiatement et referma vite la porte.

Devant elle, haletant, épuisé, couvert de boue et maigre comme un cadavre, Angelo. Un ami barbu l'accompagnait l'accompagnait, ils parlaient à voix basse de peur d'être repérés.

SŒUR ANGÈLE

Tout le monde resta silencieux, craignant que cette vision ne disparût. C'était comme un cadeau de Noël tombé du ciel. Voilà que leur père était revenu de l'enfer et tous se serrèrent affectueusement autour de lui. Il n'y avait que Ginetta qui restait un peu en retrait pour observer ce papa qu'elle reconnaissait à peine. Par contre, elle n'eut aucun mal à identifier la silhouette athlétique de l'homme qui l'avait secourue lorsqu'elle était tombée dans le ravin sur les arbres de la vallée de la Vierge.

Un élan d'émoi collectif remplit la cuisine : il suffisait d'un rien pour éclater en sanglots. Ginetta regardait sa maman en silence : quelques larmes seulement coulaient sur ses joues et, les bras autour du cou d'Angelo, elle essayait de reprendre haleine.

Ensuite, ils s'assirent tous autour de la table et Angelo prit dans ses bras ses deux enfants les plus jeunes qu'il connaissait à peine; il se sentit alors un peu rassuré. Avec la faible chaleur du poêle et une bonne soupe fumante que les jeunes filles s'empressèrent de servir aux deux hommes, Angelo et son ami commencèrent à se détendre et à raconter le voyage rocambolesque qui les avait conduits jusqu'à la maison. L'ami d'Angelo, qui n'avait jamais dévoilé son nom, éprouvait pour lui une grande admiration.

Ils s'étaient connus quand ils étaient enfants et perdus de vue par la suite. Plus récemment, ils s'étaient retrouvés à Gênes alors qu'ils travaillaient tous deux pour sortir les morts des refuges et des maisons bombardées. Puis, avec l'armistice, lorsque tout semblait toucher à sa fin, la situation s'était renversée en un tournemain : ils étaient devenus des déserteurs et on les recherchait… C'est alors qu'avait commencé leur cavale. Les deux amis se dissimulaient dans les campagnes, grâce souvent à l'aide de quelques âmes charitables, en ne marchant que la nuit pendant des heures et des heures, kilomètre après kilomètre, toujours en suivant des sentiers cachés de peur d'être découverts, et ils avaient finalement réussi à regagner la maison.

Ginetta écoutait et souriait à l'ami de son papa qu'elle considérait comme son propre sauveur et le sauveur de son père également… Après avoir repris ses esprits, Enrichetta monta dans les chambres afin d'apprêter les lits pour la nuit. Les deux plus jeunes qui dormaient avec elle furent confiés aux plus vieux, partageant la même petite chambre. Elle prépara ensuite pour l'ami un lit de camp dans la cuisine, près du foyer.

Tous, cette nuit-là, ils purent se reposer tranquilles, non sans avoir remercié le Seigneur de Sa grâce et du précieux cadeau de Noël qu'ils avaient reçu.

Le vœu d'Enrichetta avait été exaucé.

Chapitre 9

Nouvelles amitiés vénitiennes

L'année 1944 fut terriblement tragique pour l'Italie qui s'était transformée toute entière en un immense champ de bataille. On combattait au sud, on combattait au nord, et le pays se trouvait partagé en deux par la ligne gothique tracée par les Allemands pour bloquer l'avancée des forces alliées. Partout, il n'y avait que destruction, misère et mort.

L'hiver fut très rigoureux, difficile pour tous. À Cavaso, du haut des Préalpes voisines, un vent glacé descendait jusqu'à la vallée, un vent qui durcissait non seulement la terre sombre des campagnes, mais aussi le cœur de nombreux villageois.

Les honnêtes gens s'étaient désormais résignés à vivre au milieu de dangers quotidiens, entourés de voleurs, d'espions, d'une foule mesquine et avare, de spéculateurs opportunistes à l'affût des misérables dans le besoin, de fausses amitiés prêtes à vendre n'importe qui au diable allemand pour quelques sous. Même les braves gens devenaient parfois égoïstes car tout ce qui comptait pour chacun était de sauver sa propre peau. La guerre est toujours porteuse de fruits âcres; elle arrive portant en elle son lot de pauvreté et de cruauté. Les rares âmes qui croyaient encore en un Dieu Sauveur se réfugiaient à la maison dans le silence et la prière, n'ayant plus le courage d'espérer des jours meilleurs. L'église n'accueillait plus personne, ses portes étaient toujours fermées, et pour parler à don Pietro, il fallait frapper, presque en cachette, au presbytère.

L'ami d'Angelo était parti pendant la nuit, juste après Noël, pour aller rejoindre ses camarades dans les montagnes. En vain, il avait essayé de convaincre Angelo de le suivre, partageant avec lui les idéaux de la lutte clandestine pour tenter de le rallier à sa cause, mais c'était peine perdue. Angelo s'était montré ferme. Le prix à payer était trop élevé et il ne voulait en aucune façon être responsable de la mort de gens innocents.

Pour chaque acte de sabotage, pour chaque Allemand tué, on capturait des civils sans distinction, on les emprisonnait, on les torturait et on les abattait comme des animaux. Maintenant qu'il avait retrouvé sa maison, sa femme, ses enfants, Dieu merci tous vivants, après tant de souffrances, il fallait qu'il reste pour ne pas les laisser de nouveau seuls, à la merci de toutes ces horreurs. Dorénavant, ils allaient affronter les dangers tous ensemble.

Richetta avait poussé un soupir de soulagement lorsque l'ami d'Angelo était parti sans lui. Elle était épuisée de lutter toute seule, de donner du courage à son entourage sans aucune aide. Ainsi Angelo resta caché à la maison : personne ne l'avait vu arriver, personne ne savait qu'il était revenu.

Pour le remercier de l'avoir sauvé, Angelo offrit à son ami sa maison isolée, située à proximité du chemin de la montagne, afin qu'elle serve de refuge à ceux qui, la nuit venue, devaient monter ou descendre des montagnes. On recommanda alors aux enfants, même aux plus jeunes, de ne parler à personne du retour de leur père sous peine de le voir disparaître comme par enchantement, parce qu'il y avait au village des personnes méchantes qui allaient lui jeter un sort. Ainsi, pour les Gustin, la vie semblait être revenue à la normalité parce que leur père était avec eux.

Les Allemands, se sentant encerclés de partout, n'en devenaient que plus féroces; ils se promenaient dans les villes et les campagnes comme des loups furieux en quête d'agneaux innocents à dévorer.

Ginetta qui, depuis quelques mois, allait à l'école, eut malheureusement à assister au spectacle macabre des pendaisons. Souvent le matin, sur la place du village, juste en face de l'école primaire, les Allemands pendaient leurs prisonniers. La maîtresse interrompait alors la leçon, essayant de fermer les fenêtres, mais par peur de la réaction des Allemands, elle se dépêchait de faire sortir les enfants pour les amener dans la cour arrière de l'école. Malgré tout, Ginetta assistait à ces horribles spectacles, ces pauvres êtres pendant au bout d'une corde comme des poupées de chiffon, la tête ballante. Les yeux écarquillés, elle regardait ahurie et ressentait comme un coup de poing à l'estomac. Niko, tout près d'elle, comprit l'état d'âme de sa petite cousine et, sur le chemin du retour vers la maison, il lui prit main et alla frapper au presbytère pour voir don Pietro. Ensemble, ils se recueillirent aux pieds de la Vierge et Ginetta eut en elle la certitude que seul l'Amour divin de leur Mère Céleste pouvait la sauver sans jamais la laisser sombrer dans cet océan de désespoir et d'angoisse. Don Pietro, une fois les enfants consolés et rassurés, décida de les raccompagner chez eux. Il les fit sortir par une petite porte secrète qui s'ouvrait sur une cour cachée et, passant par un trou creusé dans le mur de clôture, ils se retrouvèrent dans les champs et se dirigèrent vers la maison des Gustin, sans passer par la place et les rues principales pour éviter de voir à nouveau la terrible scène... Après avoir accompagné Niko chez lui, don Pietro frappa à la porte chez Enrichetta qui ouvrit, surprise, inquiète et alarmée. Don Pietro la rassura immédiatement en lui disant : « Ne t'en fais pas... je suis déjà au courant de tout. Je suis venu pour te parler et pour parler avec Angelo aussi. Par la même occasion, j'ai apporté la communion pour ta belle-mère qui ne peut plus se rendre à l'église. ».

Richetta l'invita à s'asseoir à table et lui servit un verre de vin. Elle ferma tous les volets et appela Angelo. Ginetta s'assit en retrait avec ses deux chiens, fidèles compagnons, et se mit à écouter...

Don Pietro parlait d'une jeune fille de Venise qui était venue le voir avec une petite fille de l'âge de Ginetta et, pendant qu'il parlait, il la regarda en souriant et ajouta...

« La jeune femme se trouve avec une vieille tante et sa petite sœur chez les religieuses de Maria Bambina à Crespano. Sa maman est hospitalisée pour une opération. J'ai reçu une lettre des sœurs qui la recommandaient à mes soins. Ces gens ont dû s'exiler de Venise, ils ont besoin d'aide et ne connaissent personne de fiable. »

Ensuite, don Pietro ajouta que la mère de la jeune fille était professeur de mathématiques, qu'elle enseignait à Venise et que son mari, antifasciste, était parti au front et avait été fait prisonnier en Afrique à Tobruk, après le massacre d'El Alamein. Elle n'avait plus reçu de nouvelles depuis. Elle avait quatre garçons en âge de partir à l'armée. L'aîné avait déjà été pris par les Allemands et emmené on ne sait où... les trois autres étaient pensionnaires au collège des pères Cavanis à Possagno avec leurs trois cousins que sa belle-sœur lui avait confiés pour les cacher et les aider à quitter Venise où, désormais, Allemands et fascistes entraient dans toutes les maisons pour recruter les garçons, peu importait leur âge. La jeune femme ne demandait rien de particulier pour le moment, elle souhaitait seulement créer des liens d'amitié et elle cherchait surtout une fillette qui puisse jouer avec sa petite sœur dans le jardin des religieuses. Elle lui avait également demandé le chemin pour la Madonna del Covolo car les religieuses lui avaient parlé du miracle de la petite bergère et de l'eau miraculeuse de la source des « trois creux ».

Don Pietro se tourna alors vers Ginetta et dit en la regardant avec complicité : « Je connais un très bon guide, qui pourrait l'accompagner et se lier d'amitié avec la petite pour jouer avec elle. ».

Tourné vers Enrichetta, il ajouta : « Autant la tante que la nièce sont deux femmes très religieuses et la jeune femme, qui doit avoir à peu près 18 ans, a le même âge que ta fille Maria. Si tu le voulais bien, Enrichetta, tu pourrais devenir amie avec elles et les inviter chez toi de temps en temps. Je sais que l'on traverse tous un moment difficile et que l'on ne peut faire confiance à personne mais… tu leur rendrais service et ça ne te coûterait rien, sans compter qu'avec les temps qui courent, c'est rare de trouver des amitiés sincères… Et toi, Angelo, tu peux remercier ton Ange Gardien. Ton ami, avant de partir, m'a recommandé de prendre soin de ta famille et de toi en particulier. Il m'a dit veiller sur toi et de t'aider, s'il le faut, à te sauver rapidement dans les montagnes avec toute ta famille. ».

Ainsi, don Pietro leur avait fait comprendre que, même s'il ne combattait pas avec les armes, il cherchait par tous les moyens possible à aider les pauvres gens qui, pour une raison ou une autre, étaient recherchés. Il pouvait compter sur tout un réseau clandestin de personnes dignes de confiance qui lui prêtaient main forte dans son œuvre, à commencer par les bonnes religieuses de Crespano, ainsi que les pères Cavanis qui avaient mis à la disposition de nombreux malheureux les sous-sols du collège et les mansardes de la Villa Forcellini et de la Villa du Sacré-Cœur, la plus sûre, car elle était perdue dans les bois et plus difficile d'accès. Don Pietro savait se débrouiller habilement et prudemment; il agissait comme pivot central pour relayer l'information vers les différents destinataires. Il coordonnait les nombreux informateurs qui, infiltrés comme ouvriers autant dans la Maison du fascisme que dans la Kommandantur, allaient et venaient librement puisqu'ils étaient en possession de la carte de l'Organisation Todt[1]. Ces jeunes savaient les risques qu'ils encouraient, mais le fait de pouvoir sauver des vies leur donnait du courage et les motivait à s'engager même dans les entreprises les plus dangereuses. Au beau milieu d'une telle misère humaine, au plus profond des ténèbres obscures de la méchanceté, il y avait toujours une faible lueur d'espoir qui brillait : le monde n'était pas encore complètement pourri. Au cœur de cette désolation il existait encore de petites oasis de paix et de bonté…

Depuis ce jour-là, Ginetta s'en allait à Crespano après l'école pour passer l'après-midi chez les sœurs avec sa nouvelle petite amie. C'était des périodes tranquilles, dans une atmosphère de paix et de sérénité. Dès qu'elle arrivait, sœur Carla lui préparait un petit dîner qu'elle mangeait en compagnie de Cristina – c'était le nom de sa nouvelle compagne de jeux. Avec elle, Ginetta retrouvait son insouciance enfantine. Elles avaient toutes deux le même âge, deux jolies petites filles, l'une aux cheveux blond doré, l'autre aux cheveux roux cuivré qui rappelaient les coups de pinceau du Titien, le grand peintre vénitien. Toutes deux espiègles, silencieuses lorsqu'elles étaient seules, mais deux petits diables dès qu'elles se retrouvaient ensemble. Elles passaient ainsi leurs après-midi, entre les rires joyeux et les parties de cache-cache dans le jardin du couvent. C'était la première fois que Ginetta s'amusait autant. En Cristina, elle avait trouvé son sosie, capable de rire, de plaisanter, de chanter, et comme elles aimaient toutes deux le théâtre, elles s'amusaient parfois chez les sœurs à improviser des petits jeux scéniques. Lorsqu'elle rentrait chez elle, Ginetta était toujours de bonne humeur. Elle semblait avoir oublié les peurs et les angoisses des derniers temps. Richetta remerciait le Seigneur d'avoir redonné un peu de gaieté à sa petite fille qui, pendant le souper, racontait tous les bons moments qu'elle passait chez les sœurs en compagnie de ses nouvelles amies. Elles se préparaient à faire une belle randonnée jusqu'à la Madonna del Covolo, accompagnées de la sœur aînée, ainsi que la vieille tante Francesca qui les suivait toujours.

---

1 Du nom de son fondateur Fritz Todt, figure nazie importante chargée de la réalisation de nombreux projets de construction dans les domaines militaires.

Elles voulaient justement aller chercher de l'eau bénite pour l'apporter à la maman qui se trouvait à l'hôpital, pour qu'elle puisse guérir. Mais ce beau projet ne put jamais se réaliser.

Un soir, Ginetta rentra toute triste à la maison, elle n'avait pas trouvé ses amies au couvent et sœur Carla lui avait remis un petit paquet de bonbons et une lettre pour sa maman. Enrichetta lut la lettre en silence pendant que les larmes coulaient sur son visage. Elle se tourna alors vers Ginetta, la regardant droit dans les yeux et lui dit qu'il ne fallait plus les chercher car elles étaient parties pour échapper à un danger imminent. Elles la remerciaient et espéraient qu'une fois la guerre terminée, elles allaient pouvoir retrouver leur maison, leur famille et la petite Ginetta qui était si douce et gentille. Enrichetta se souvint alors d'une autre famille vénitienne avec laquelle ils s'étaient également liés d'amitié, qui était ensuite disparue et dont personne n'avait de nouvelles depuis des années. Pour la première fois, Ginetta posa des questions à sa mère avec insistance : pourquoi tout cela ? Pourquoi autant de méchanceté ? Et puis, dès qu'il arrivait quelque chose de beau et de bon, pourquoi ces moments étaient-ils si rares, si précieux ? Pourquoi disparaissaient-ils tellement vite ?

« Oui, il y a des choses terribles qui nous arrivent et on ignore pourquoi. Dieu seul le sait, mais il faut être confiants et croire en un avenir meilleur. Un jour, tu verras, tu retrouveras ta petite amie si c'est écrit dans votre destin. Maintenant, elle est partie pour avoir la vie sauve parce qu'il est arrivé quelque chose de grave à sa famille. Les milices fascistes cherchaient ses frères. Il a fallu partir pour bien les cacher. Pour le moment, il n'y a rien que l'on puisse faire si ce n'est que de prier pour eux. » En disant cela, elle la serra fort contre elle pour lui transmettre tout son amour et sa confiance. Le lendemain, après l'école, Ginetta se rendit chez don Pietro pour le mettre au courant et elle fut surprise d'apprendre qu'il savait déjà tout. Comme sa maman, il lui dit de prier car malheureusement tout laissait présager qu'ils allaient connaître des moments terribles et il valait mieux que ses amis se soient enfuis. Dieu seul savait ce qui allait arriver, et s'Il avait fait en sorte qu'ils partent, c'était justement pour qu'ils puissent se sauver. Mais dans sa petite tête d'enfant, Ginetta n'arrivait vraiment pas à comprendre pourquoi la vie était ainsi faite : pourquoi fallait-il toujours se protéger et fuir la méchanceté humaine, pourquoi les hommes n'étaient pas bons comme don Pietro et sa mère disaient qu'il fallait être ?

Maintenant le soir, en se couchant, elle demandait toujours au Seigneur dans ses prières qu'Il aide ses amies vénitiennes.

Quelques jours plus tard, don Pietro vint à nouveau rendre visite aux Gustin et laissa entendre à Enrichetta qu'il était préférable qu'Angelo s'en aille à l'alpage, pour voir aussi leurs deux petites chèvres qui avaient été abandonnées depuis longtemps et pour préparer le refuge si jamais ils avaient besoin de monter tous là-haut.

Le lendemain matin tôt, bien avant les premières lueurs de l'aube, Angelo partit en n'emportant avec lui que le nécessaire. Il se mit en route d'un bon pas afin d'arriver là-haut avant midi.

Mario, Umberto et Ginetta allaient le rejoindre quelques jours plus tard en apportant les vivres. Les deux garçons se souvenaient bien de cette route qu'ils avaient parcourue souvent avec leur père. Ginetta allait leur servir d'éclaireur : en chantant, elle avertirait ses frères si jamais elle apercevait des soldats, pour que les garçons puissent avoir le temps de se cacher du danger. Une petite fille chantant en pleine forêt ne courait aucun risque. Elle allait être comme le Petit Chaperon rouge qui s'en allait dans les bois avec son panier chargé de victuailles et qui allait peut-être croiser le grand méchant loup.

Fort heureusement, les jeunes ne rencontrèrent ni obstacle ni danger sur le chemin menant à l'alpage.

Ginetta était heureuse de participer à l'expédition, d'abord parce qu'elle se sentait importante et acceptée dans le monde des grands et puis parce qu'elle aimait beaucoup se promener dans les bois, respirer l'air pur de la montagne, reconnaître les fleurs et les plantes au parfum qu'elles dégageaient et ramasser des marguerites, des renoncules, des gentianes, des cyclamens et des fougères.

Après avoir traversé la vallée de la Madonna, passé la source des « trois creux » où ils remplirent deux bouteilles d'eau bénite et après avoir prié devant la statue de la Vierge afin qu'elle les protège le long du chemin, ils empruntèrent un sentier escarpé qui montait jusqu'au refuge du berger, qu'ils atteignirent après avoir marché quelques heures sans jamais s'arrêter.

C'était un alpage immense où, autrefois, ils laissaient paître des vaches dont le lait servait à Angelo pour fabriquer un fromage très connu dans le village. Il ne leur restait maintenant que deux pauvres petites chèvres qui étaient dans un piètre état. Sales et maigres, elles n'avaient que bien peu de lait. Au milieu du pâturage, il y avait le refuge et une laiterie qui, depuis le départ d'Angelo, était abandonnée. Le papa avait toutefois profité des deux jours d'attente pour remettre un peu d'ordre, nettoyer et allumer le feu pour que les enfants puissent trouver un milieu accueillant, même si ce n'était plus comme autrefois. La vue, par contre, était toujours aussi saisissante. Il n'y avait que les couleurs de la nature et des montagnes qui changeaient avec les saisons, les heures et la lumière du soleil. Là-haut, Angelo s'était toujours senti en paix, heureux, libre, insouciant. Pas de dangers, ni d'atrocités ni de cruautés, l'air était pur et on pouvait apprécier pleinement la beauté du monde.

Tout autour, il n'y avait que le bruissement du vent dans le feuillage des arbres et la fraîcheur du chant des ruisseaux pour rompre le silence.

C'était la première fois que Ginetta montait aussi haut; elle était enchantée par la beauté du paysage. Le souffle coupé, elle resta longuement à admirer les sommets enneigés du Mont Grappa d'un côté et de l'Archeson de l'autre, que son père lui indiquait en levant la main vers le ciel limpide.

Tout lui parlait d'immensité et d'infini…

Là-haut, plus haut encore, il devait certainement y avoir cette lumière qui éclaire le parcours de l'humanité et qui dissipe les ténèbres restées au fond de la vallée.

Le lendemain, avant de rentrer à la maison, Angelo voulut emmener les trois enfants jusqu'à la cime du Mont Grappa pour qu'en voyant les tranchées, ils se souviennent à jamais du sacrifice qu'avaient fait les soldats italiens pour chasser l'envahisseur pendant la Première Guerre mondiale.

Après une longue ascension, ils arrivèrent au sommet. Le spectacle qui s'offrait à leurs yeux était magnifique : la journée était merveilleusement claire et ils pouvaient embrasser du regard toute la campagne vénitienne qui s'étendait, paisible et ensoleillée, sous leurs yeux.

Le fleuve Piave serpentait la plaine d'un bout à l'autre. Vu de là-haut, tout n'était que paix et quiétude. On arrivait même à apercevoir au loin une frange de la Mer Adriatique. Angelo expliquait et parlait d'une ville merveilleuse, Venise, construite sur l'eau entre la mer et la lagune, une ville qui fut déjà messagère de paix et de prospérité sur toutes les terres qu'elle avait conquises. La bannière rouge du lion de Saint-Marc avait flotté sur bon nombre de territoires anciennement vénitiens, comme Bassano, où il existe encore une colonne surmontée du lion de Saint-Marc. La Sérénissime, c'est ainsi qu'on appelait aussi la République de Venise, avait apporté la paix et la prospérité à tous ses sujets. Angelo promit aux enfants qu'une fois la guerre terminée, il les emmènerait certainement à Venise pour voir la mer et découvrir cette ville légendaire. En silence, Ginetta écoutait son père parler de toutes ces merveilles qui lui semblaient exister uniquement dans les rêves…

Pour le moment, ils se trouvaient là-haut, devant la statue de la Madonna des soldats tombés au combat pendant la Première Guerre mondiale. Angelo leur racontait aussi que c'était là que le grand-père Agostino avait combattu pour la liberté, pour chasser l'occupant du territoire italien et qu'ils se retrouvaient tristement, une fois de plus, dans la même situation. Antonio, l'aîné, s'aventura alors à questionner son père : « Mais pourquoi les Allemands sont-ils venus chez nous ? Qui leur a dit de venir, ils ne pouvaient pas rester chez eux ? ». Ce que les enfants essayaient de comprendre sans y parvenir, c'était qui pouvait bien avoir permis à ces étrangers cruels et féroces de venir sur leurs terres. Mais Angelo ne répondit pas. Que pouvait-il dire ?

« Allons, allons maintenant, car il se fait tard et nous devons être revenus au refuge avant la nuit. »

En continuant leur promenade, ils contournèrent une paroi rocheuse et virent les tranchées, des trous profonds creusés dans le roc. Puis, tout d'un coup, un long sifflement fendit l'air. Ils s'arrêtèrent tous, figés, le cœur battant, prêts à sauter dans une tranchée pour se cacher… Était-il possible que le danger monte jusque-là, tout en haut de ce sommet coupé du monde ? Deux hommes armés apparurent alors. Celui qui semblait commander se dirigea droit vers Angelo et le serra dans ses bras. Il se tourna ensuite vers Ginetta qu'il souleva très haut de ses bras puissants. Aucun d'entre eux ne s'attendait à trouver là-haut leur ami et sauveur qui savait, lui, qu'Angelo viendrait, il savait qu'il s'était réfugié à l'alpage et que ses enfants venaient lui rendre visite de temps en temps. Il recommanda même à tout le monde de redoubler de prudence car les temps s'annonçaient sombres, des temps encore plus durs et tragiques que ceux qu'ils venaient de vivre. L'avenir était loin d'être rose. Le pire devait encore arriver.

« Notre guerre est une guerre de résistance, mais jusqu'à quand ? Une guerre de taupes cachées contre des loups éparpillés dans les campagnes, une guerre pour libérer notre pays, une guerre pour sauver notre dignité de peuple italien libre et indépendant, non pas asservi à l'occupant ni à la violence de la dictature. »

Après ces mots, il leva la main en guise de salutation et partit en continuant son ascension, toujours plus haut, vers les blanches neiges éternelles de la cime la plus élevée du Sacro Monte.

Chapitre 10
La miraculée de la Vierge

G inetta et son frère Umberto étaient devenus, sans même le savoir, des relais essentiels et efficaces.

Plutôt que de monter de temps en temps au refuge, ce qui représentait un trop long trajet pour revenir le jour même et continuer la routine quotidienne sans éveiller de soupçons, don Pietro avait imaginé un stratagème plus sûr, pour faire parvenir les vivres à Angelo.

Une fois par semaine, Ginetta montait jusqu'à Possagno où elle laissait un sac rempli de vivres aux pieds de la Vierge de Lourdes, près du mur de clôture du jardin de l'institut des pères Cavanis. Juste après elle, un jeune garçon qui vivait non loin de là s'approchait de la statue, prenait le sac et montait à l'alpage. Ginetta alternait avec Umberto tous les deux ou trois jours au cours de la semaine, et ils s'arrangeaient pour changer de tour de façon à éviter toute continuité chronologique et ainsi déjouer la méfiance des gens.

Parfois, avec le sac de ravitaillement, il fallait également apporter quelque missive importante, et c'était Ginetta qui s'en chargeait car une petite fille qui se promène en chantant dans les bois, s'arrêtant cueillir des fleurs et des plantes le long du chemin, ne faisait pas naître trop de soupçons… Ginetta cachait sous sa robe les morceaux de papier que lui confiait don Pietro et sur lesquels on pouvait lire des phrases qui semblaient apparemment communiquer les nouvelles météorologiques du village; ensuite, une fois arrivée aux pieds de la Vierge, elle les glissait dans le sac et les cachait entre les vivres. Elle s'arrêtait, priait, attendait quelques minutes et lorsqu'elle voyait s'ouvrir une fenêtre de la maison d'en face et apparaître un jeune garçon blond comme elle, alors elle saluait la Sainte Vierge avec un *Ave Maria* et s'en retournait à la maison les bras chargés de fleurs.

C'est avec ce système télégraphique clandestin que le recteur de l'institut Cavanis avait été averti du fait que les hyènes nazies et les loups noirs fascistes allaient faire irruption au collège pour rafler tous les garçons des deux dernières années de lycée en âge de partir au front. Le père Piasentini eut à peine le temps d'avertir les familles pour qu'elles viennent chercher leurs enfants, car il ne voulait certainement pas se sentir responsable d'autant de jeunes dont on aurait ignoré le destin une fois recrutés. Les garçons qui ne réussirent pas à rejoindre leurs familles furent cachés dans les mansardes des deux villas dont les pères Cavanis se servaient pour leurs exercices spirituels.

La Villa Forcellini, juste en face de l'institut, était déjà occupée par la famille de la professeure vénitienne qui avait quitté Crespano pour venir se réfugier à Possagno après avoir été avertie du danger imminent et, ne voulant pas rentrer à Venise où ses trois fils et ses trois neveux risquaient fortement d'être recrutés ou peut-être déportés, elle pria le père Piasentini, lui aussi Vénitien, de les cacher.

Au début de la guerre, Possagno avait été un refuge sûr grâce à sa position, dissimulé entre le Mont Pareton et le Palon. Le village était perdu dans les bois; ce qui permettait aux gens de se cacher et, en cas de danger, de s'enfuir sur la montagne. C'est pourquoi de nombreuses familles avaient accueilli des exilés ou caché des fuyards, et tous les habitants participaient à la lutte clandestine avec ou sans armes, même les enfants qui étaient devenus relais ou guides dans les bois.

Un jour, Ginetta attendit en vain aux pieds de la Vierge de Lourdes que la fenêtre s'ouvre comme d'habitude et que Mario, le garçon qui prenait sa relève, lui envoie le signal convenu. Elle attendit presque plus d'une heure en priant et en récitant son chapelet. Tout d'un coup, elle crut entendre une petite voix de fillette qui l'appelait : « Ginetta… Ginetta… ». Elle se retourna et au-delà de l'allée qui monte vers le temple de Canova, elle crut entrevoir sa petite amie vénitienne qui lui faisait signe depuis le portail de la Villa Forcellini, mais elle n'eut même pas le temps d'aller la rejoindre car une dame arriva en courant, prit la petite fille par le bras et la traîna malgré ses pleurs à l'intérieur en refermant immédiatement la porte.

Ginetta resta stupéfaite et déconcertée… elle ne savait plus si elle avait réellement aperçu sa petite amie ou si ce n'était que le fruit de son imagination. Elle resta quelques instants au milieu de l'allée lorsque tout à coup la porte de la maison de Mario s'ouvrit. Une femme âgée en sortit et, prenant Ginetta par le bras, la fit rentrer précipitamment.

« Rentre, rentre, ne reste pas dans la rue : c'est dangereux… qu'est-ce que tu faisais là-bas pendant une heure devant la Vierge ? »

« J'attendais que le garçon me fasse signe pour pouvoir repartir. »

« Ah, c'est toi Ginetta, alors. »

« Oui. »

« Bon, Mario a dû partir pour aller se cacher dans les montagnes parce que ce matin un gros camion d'Allemands est venu à l'institut juste en face et ils ont emmené tous les professeurs masculins. Mario devait aller là-bas pour ses cours, mais quand il a senti qu'il y avait de l'orage dans l'air, il est sorti par l'arrière de la maison et m'a chargée de te dire qu'il ne peut plus continuer. Ce que tu as apporté avec toi, laisse-le là et on verra comment on pourra s'arranger… Maintenant, il faut que tu rentres à la maison au plus vite, redescends en traversant les bois et les champs et essaie de ne rencontrer personne… Que la Vierge Marie te protège ! »

Et Ginetta descendit à Cavaso en passant par les bois et les champs. Elle chantait *J'irai la voir un jour…* et l'*Ave Maria de Lourdes*, ses préférés parmi les plus beaux chants à la Vierge.

Il faisait déjà sombre lorsqu'elle arriva au village où les rues étaient désertes et l'heure du couvre-feu déjà passée. Son cœur commença à battre vite, mais elle se donna du courage et traversa la place en courant pour aller se réfugier au presbytère puisqu'elle n'aurait pas le temps de se rendre jusqu'à chez elle. C'est alors que trois énergumènes, deux vêtus de noir et l'autre de vert kaki, lui barrèrent le passage… L'Allemand commença à hurler d'une voix dure et gutturale. Ginetta le regardait déconcertée, sans comprendre.

Le fasciste la prit alors par le bras et la secoua en criant : « Comment ça se fait que tu es dehors à cette heure ? Pourquoi ? Que faisais-tu ? Qu'est-ce que tu apportes à don Pietro ? ».

Devant autant de questions furieuses, Ginetta commença à balbutier sans qu'aucun mot ne puisse sortir de sa bouche.

« C'est grave, tu sais ! À cette heure-ci, tout le monde doit être à la maison, personne ne doit traîner dans les rues. Maintenant, si le camarade te punit, pour montrer l'exemple à tout le monde, il aura raison… » Pendant qu'il parlait, il jeta un coup d'œil à l'autre fasciste et, avec insolence et dédain, gonflant sa poitrine, il se tourna vers l'officier allemand et ordonna en criant : « Pino, va chercher le cheval et la charrette, on va donner une leçon à cette belle petite demoiselle, comme ça, la prochaine fois, elle apprendra à obéir aux ordres de Mussolini. ».

Il obligea alors Ginetta à se mettre à genoux pendant qu'elle continuait à voix basse à chantonner et à prier la Vierge. On l'attacha à l'arrière de la charrette et l'Allemand, en riant, fit partir le cheval d'un coup de fouet. Ginetta serra les dents sous la douleur, ses genoux semblaient vouloir exploser, mais elle ne pleura pas, elle était trop orgueilleuse pour donner satisfaction à ces trois démons haineux. Soudain, la corde qui la gardait solidement attachée à la charrette se rompit et Ginetta resta étendue sur le pavé, pendant que cheval et charrette continuaient leur course folle. Surpris et étonnés, les trois bourreaux n'osèrent pas recommencer la punition et laissèrent la fillette par terre. Les deux fascistes coururent rattraper le cheval pendant que l'Allemand riait aux éclats. Derrière la porte entrouverte de l'église, don Pietro avait assisté impuissant à toute la scène.

Lorsque l'officier se décida enfin à partir, le curé se précipita vers Ginetta qui s'était évanouie, il la prit dans ses bras et la déposa sur un banc d'église, juste aux pieds de la Vierge. Il commença à la soigner, désinfectant avec du sel ses blessures profondes aux genoux. La brûlure causée par le contact avec le sel fit reprendre connaissance à Ginetta qui regarda autour d'elle et, voyant qu'elle se trouvait sous la statue de la Vierge, se sentit protégée. Elle passa toute la nuit sur le banc, alternant sommeil et prière, sous le regard maternel de la Mère Céleste.

Le matin tôt, avant l'aube, don Pietro la prit sur ses épaules comme un sac à dos et, utilisant le passage secret derrière l'autel pour éviter de traverser la place et les rues, il partit d'un bon pas en direction de la maison des Gustin.

Voyant que sa fille ne rentrait pas, Richetta avait veillé toute la nuit près de la fenêtre de la cuisine, en priant et en scrutant la cour dans l'espoir d'apercevoir un mouvement ou une ombre. Au lever du jour, il lui sembla entrevoir une tunique noire voletant le long du sentier et elle reconnut enfin don Pietro. Craignant qu'il apporte une mauvaise nouvelle, elle courut à sa rencontre le cœur battant, mais quand elle vit que Ginetta était endormie sur les épaules du curé, elle la prit dans ses bras en pleurant de joie, laissant couler toutes les larmes qu'elle avait retenues jusque-là.

Une fois dans la cuisine, don Pietro raconta ce qui s'était passé, expliquant aussi comment la corde s'était soudainement cassée, sauvant ainsi la fillette, et Richetta, avec un soupir de soulagement, remercia don Pietro et surtout la Vierge qui avait protégé sa petite fille.

Elle lava ensuite ses blessures avec de l'eau fraîche, y déposant des pelures d'ail qui avaient des propriétés désinfectantes et cicatrisantes. Elle lui banda les deux genoux et pendant environ un mois, Ginetta ne put marcher.

Elle était de plus en plus convaincue que c'était la Madonna del Covolo qui l'avait sauvée, qu'elle la protégeait et qu'elle la protégerait toujours. Sa maman avait raison : peu importe ce qui arrivait, il fallait prier, avoir confiance et se remettre entièrement entre les mains de la Sainte Vierge. Le parcours de son existence commençait maintenant, avec cette première expérience douloureuse. Elle ne pouvait imaginer combien d'autres encore plus tragiques allaient suivre dans sa vie, mais au plus profond de son âme, une petite lueur la poussait à ne pas se laisser abattre, à ne pas se laisser prendre par le découragement ni l'angoisse.

Même si elle pouvait difficilement se déplacer, elle trouvait toujours le moyen d'être joyeuse et reconnaissante, remplie d'une confiance absolue envers le Seigneur. Avec sa grand-mère qui devenait de plus en plus bougonne en vieillissant, elle restait assise devant la fenêtre de la cuisine et ensemble, elles priaient et récitaient le chapelet. Ginetta chantait, remplissant la maison de sa voix claire de rossignol. Loin de rester inactive, elle essayait par tous les moyens de se rendre utile en lavant les légumes, en battant les œufs, en coupant les journaux pour en faire des boules en papier qui allaient servir à allumer le feu ou à nettoyer les vitres, alors que sa grand-mère lui apprenait à coudre. Niko venait souvent lui rendre visite et Ginetta, bien que blessée et encore sous le choc de la grande frayeur qu'elle avait eue, s'employait à distraire son ami. Avec tous les évènements tragiques qu'ils vivaient, Niko était devenu encore plus triste, mais pour faire plaisir à sa cousine, il esquissait timidement un sourire mélancolique.

La *Kommandantur* avait déjà depuis longtemps réquisitionné la villa de la comtesse non loin de la maison des Gustin; il y avait donc toujours autour de chez eux un va-et-vient constant d'Allemands. De la fenêtre, Ginetta surveillait leurs mouvements.

De nombreux hommes avaient déjà été pris et cachés dans des carrières pour servir d'otages. On vivait dans l'angoisse permanente par peur de mouvements suspects, précurseurs de représailles de la part des Allemands. En les voyant aller et venir tout autour de sa maison, Ginetta priait toujours dans son cœur la Vierge pour qu'elle protège sa famille et pour qu'elle empêche ces hommes méchants de traverser dans sa cour.

La maison des Gustin se trouvait maintenant dans une position critique, proche de la *Kommandantur* et des sentiers de montagne : elle était contrôlée pendant le jour par les Allemands et les fascistes, le soir quelques montagnards descendaient des bois et y passaient la nuit avant de reprendre le chemin dès les premières lueurs de l'aube pour ne pas être arrêtés.

Allemands et fascistes devenaient chaque jour plus méfiants et inquiets car ils savaient que presque toutes les nuits, quelques résistants anonymes descendaient de la montagne et se cachaient derrière les volets des maisons, prêts à tirer sur n'importe quel Allemand ou *Chemise noire*. Alors, chaque soir après le couvre-feu, les rondes nazies-fascistes vérifiaient toutes les fenêtres des maisons. Elles devaient être hermétiquement fermées et gardées dans la noirceur la plus totale. Aucune lumière, même la plus faible, ne devait filtrer.

Un soir, Ginetta se trouvait comme d'habitude assise près de la fenêtre qui n'était malheureusement pas complètement fermée. Lorsque la ronde allemande s'aperçut qu'une ombre se profilait derrière la fenêtre, un des soldats épaula sans hésiter son fusil et tira. La fillette fut atteinte par trois balles : la première au genou gauche, la deuxième sous la cuisse et la troisième au-dessus de la hanche.

Ginetta, assommée, tomba par terre dans une flaque de sang. Enrichetta se précipita auprès d'elle et la transporta dans ses bras jusqu'à un lit et, sans hésiter et sans penser au danger que cela comportait, elle mit un châle sur sa tête et courut jusqu'à la villa de la comtesse. Elle savait qu'il y avait là, à la *Kommandantur*, un médecin italien séquestré par les Allemands. Elle courut comme une folle jusqu'au portail de la villa où une sentinelle la bloqua : « *Raus, Raus* ! », prête à tirer. Mais Enrichetta, avec la force du désespoir, se mit à appeler la comtesse à grands cris. Cette dernière apparut à une fenêtre ainsi qu'un officier allemand avec lequel elle était en train de souper. Elle reconnut Enrichetta et parvint à la faire entrer. Après avoir entendu ce qui s'était passé, la comtesse, qui connaissait bien la famille Gustin ainsi que la petite Ginetta, réussit à convaincre l'officier allemand. À contrecœur, il donna l'ordre à deux de ses gardes d'accompagner en auto le docteur et Enrichetta à la maison.

Après avoir inspecté minutieusement autant l'intérieur que l'extérieur de la maison – fort heureusement, ce soir-là personne n'était descendu de la montagne – les deux soldats s'assirent près du foyer, le fusil entre les jambes, et assistèrent à l'opération chirurgicale.

Sur la grande table de la cuisine, le médecin dut extraire les trois balles sans anesthésie. Ginetta pleurait et hurlait de douleur, sa maman la serrait fort pour qu'elle ne bouge pas trop; on lui donna ensuite à boire un grand verre d'eau-de-vie bien forte pour l'endormir en la saoulant.

Lorsqu'elle se réveilla le lendemain, Ginetta se souvenait à peine des évènements de la veille. Elle se retrouva au lit, les genoux et les jambes de nouveau immobilisés par les pansements, mais elle était vivante, bien vivante !

Encore une fois, elle avait été miraculée. Une fois de plus, tout le monde était certain que la Madonna del Covolo était venue à son secours. Peu importe ce qui allait lui arriver, Ginetta était désormais convaincue de pouvoir toujours trouver de l'aide sous le manteau céleste de la Vierge.

Chapitre 11

Un tragique Vendredi Saint

Le lendemain déjà, tout le village était au courant du danger auquel avait échappé la petite Ginetta et chacun commentait à sa façon. Don Pietro attendit deux ou trois jours puis il rendit visite à la petite fille, prétextant qu'il devait la préparer pour sa première communion puisqu'elle ne pouvait se rendre au presbytère pour la formation de groupe.

La cérémonie de la première communion était prévue pour la semaine qui suivait le dimanche de Pâques. Après avoir bavardé un peu et même plaisanté avec Ginetta, le curé prit Enrichetta à part et, à voix basse pour que la fillette n'entende pas et ne s'inquiète pas davantage à cause des mauvaises expériences qu'elle avait vécues, il lui dit : « Il serait bon que tu te prépares, parce que immédiatement après la cérémonie, il va falloir que tu montes à l'alpage avec les enfants. Là-haut, vous serez tous ensemble, avec Angelo, l'endroit est plus sûr qu'ici… Désormais, ils vous ont déjà en point de mire, votre maison sera toujours contrôlée et on ne peut pas savoir quelles sont leurs intentions. Je ne veux pas trop en dire, ni dire du mal des gens. Malheureusement, les temps sont durs et on ne peut que prier… Pour ta belle-mère, on va voir ce qu'on peut faire. J'essaierai de trouver une bonne âme qui vienne habiter ici si c'est possible, pour qu'on ne se rende pas compte que vous êtes partis et pour prendre soin de ta belle-mère. Je ne peux pas demander ça à sa fille Carmela, parce qu'autrement tout le village saura que vous êtes partis. Fais bien attention que personne ne se doute de rien… et que la Vierge Marie vous bénisse tous. ».

Ainsi, jusqu'à Pâques, don Pietro se rendit chez les Gustin une fois par semaine. Il préparait Ginetta pour sa première communion et, après avoir récité ensemble le chapelet et avoir béni l'hostie, il donnait la communion à la grand-mère, à Richetta et aux plus agés des enfants.

L'hiver tirait à sa fin et le printemps commençait à reverdir les champs et à les recouvrir de fleurs parfumées.

Après une longue période d'immobilité forcée, Ginetta éprouvait le besoin de courir dans les champs, de chanter et d'oublier ses vilaines expériences. Elle aurait voulu aussi aller jusqu'à la chapelle de la Madonna del Covolo pour la remercier et surtout pour rapporter de l'eau bénite, mais elle ne pouvait plus s'éloigner comme elle le faisait auparavant. Avec tout ce qui lui était arrivé, Richetta le lui avait interdit. Du reste, elle ne pouvait pas vraiment courir pour le moment, mais elle était capable de marcher jusqu'à la paroisse pour la préparation à la première communion avec son petit cousin Niko et deux autres enfants qui habitaient près de chez eux, un petit garçon et une fillette. Elle était habituée de parcourir le trajet qui séparait la maison de l'école avec eux et ensemble, ils marchaient en riant, en jouant et en chantant allègrement. Tous les quatre se préparaient à faire bientôt leur première communion, juste après Pâques.

Don Pietro célébrait à l'église les traditionnelles fonctions liturgiques de la Semaine Sainte et Ginetta assistait extasiée à tous ces rituels religieux qui font revivre au monde chrétien les derniers jours de la vie de Jésus.

Le Vendredi Saint, en début d'après-midi, Ginetta descendit jusqu'à la paroisse avec ses deux petits voisins pour la procession du Chemin de Croix qui allait se tenir à trois heures de l'après-midi. Niko, alité à cause d'un gros rhume, n'avait pu s'unir à eux et Richetta allait les rejoindre un peu plus tard, avec ses filles aînées.

C'était une belle journée d'avril, aucun nuage ne troublait le ciel bleu, serein et limpide. On respirait le printemps et les trois enfants bavardaient gaiement.

Les deux petites filles rivalisaient pour décrire le mieux la beauté des robes blanches qu'elles porteraient pour leur première communion. Chacune embellissait sa robe de fanfreluches et de boucles imaginaires, alors qu'en réalité, il s'agissait d'une longue aube blanche confectionnée à partir de deux vieux draps brodés en lin.

Tout à coup, les enfants s'arrêtèrent net, l'oreille tendue : un bruit étrange leur parvint de loin, un grondement sourd qui ressemblait à un roulement de tonnerre et qui grandissait de plus en plus, prêt à éclater en un orage terrible chargé d'averses et d'éclairs. Ce rugissement inquiétant se rapprochait toujours davantage pour devenir assourdissant. D'en haut, dans l'azur du ciel, un vrombissement infernal éclata, brisant le silence et secouant la campagne entière. Voilà qu'ils apparurent : deux énormes oiseaux comme les enfants n'en avaient jamais vus. Fascinés par ces gigantesques engins, ils restèrent figés. Émerveillement, admiration, peur, curiosité se bousculaient dans leur esprit alors qu'ils regardaient éblouis l'impressionnant déploiement d'avions argentés dans le ciel bientôt entièrement couvert de nuages de plomb. C'est alors que l'orage éclata. Et il pleuvait, il pleuvait et ce n'était pas une pluie bienfaisante, mais une pluie destructrice, une pluie de bombes. Tout explosait, maisons, buissons, routes, animaux, hommes. Une tempête de flammes et de détonations. Un monde infernal, inimaginable.

Propulsée contre un poteau électrique par le déplacement d'air, Ginetta s'y agrippa de toutes ses forces pour ne pas tomber et, terrorisée, elle ferma les yeux et se mit à prier. Elle priait et attendait en tremblant. Elle priait en respirant péniblement et attendait... Après un long bourdonnement, ces étranges oiseaux disparurent et le ciel redevint paisible. À l'horizon, la fumée s'élevait comme un immense champignon blanc pour disparaître ensuite dans le ciel, constellé de petits nuages ronds formés par les coups de mitrailleuses.

Combien de temps Ginetta resta-t-elle immobile, cramponnée au poteau électrique ? Elle ne le saura jamais…

Elle décida enfin de prendre son courage à deux mains et ouvrit les yeux. Elle vit devant elle un paysage déconcertant, figé. Un paysage qu'elle n'avait jamais vu auparavant. Des traces de fumée, des odeurs de brûlé dans un désert de désolation. C'était comme un soir d'hiver, après que la neige soit tombée pendant toute la journée, mais cette neige était un mélange gélatineux de poussière, de cendres et de ciment effrité. La senteur âcre du ciment humide, mélangée à la poussière et aux cendres, à la fumée et à l'odeur de la chair brûlée était oppressante. Jamais Ginetta ne pourrait l'oublier !

Le ciel s'était assombri et Ginetta, levant les yeux pour implorer de l'aide d'en haut, vit une lueur intense et une bande couleur ocre qui disparaissaient vers l'horizon infini. Dans sa simplicité, elle se mit à chantonner *J'irai la voir un jour*, convaincue désormais qu'elle montait au ciel pour aller rencontrer sa belle Dame.

Soudain, elle s'arrêta de chanter car il lui semblait entendre au loin quelqu'un qui l'appelait : « Ginetta ! Ginetta ! Ginetta ! ». Et la voix devenait de plus en plus claire à mesure qu'elle se rapprochait. Finalement, deux bras l'arrachèrent du poteau électrique et la serrèrent fort, avec amour, au milieu de larmes de joie et de désespoir.

« Vivante, vivante, tu es vivante ! » Richetta, sa maman qui la cherchait désespérément, l'avait enfin retrouvée saine et sauve.

Elles restèrent ainsi enlacées quelque temps, sans avoir la force de se détacher, une étreinte désespérée alors que leurs larmes se mêlaient. Elles se séparèrent ensuite en silence et, lentement, se mirent en route comme deux fantômes dans ce désert de désolation et de mort.

Près de la maison, sous le figuier que le grand-père Agostino avait planté, il y avait un trou béant. Instinctivement, sans dire un mot, elles s'en approchèrent, scrutant attentivement le vide. Tout au fond, dans l'obscurité dense, deux petits corps enlacés, serrés l'un contre l'autre, recroquevillés comme une boule, les cheveux imprégnés de sang sorti des oreilles… Immobiles, inertes, morts.

Ginetta avait la tête qui tournait, elle ne comprenait plus rien. Un peu plus tôt, ils riaient et plaisantaient ensemble et maintenant ils étaient là, sans vie, dans un trou profond et sombre. Comment était-ce possible ? On pouvait donc, d'un moment à l'autre, cesser de vivre ! Elle l'avait toujours su parce que dans sa prière du soir, elle le récitait toujours et elle savait que tout repose entre les mains du Seigneur, mais elle ne l'avait jamais vu de ses propres yeux. Elle comprenait qu'ils vivaient entourés de gens méchants, c'est ce qu'elle retenait des conversations des adultes, mais elle n'imaginait pas qu'ils pouvaient pousser la cruauté jusqu'à enlever la vie à des enfants innocents…

Elle s'agenouilla au bord du trou en pleurant.

« Où sont-ils, où sont-ils maintenant ? Et pourquoi ? »

Sa maman la releva affectueusement et lui dit : « Ils sont montés au ciel. Ils sont allés voir le Bon Dieu. La Vierge Marie les a appelés là-haut, auprès d'elle. Le soir, tu lèveras les yeux et tu verras qu'il y a dans le ciel deux étoiles de plus. ».

C'était le premier bombardement aérien que subissait Cavaso et malheureusement, ce ne fut pas le dernier. La pluie de bombes qui s'était abattue sur le village, bien que catastrophique, n'était qu'un petit orage passager comparé à la tempête qui s'était déchaînée quelques minutes plus tard sur Trévise.

Les forces aériennes alliées bombardaient maintenant toutes les villes importantes de l'Italie du Nord, et la Vénétie fut la région la plus martyrisée, car les Allemands qui battaient en retraite devaient nécessairement passer par ces terres pour regagner la frontière; en se retirant, ils laissaient toujours derrière eux les traces sanglantes de leur vengeance et des morts innocents par milliers.

Même les Allemands, si forts et hardis, commençaient à avoir peur désormais. Pour pouvoir traverser les routes et les villages italiens sans danger, ils enlevaient le plus grand nombre possible de civils sans aucune raison valable – d'ailleurs, qui aurait eu le courage de s'opposer à eux ? – même les vieux, les femmes et les enfants, et ils les faisaient marcher, les mains levées, devant leurs convois, s'assurant ainsi qu'aucun partisan caché ne tirerait sur eux.

Ce Vendredi Saint fut un jour de souffrance et de passion non seulement pour les chrétiens dans leurs fonctions liturgiques, mais pour tous les Vénitiens, croyants et non-croyants. Aucune famille ne fut épargnée et, à Pâques, chacune d'entre elles eut une tombe sur laquelle pleurer, un sépulcre qui ne connaîtrait la Résurrection que dans l'éternité.

SŒUR ANGÈLE

La semaine suivante fut consacrée toute entière à enterrer les morts, à reconstruire partiellement les maisons frappées et à étayer les murs restants. Tous, sans distinction, s'aidèrent les uns les autres pour nettoyer les décombres et reprendre la vie quotidienne, malgré leurs cœurs brisés.

La cérémonie de la première communion des enfants fut repoussée d'une semaine pour laisser aux familles le temps de faire leur deuil et de se remettre du choc, surtout celles qui avaient perdu de jeunes communiants.

Ginetta, qui attendait cette journée avec tant d'impatience, avait maintenant un nœud à la gorge. La joie de s'avancer vers l'autel toute vêtue de blanc, pendant cette cérémonie sainte, était désormais troublée. Elle éprouvait dans son cœur comme un sentiment de culpabilité.

Pourquoi était-elle en vie alors que sa petite amie n'était plus là ? Pourquoi avait-elle la chance de porter son aube blanche alors que celle qui rivalisait avec elle quelques jours plus tôt sur la beauté de sa robe, n'avait pu la porter qu'une seule fois et pour toujours, avant de descendre sous terre ?

Maman Enrichetta essayait de réconforter sa petite fille et de lui redonner confiance dans le monde et dans l'avenir, en lui expliquant que malheureusement le Mal existe et qu'il lutte toujours contre le Bien et qu'on a parfois l'impression que c'est le démon qui règne sur tout et que les hommes sont devenus tous méchants parce qu'ils ont oublié le Bon Dieu.

« Quand tu feras ta première communion dimanche, lorsque tu recevras le pain des anges, c'est lui qui te donnera la force de combattre le Mal et de supporter toutes les injustices et les souffrances, pour avancer toujours dans la vie confiante et joyeuse. Dimanche, le Seigneur ne veut pas te voir triste, mais gaie et souriante comme toujours… n'oublie pas que pendant la procession, il faut que tu chantes. »

Pendant qu'elle lui parlait, elle lui faisait essayer une fois de plus son aube blanche pour y apporter les dernières retouches. Ginetta écoutait et observait avec admiration cette mère aux mains de fée qui lui avait confectionné, avec deux draps brodés en lin, un habit qui semblait sorti d'une des boutiques les plus chères. Elle avait utilisé la partie brodée pour faire l'encolure carrée de la robe ; ensuite, elle avait glissé un ruban sous la poitrine en le faisant passer par les jours des broderies pour cintrer la robe dont les plis descendaient jusqu'à terre, dans un style empire. L'ourlet du bas se terminait avec une large bande brodée tout comme les amples manches de type monacal.

Comment sa maman avait-elle pu faire cela ? Et quand avait-elle trouvé le temps de coudre, avec tout ce qui s'était passé ? Ginetta ne s'en était pas rendue compte : sans doute sa maman avait-elle volé en cachette quelques heures au sommeil.

Elles s'embrassèrent avec sourires et larmes. Et cette fois encore, Ginetta comprit que sa maman avait raison. Peu importe ce qui arrivait, il fallait être confiant et elle, Ginetta, allait imiter l'exemple de cette maman héroïque et généreuse, en essayant toujours de suivre le droit chemin de la vie, même s'il était parfois pénible et parsemé de difficultés, car il conduisait toujours vers les plus beaux sommets.

Finalement, le dimanche de la première communion arriva et Ginetta était sereine, même s'il manquait des enfants lors de la procession. Niko était à ses côtés, vêtu d'un pantalon gris, son premier pantalon long de petit homme, et d'une veste bleue à laquelle on avait accroché un ruban blanc avec une frange dorée.

Niko avançait lui aussi, plus sérieux que d'habitude, respectant la solennité du moment.

Les fidèles étaient déjà tous agenouillés et attendaient le début de la cérémonie. La procession des communiants avançait vers l'autel, les fillettes les mains jointes et les petits garçons à côté d'elles portant un beau cierge allumé; en même temps s'élevait la voix claire de Ginetta qui chantait pour la première fois en solo. Soudain, au beau milieu de la cérémonie, une bombe explosa sur le toit de l'église. Ginetta eut tout juste le temps de se cacher sous le pupitre de marbre en forme de coquillage qui la protégeait complètement… L'explosion fut terrible et le silence qui s'ensuivit fut rompu par les cris des gens qui essayaient de fuir à l'extérieur et les gémissements des blessés. Une fois de plus, les forces du Mal semblaient avoir pris le dessus sur la beauté des choses divines.

Enrichetta se mit à chercher éperdument sa petite fille qu'elle trouva recroquevillée et tremblante sous le pupitre. Elle lui tendit les bras et Ginetta s'y réfugia, certaine d'y trouver réconfort et courage. Toutes deux se dirigèrent ensuite vers l'autel d'où provenaient des gémissements pour venir en aide aux blessés. Elles trouvèrent Niko qui gisait là couvert de sang. Pendant qu'Enrichetta le prenait dans ses bras, Ginetta lui tenait la main et elles sortirent ainsi dans la rue. Même s'il avait les yeux fermés, Niko était vivant et c'était la seule chose qui comptait.

La bombe avait été larguée presque par hasard par un avion qui se dirigeait, seul, vers Trévise.

Les gens du village, stupéfaits et déconcertés en voyant que presque tout le monde était miraculeusement rescapé, discutaient de l'évènement : « Ce sont les Américains, ces bombes sont bénies… qu'ils viennent donc, qu'ils viennent chasser les Boches. ».

Entre temps, les « Boches » devenaient de plus en plus féroces avec les civils et, obligés de battre en retraite, ils semaient la mort en minant les champs, les prés, les sentiers et les routes.

Il était désormais impossible de marcher en sécurité et les enfants ne pouvaient plus jouer en courant dans les champs ou les prés. Les gens vivaient comme des reclus, prisonniers sur leurs propres terres.

Suivant le conseil de don Pietro, Enrichetti commença à se préparer pour monter à l'alpage avec les enfants.

Dans un premier temps, les trois garçons partirent avec Persilla et Ginetta. Antonio était le capitaine de l'équipe car il connaissait bien le chemin. Peu après, Enrichetta les rejoignit avec les filles aînées et les deux enfants plus jeunes.

Pendant tout l'été, les Gustin vécurent tranquilles, tous ensemble à la laiterie. Ce fut un merveilleux été pour tous, là-haut, à mille mètres d'altitude, dans un décor magnifique, entouré des bois et des hauts sommets, à l'air pur de la montagne, loin des horreurs de la guerre qui ne montaient pas encore jusque là-haut.

Grâce aux soins d'Angelo, les deux petites chèvres avaient repris des forces et commençaient même à donner du bon lait; ainsi le matin chacun avait un bon bol de lait frais comme déjeuner. Dans la laiterie, bien entendu, il n'y avait pas assez de place pour toute la famille mais on s'adapta vite. La grande table de travail était utilisée pour manger tous ensemble et la nuit on s'arrangeait pour dormir par terre avec des sacs de couchage. Le jour, on vivait en plein air. Les enfants en profitaient pour courir librement dans les prés sans danger et faire de belles randonnées jusqu'au sommet du Mont Grappa que même Enrichetta n'avait encore jamais vu.

Avec le peu de lait qui restait après le petit déjeuner, Angelo et Enrichetta fabriquaient du fromage qui leur servait de souper. Pendant la journée, ils cueillaient des fraises sauvages, des myrtilles, de la chicorée; ils ramassaient des choux, des champignons et des asperges sauvages. Angelo s'amusait à inventer des recettes : spaghettis aux champignons, *polenta* aux champignons, *risotto* aux champignons, côtelettes de champignons *portobella*, légumes cuits, confitures de fraises et de myrtilles.

L'ami d'Angelo, dont le repère était caché derrière la paroi rocheuse du Mont Grappa, venait souvent leur rendre visite. Il leur remit les adresses de certains de ses amis à Possagno qui pouvaient toujours les aider si Angelo se présentait en son nom (il avait donné à cet effet un nom codé que seuls certains villageois connaissaient). Ainsi, de temps en temps, les filles aînées descendaient jusqu'à Possagno et frappaient à la porte de ces familles en demandant un peu de vivres, du pain, des oignons, des patates également et de la farine de blé ou de maïs. Elles étaient toujours bien reçues, jamais elles ne revenaient au refuge les mains vides.

Parfois les jeunes filles étaient chargées de transmettre verbalement à leur père un message météorologique qu'un monsieur âgé de la famille Isotton leur confiait. Ce même message était récupéré le lendemain par l'ami qui passait les voir au refuge.

C'était comme le jeu du téléphone sans fil; très vite, les filles comprirent l'importance de ce jeu qui permettait aux communications clandestines de continuer, ininterrompues. Même cachés en haut des sommets les plus élevés, les résistants suivaient quotidiennement tous les mouvements des camions allemands, ils étaient prêts au sabotage, mais aussi à se cacher en cas de danger.

Les tranchées de la Première Guerre mondiale offraient d'excellents abris secrets, autant pour entreposer les armes que pour dissimuler les hommes.

Enrichetta avait enseigné à ses enfants à profiter de l'instant présent, à remercier toujours le Seigneur pour ce qu'ils avaient maintenant, à vivre au jour le jour sans se soucier du lendemain, et les enfants semblaient avoir compris cette importante leçon qui les rendait tous sereins et tranquilles. On oubliait la guerre, on oubliait les horreurs, on oubliait les bombardements et Ginetta recommença à chanter. Le soir, lorsque le soleil couchant illuminait de rose tous les sommets des Dolomites, les Gustin, assis près de la porte du refuge, après avoir récité le chapelet, entonnaient tous ensemble les magnifiques chants de montagne que l'écho répétait et portait au loin.

Ginetta, toujours souriante, les yeux radieux tournés vers le ciel, aurait voulu que ces soirées durent éternellement, que le monde s'arrête comme par enchantement et que tout se fige dans ce rayon de lumière limpide et sereine descendu d'en haut, là où un Dieu de paix veille sur ses propres enfants en illuminant leur chemin.

Chapitre 12

Possagno, la fosse aux agneaux

Aimer son prochain, c'est donner sans rien demander en échange et, dans une période aussi difficile pour tous, les habitants de Possagno ressentaient le devoir d'aider les autres comme ils le pouvaient. Poussés par une volonté très forte de se porter au secours des affligés et des désespérés, tout en sachant qu'ils risquaient leur propre vie, ils cachaient dans leurs maisons de malheureux innocents afin qu'ils ne tombent pas comme de pauvres agneaux entre les dents d'une meute de loups. Le nom même du village, Possagno, le prédestinait à cette mission humanitaire. Il vient en effet du dialecte ancien où *poss-agno* signifie « la fosse aux agneaux », étant un lieu de transhumance pour les troupeaux qui descendent de la montagne vers la vallée après avoir passé l'été au pâturage dans les alpages.

Le magnifique été que les Gustin vivaient au refuge tirait à sa fin; eux aussi, comme les troupeaux, allaient bientôt devoir redescendre dans la vallée.

Le matin du 10 août, Ginetta s'était réveillée toute pimpante car c'était la veille de son anniversaire. À six ans, quand on grandit dans une famille de paysans et de montagnards, notamment en temps de guerre, on a déjà perdu l'insouciance de l'enfance et on devient vite adulte. Depuis les douloureuses expériences qu'elle avait vécues, Ginetta était devenue une petite fille possédant une bonne maturité. Avec sa maman, elle confectionna pour sa fête un beau gâteau de *polenta*, tout garni de champignons, qu'ils allaient manger le lendemain. La petite fille serait entourée de la présence chaleureuse de toute sa famille, même si ses frères se moquaient affectueusement d'elle parce qu'elle chantait toujours et qu'il lui arrivait parfois de parler toute seule. C'était une petite fille un peu spéciale, comme l'avait prédit don Pietro avant sa naissance.

L'après-midi, elle s'était rendue toute seule jusqu'à son endroit favori, la source des « trois creux » et là, dans le silence interrompu uniquement par le chant de l'eau pure et cristalline qui courait dans les sous-bois, elle était restée en extase à converser avec sa Sainte Vierge.

Le soir, sa maman lui avait raconté l'histoire de sa naissance ainsi que la légende de Saint-Laurent et des étoiles filantes. Elle lui avait confié comment, six ans plus tôt, elle avait formulé le souhait d'avoir une petite fille et comment ce rêve s'était transformé en réalité. Alors Ginetta s'était mise à scruter le ciel et, dès qu'elle vit la première étoile filante, elle fit un vœu. Tous ensemble ensuite, ils jouèrent à celui qui compterait le plus d'étoiles filantes. La soirée se termina dans la bonne humeur au milieu des rires, car chacun était curieux de connaître les souhaits des autres, en particulier celui de Ginetta. Mais dans son cœur, elle avait déjà formulé un vœu qu'elle ne voulut révéler à personne. Elle seule, son étoile filante et sa belle Dame le connaissaient.

Cette même nuit, non loin de là, des drames humains se déroulaient sous ce même ciel, et les étoiles filantes étaient les larmes versées pour tous ces martyres innocents tombés entre les griffes féroces des bêtes sanguinaires, autant en Vénétie qu'en Toscane.

Mais là-haut, à l'alpage, les jours s'écoulaient tranquilles car on ignorait la barbarie qui ravageait la vallée au même moment. Certes, on n'avait pas tout le confort dont on jouissait à la maison de Cavaso, mais la vie en plein air, au milieu des bois, la joie de pouvoir courir librement dans les prés sans crainte, de profiter des soirs étoilés, tout cela rendait le séjour merveilleux. On pouvait écouter la voix du vent frais caressant les branches des arbres, tendre l'oreille au bruissement léger des feuilles qui répondent à une douce brise et ressentir, au cœur de la beauté de la nature, la présence de l'Être Divin. Mais malheureusement, ces moments de sérénité allaient bientôt finir car même la paix et la tranquillité de ces lieux allaient être profanées par une folie insensée.

Presque comme un présage des jours tragiques de souffrance inimaginable qui les attendaient, le ciel étoilé que Ginetta scrutait tous les soirs s'illumina sinistrement de reflets rouges, puis devint soudain très sombre et les étoiles disparurent, laissant l'obscurité la plus complète. Elle fut prise de frayeur et se mit à trembler; puis, c'est dans le chant et la prière qu'elle retrouva enfin son calme.

Le lendemain, elle apprit la cause de son angoisse provoquée par ces éclairs funestes.

Le premier septembre lorsque, tôt le matin, avant que l'aurore ne drape de rose les blanches cimes, l'ami de papa que les Gustin avaient baptisé « Salvatore » arriva au refuge à bout de souffle.

Il avait des nouvelles importantes à communiquer à Angelo et lui recommandait surtout d'aller se cacher dans un endroit sûr, lui et sa famille, parce que là, sur le Mont Grappa, se préparait une bataille féroce.

Les Allemands avaient capturé et tué de nombreux civils à Follina et Soligo, croyant débusquer des résistants. En revanche, ces derniers s'étaient réfugiés sur le plateau du Cansiglio où, cette même nuit du 31 août, étaient arrivés les Allemands qui ne les avaient pas trouvés car les maquisards s'étaient entre temps réfugiés dans les bois, dans les grottes du vallon de l'Agnella et dans les tranchées du Mont Grappa. La colère des Allemands avaient éclaté et ils avaient tout détruit sur leur passage, fermes, refuges et abris, et mis le feu à tout ce qu'ils trouvaient.

En cette nuit sans paix, nuit de terreur, les feux étaient visibles jusqu'au sommet du Mont Grappa.

Les terres allant de Pederobba à Bassano, en passant par Possagno qui était protégée par ses bois et ses montagnes, avaient accueilli et caché de nombreuses familles de réfugiés et d'exilés, parmi lesquelles se trouvaient également des Juifs. La lutte clandestine s'était bien organisée. De leur côté, les Allemands qui se savaient désormais vaincus, étaient pressés de passer la frontière, mais devaient aussi tenir compte des résistants, bien décidés à leur mettre des bâtons dans les roues : ils ratissaient donc tous les villages et Possagno, ainsi que le Mont Grappa, étaient maintenant leurs objectifs…

Les résistants se seraient battus jusqu'à la mort mais ils ne pouvaient pas garantir la protection des civils; toute la population devait donc se mobiliser pour se mettre à l'abri.

Après avoir fait état de ces terribles nouvelles qui les laissèrent tous effarés et épouvantés, « Salvatore » serra affectueusement son ami dans ses bras et repartit d'un bon pas vers le sommet du Mont Grappa où ses soldats attendaient impatiemment ses ordres. Enrichetta et Angelo jetèrent un regard désespéré sur leurs enfants muets de peur. Mais cela ne dura que l'espace d'un instant car Richetta reprit : « On a encore le temps de se sauver, prions maintenant et récitons un chapelet pour que la Vierge Marie nous protège et nous indique quoi faire. ».

Tous ensemble, ils dirent le chapelet, pendant que Ginetta observait sa maman, cette femme héroïque et solide comme un roc, capable de trouver même maintenant, même dans un moment aussi difficile et désespéré, la force d'une foi inconditionnelle en la Sainte Providence et en Dieu, sachant qu'Il ne les abandonnerait jamais.

Alors que Richetta priait, elle souriait à ses enfants. Rien sur son visage ne devait trahir l'angoisse qui tenaillait son cœur. Il fallait continuer à vivre et chercher un nouvel abri.

Après ces nouvelles, les gens étaient affolés, ils étaient pressés de fuir, mais plusieurs d'entre eux ne savaient pas où aller. Ceux qui avaient de la famille dans la vallée, là où les Allemands avaient déjà quitté le territoire, partirent en toute hâte, abandonnant leurs maisons et leurs biens à la merci du destin, car tout ce qui comptait était de sauver leur peau; d'autres préférèrent se réfugier dans les dolines et les grottes des montagnes de la région de Bassano, en espérant que les deux mille partisans du Mont Grappa ne laisseraient pas passer les Allemands; d'autres encore choisirent de rester et de s'enfermer dans leurs maisons qui renfermaient des cachettes secrètes. Les Juifs et les déserteurs étaient réellement en proie à la panique et à l'angoisse ne sachant pas où chercher refuge.

Les rues se vidèrent et Possagno se transforma en quelques jours en village fantôme, sans habitants, ses maisons fermées et silencieuses, dans l'attente douloureuse d'un destin tragique.

Richetta et Angelo devaient décider de leur sort. L'important était de sauver tous les enfants, mais ils ne pouvaient pas se cacher tous ensemble parce qu'il fallait aussi descendre au village pour ne pas laisser la grand-mère toute seule. Il restait peu de temps et il fallait décider vite car les camions allemands pouvaient arriver d'un moment à l'autre. Impossible de se réfugier derrière les parois rocheuses du Mont Grappa car il allait y avoir une bataille. Ils pensèrent alors à la grotte des « trois creux » : là, sous la protection de la Madonna del Covolo, tous les enfants allaient être en sécurité. Rapidement, ils se préparèrent pour aller camper dans la grotte.

Angelo demanda à tous de se noircir le visage avec du charbon de bois et de s'habiller avec des vêtements sombres. Il leur fournit des provisions, de l'eau et, après leur avoir recommandé de ne faire aucun bruit, surtout s'ils entendaient des pas à l'extérieur, il ferma la grotte avec une planche de bois qu'il cacha ensuite avec des branches et des buissons. Richetta descendit à Cavaso chez la grand-mère et Angelo remonta à l'alpage, en espérant que tout se limiterait à une intense frayeur.

Mais une nuit, la colonne allemande partie de Crespano en direction de Possagno encercla toute la région de façon à empêcher quiconque de s'en échapper et commença son travail de ratissage. Les soldats mitraillaient tout ce qu'ils trouvaient sur leur passage, fouillant ensuite les granges, les haies et surtout les sentiers qui conduisaient vers les bois et les parois rocheuses du Mont Grappa. Comme toujours, les opérations de représailles allemandes étaient d'une violence démesurée et cette nuit fut terriblement angoissante.

Le sentier qui allait jusqu'à la chapelle de la Madonna del Covolo était rocailleux et dangereux, coincé entre le rocher et le ravin; puis, une fois passée la petite église, il s'enfonçait dans la forêt épaisse.

C'est précisément pour cela que Richetta et Angelo l'avaient choisi comme lieu sûr pour leurs enfants. Et puis, on y retrouvait également la Vierge qui avait déjà sauvé Ginetta à plusieurs reprises; ils ne pouvaient absolument pas imaginer que les Allemands passeraient par là. En effet, pour encercler Possagno, les blindés empruntèrent la route principale, mais certains pelotons à pied pénétrèrent à l'intérieur des terres pour fouiller toute la région vers l'ouest et ils arrivèrent jusqu'au sanctuaire de la Madonna del

Covolo pour se diriger ensuite vers le village de San Giovanni, couvrant ainsi tout le versant sud du Mont Grappa.

Ils marchaient d'un pas cadencé. De leur cachette, Ginetta, ses frères et sœurs pouvaient entendre les bottes frapper le sol pierreux et s'approcher de leur refuge; leur cœur tressautait à chaque pas. De temps en temps, une rafale de mitrailleuse traversait le bois, cassant les branches des arbres qui tombaient avec fracas.

Tous ces bruits, intensifiés par l'écho de la montagne, devenaient de plus en plus assourdissants. La cadence des pas, toujours au même rythme obsédant, résonnait comme une menace implacable.

Les mains désespérément collées sur leurs oreilles pour ne pas entendre, les enfants se serraient les uns contre les autres sans parler, essayant de retenir leur souffle pour ne pas faire de bruit.

C'étaient des moments d'angoisse, allant de la peur à l'espoir d'un miracle. Ginetta priait sa Vierge en silence. La nuit était claire, la lune était apparue tardivement et elle illuminait tristement le paysage et la marche cadencée des Allemands. Leurs casques se découpaient, noirs dans le ciel sombre, parfois lugubrement luisants lorsqu'un rayon de lune les illuminait. Un bras tenait le fusil, l'autre oscillait au rythme de la marche, tous synchronisés comme de macabres marionnettes. Une fois arrivés à Possagno, les Allemands attaquèrent avec une violence invraisemblable tous les versants du Mont Grappa. Les partisans cachés ripostèrent avec leurs armes, combattant jusqu'à la mort, mais ils ne furent pas en mesure de repousser l'ennemi. Toute la région fut ravagée de façon cruelle et barbare.

La violence nazie fasciste était, comme toujours, démesurée, s'abattant non seulement sur les résistants, mais aussi sur les civils sans défense. Bien peu de gens échappèrent au massacre et à la déportation, rares sont ceux qui furent épargnés.

Après ces représailles furieuses, alors que l'opération de ratissage se déplaçait vers Bassano, Possagno s'était transformé en un village presque mort : fenêtres et portes fermées, un lourd silence régnait partout, comme si le village même avait arrêté de respirer. On n'entendait rien d'autre que le bruit déchirant des rafales de mitrailleuses au loin et l'explosion des bombes à main. Entre les deux s'insinuait un silence chargé de peur. Les sons devenaient ensuite plus étouffés et on pouvait entendre, par vagues successives, l'écho des cris bouleversants des gens qui essayaient d'échapper à tant de cruauté. Gémissements d'enfants, sanglots de femmes, cris désespérés d'innocents déchirant l'âme de ceux dont la vie, momentanément, était sauve…

La famille Isotton, qui avait refusé de s'enfuir pour ne pas abandonner les Juifs qu'elle avait accueillis, réussit on ne sait trop comment à s'en sortir et à sauver ses amis après les avoir tous cachés dans le puits asséché dans la cour. Ils avaient pris un très grand risque car s'ils avaient été découverts, ils auraient tous été massacrés… mais il y a parfois un Ange du Bien qui protège les innocents contre les forces occultes du Mal.

Des morts, des morts, encore des morts et sans arrêt des carnages de pauvres gens. Quand tout cela allait-il s'arrêter ? La paix et la liberté étaient encore bien loin et la guerre semblait continuer avec une inimaginable cruauté.

Toute la région du Mont Grappa, qui avait déjà payé un lourd tribut lors de la Première Guerre mondiale, celui du sang et du sacrifice de ses gens, était maintenant témoin d'une boucherie encore plus insensée, et la Vierge de Lourdes dans la cour du collège Cavanis tournait presque en pleurant son regard silencieux vers ce pauvre village ravagé. Pendant à peu près trois jours, personne n'osa sortir de sa cachette; puis, lentement, les villageois reprirent courage. Les bêtes sauvages se dirigeaient vers la frontière, semant sur leur passage la mort et la terreur. Le 24 septembre, à Bassano, leur férocité atteignit un niveau de cruauté sans précédent. On ne comptait plus les morts et les déportés, mais chose encore plus terrible, il y eut les exécutions de masse : 31 maquisards faits prisonniers furent pendus aux arbres de l'avenue Contrada delle Grazie devant les yeux de leurs familles obligées d'assister au macabre spectacle, les armes pointées derrière leurs dos, à la lueur du feu impitoyable qui détruisait leurs maisons et illuminait l'avenue de façon sinistre.

Avec effroi, la population pétrifiée était témoin de la scène, étouffant douloureusement ses sanglots dans un silence glacial. Soudain, un hurlement s'éleva, long, déchirant, lugubre, celui d'une mère aux pieds de son fils sauvagement pendu, pendant que les fauves, excités par la meute des loups déchaînés, couraient comme des fous d'un arbre à l'autre en tourmentant encore, dans un jeu sinistre, ces pauvres corps agonisants. Puis, un brouillard bleuâtre descendit du ciel, comme un voile de pitié, pour recouvrir ces corps inertes qui se balançaient au bout de leur corde et qui allaient rester là jusqu'à ce que les bêtes féroces, repues de sang, décident de partir.

Maudite guerre ! Elle s'était transformée en un brasier qui continuait à faire rage sans jamais réussir à s'éteindre. Chaque nuit, les avions des alliés commençaient à larguer des bombes, des *bombes bénies* comme on les appelait au village, mais c'était quand même des bombes, des bombes porteuses de destruction.

Les bombardements n'avaient pas épargné Cavaso, mais au moins les Allemands étaient partis. La villa de la comtesse avait été libérée; la sinistre et redoutable croix gammée avait disparu du balcon.

Bien qu'elle eût subi quelques dommages, la maison des Gustin était encore debout. Richetta s'empressa de courir chercher ses enfants avec le père de Niko, qui avait échappé à la rafle. Elle avait la certitude de retrouver tous ses enfants en vie. Il en fut ainsi. Sortis de la grotte, au milieu des embrassades, des étreintes et des larmes, tous se rendirent sans tarder à la source de l'eau bénite pour se laver, se désaltérer et remercier la Vierge. Comme une petite procession, ils se mirent ensuite en route pour monter à l'alpage.

Là-haut, malheureusement, ils trouvèrent le refuge vide et détruit. Aucune trace d'Angelo. Ils se regardèrent tous, consternés et se mirent à chercher dans les bois en l'appelant de toutes leurs forces. Mais après avoir cherché en vain, ils redescendirent, résignés, vers la vallée pour rentrer à la maison.

C'est alors que commença le calvaire de Richetta pour chercher son mari. Il n'apparaissait pas parmi les morts du Mont Grappa, personne ne l'avait vu, personne n'était en mesure de lui fournir des renseignements.

Il ne lui restait qu'à attendre et prier, forte de cet espoir toujours vivant en elle.

Chapitre 13

La libération

« Ginetta, Ginetta, tu n'entends pas ? »

Niko était entré en courant dans la cuisine où Ginetta jouait avec sa petite sœur.

« N'entends-tu pas ? Ce sont les cloches, m'a dit ma mère. »

C'était la première fois que les enfants entendaient les cloches carillonner aussi gaiement, une mélodie qui semblait résonner dans le ciel pour réveiller la terre entière. On était en avril et la nature renaissait. C'était la résurrection après le long sommeil hivernal.

Partout, les fenêtres des maisons, toujours fermées et barricadées, s'ouvraient d'un seul coup. Des cris d'allégresse, des chants de réjouissance envahissaient les campagnes. Tous sortaient à l'air libre en chantant, dansant, s'embrassant et tous se dirigeaient en courant vers l'église qui était enfin ouverte pour accueillir ses enfants au son étourdissant des cloches.

« Mais ce n'est pas Pâques, on a déjà fêté Pâques… Qu'est-ce que ça peut bien être ? », questionna Ginetta. Et les cloches continuaient à carillonner vigoureusement, elles semblaient s'être emballées.

Des hommes descendaient allègrement des montagnes, mal habillés, un peu hirsutes, mais heureux. Ils avaient leur fusil sur l'épaule, au repos, et la bonne humeur des chasseurs qui rentrent après une battue de chasse couronnée de succès. Ils chantaient *Ciao o bella ciao*.

De nombreuses personnes accouraient, euphoriques, des fleurs plein les bras, vers la place. C'était une grande fête et Richetta, elle aussi, avec toute sa famille, se dirigea en courant vers l'église pour voir ce qui se passait.

Tout le monde criait à tue-tête : « C'est fini, c'est fini. Les Américains sont là. Les « Boches » sont enfin partis. La paix est arrivée. ».

Ce n'était pas Pâques, la résurrection du Christ, mais la résurrection du peuple italien, d'un peuple entier, qui avait souffert comme le Christ sur la croix pendant trop longtemps. C'était la libération !

Après un long sommeil comateux très proche de la mort, l'Italie s'était enfin réveillée pour renaître à la vie. C'était la fin d'un long cauchemar. Le rêve de la paix semblait devenir réalité.

« Les Américains, les Américains, ce sont les Américains qui arrivent ! »

Dans le village, les gens étaient fous de joie à l'idée que tout soit vraiment fini grâce à l'arrivée de ces libérateurs. Mais d'autres, plus sages, se disaient : « Oui, oui, on va voir, on va voir ce qui va se passer encore… cela ne finit jamais. Il y a toujours quelque chose d'autre qui arrive. ».

D'un côté, la foule était exaltée par l'arrivée des forces alliées qui mettaient fin à la guerre; de l'autre, on craignait la réaction de forces clandestines qui auraient certainement fait naître un nouveau conflit, une guerre civile, une guerre fratricide. En effet, si les hyènes nazies étaient parties, les loups noirs fascistes se promenaient encore dans les campagnes, épuisés, vaincus, en quête d'une tanière où se terrer de peur d'être poursuivis et capturés par ces valeureux chasseurs descendus des montagnes.

Les rôles étaient inversés, le temps était venu pour les fiers fascistes, qui encore récemment semaient la terreur autour d'eux, de se cacher et de courir aux abris : c'était à leur tour, tremblants et angoissés, d'implorer la pitié des autres, cette pitié qu'ils avaient refusée à tant de pauvres gens !

Il était difficile pour bon nombre d'Italiens d'oublier et de pardonner aussi vite les cruautés subies. La soif de vengeance était palpable et la haine se cachait derrière cette allégresse momentanée.

En effet, dans cet enthousiasme débridé, au cœur de la fête, voici qu'on commença à lancer des pierres contre la Maison du fascisme. Sans doute, tout cela se serait vite transformé en une grêle de pierres si de gros camions américains n'étaient pas apparus à ce moment-là sur la route principale, accueillis par le peuple en liesse. Les gros chars disposés en cercle au milieu de la place, les troupes alliées prirent possession de la Maison du fascisme et hissèrent à la fenêtre le drapeau étoilé, un drapeau, symbole de paix et de liberté donnant courage et espoir en l'avenir.

« Paix, paix… », s'écriait joyeusement tout le monde, mais partout, il y avait des soldats toujours armés. Il est vrai que ces militaires avaient l'air jovial, ils n'étaient pas sinistres et odieux comme ceux qui venaient de partir. Ils étaient presque toujours gais, ils semblaient gentils et offraient aux gens, surtout aux enfants, du pain blanc, du chocolat et une drôle de gomme à mâcher qu'ils appelaient *chewing-gum*, que les enfants rebaptisaient *chou goum*. Ils donnaient aux filles du village des bas de nylon tellement fins et transparents qu'ils laissaient voir la jambe au complet, et cela scandalisait les vieux et surtout don Pietro qui interdisait systématiquement l'entrée à l'église aux filles qui avaient osé les revêtir.

Ginetta, qui était née et avait grandi pendant la guerre, ne se souvenait pas qu'on ait déjà pu vivre à Cavaso en paix et sans soldats. Ses deux sœurs parlaient toujours de l'heureux temps d'avant la guerre où le grand-père Agostino, que Ginetta n'avait pas connu, vivait encore.

Pour Ginetta, vivre en paix signifiait vivre tous ensemble en famille, entourés de l'amour et de l'affection de papa et maman, s'entraidant entre frères et sœurs; c'était exister les uns pour les autres, oubliant son propre égoïsme pour venir en aide aux nécessiteux; c'était ouvrir la porte à ceux qui venaient frapper en quête d'asile; c'était vivre avec la joie au cœur et pouvoir chanter; chanter et prier, et savoir écouter le silence. C'est ce qu'Enrichetta lui avait toujours enseigné. Mais elle ne comprenait pas trop ce qu'était cette paix dont tout le monde parlait.

Il est vrai que le climat dans le village avait changé et que l'on circulait tranquillement. Il n'y avait plus de couvre-feu. Le samedi et le dimanche soir, on dansait sur la place parce que les haut-parleurs de l'ancienne Maison du fascisme ne vomissaient plus des propos terrorisants mais diffusaient une musique gaie et amusante. Les *Boogie-Woogie* et le *Spirou* remplacèrent les *valtzer* et *Lili Marleen*.

Tant que les troupes américaines demeurèrent à Cavaso, on vécut relativement dans le calme; ce n'est que lorsqu'elles quittèrent le village que les problèmes recommencèrent, comme l'avaient prédit certains vieux sages.

Petit à petit, on vit arriver les prisonniers de guerre, épuisés, maigres, émaciés, et tous les hommes aux chemises noires ou gris-vert rentrèrent chez eux, dans leurs familles.

Le temps de pardonner était venu, mais tous n'en étaient pas capables. Il n'y avait que les femmes qui essayaient par tous les moyens de calmer les esprits de leurs hommes car elles savaient trop bien que la vengeance ne règlerait rien, elle ne leur rendrait pas leurs chers disparus…

Mais le désir de vengeance initialement refoulé finit par exploser tout d'un coup et il n'y avait que de la haine dans l'air. Qu'en était-il de cette paix tant voulue et tant attendue ? Ginetta ne comprenait plus rien. La Paix n'était qu'un rêve qui avait à peine eu le temps de naître pour disparaître aussitôt dans le néant ? Les adultes, ce monde de grandes personnes auquel elle aspirait tant appartenir, seraient-ils un jour capables d'atteindre et maintenir ce bien précieux pour vivre tous en paix, comme frères et sœurs d'une même famille ?

En effet, lorsque l'amour et l'harmonie règnent dans une famille, lorsqu'on s'habitue depuis qu'on est enfant à partager avec les autres et à s'aider mutuellement, une fois adulte on devrait savoir comment vivre en paix dans une société fondée sur la solidarité, fruit de l'amour envers son prochain. Richetta, malgré tous les obstacles et les souffrances, continuait à inculquer à ses enfants ces valeurs de solidarité non seulement entre eux, mais aussi à l'égard des amis, de la famille et des gens dans le besoin. Ainsi, lorsque sa belle-sœur, la tante Carmela, vint frapper à leur porte pour demander de l'aide en pleurant, Richetta n'hésita pas à la recevoir à bras ouverts et à l'accueillir chez elle.

L'oncle, un ancien dignitaire fasciste, de retour à sa belle villa, n'avait pas pu y rester car de nombreux villageois avaient commencé à l'insulter et à lancer des pierres contre les portes et fenêtres de sa villa. Au début, Carmela pensait que cela allait se limiter à quelques vexations, passagères, mais maintenant qu'on avait commencé à donner systématiquement une chasse sans pitié à tous ceux qui avaient appartenu au régime, elle et son mari avaient réellement peur.

Les maquisards descendaient de la montagne en sifflotant avec entrain *Siffle le vent et hurle la tempête* et en effet, c'était une vraie tempête qu'ils déclenchaient toutes les nuits en débusquant dans leurs refuges tous ceux qui avaient porté une *chemise noire*. Encore des deuils dans le village : la mort arrivait tout doucement, en silence dans le noir, et s'annonçait par des coups violents frappés à la porte. Carmela et son mari tremblaient en demandant de l'aide. Et Richetta, avec sa proverbiale bonté, avec sa foi authentique qui l'avait aidée à traverser les plus grandes tempêtes, oublia les torts que lui avait fait subir sa belle-sœur, les accueillit chez elle et les cacha pendant tout le temps nécessaire.

Tous les dimanches à l'église, Don Pietro prêchait le pardon, rappelant aux fidèles que même le Christ sur sa Croix avait pardonné et que maintenant les villageois étaient rentrés sains et saufs dans leurs familles. C'était vraiment absurde de s'entretuer, de poursuivre une guerre fratricide.

Dans le village, il fallait que la vie reprenne le dessus, qu'elle revienne comme avant la guerre, il était nécessaire que l'on pense à un avenir fondé sur la cohabitation, la solidarité, la collaboration, la bonne volonté de la part de tous, si on voulait que les enfants puissent vivre dans un nouveau climat, dans un monde de paix…

Tout cela était facile à dire, facile à prêcher, mais pour ceux qui avaient vu leur famille cruellement décimée, il était difficile de s'engager sur le pénible chemin du pardon. On essayait plutôt d'oublier, car le souvenir des rires sarcastiques pendant que les maisons brûlaient, tout autant que celui de la dernière danse macabre autour des feux qui illuminaient les pauvres victimes le long de l'avenue à Bassano, faisait encore trop souffrir. Toutes ces images étaient encore trop vives dans l'esprit des gens, trop récentes et leur seul souvenir faisait encore saigner les cœurs. Il aurait fallu davantage de temps et de courage pour pardonner. Ce n'est que beaucoup, beaucoup plus tard que le pardon allait enfin descendre dans les cœurs comme un baume apaisant. Pour le moment, on essayait de chasser les mauvais souvenirs et les gens avaient envie de vivre, même ceux qui se cachaient et qui demeuraient dans la terreur d'être découverts. Le scénario n'était pas vraiment différent, tout ce qui avait changé, c'était les rôles et les protagonistes.

Une chape de plomb était tombée comme un fardeau sur le village brimant la joie de vivre des gens et divisant encore une fois tout le pays. À cela s'ajoutaient les récits d'emprisonnement et les aventures rocambolesques rapportés par les rescapés de la guerre qui, autour du foyer encore éteint par manque de charbon et de bois, se retrouvaient le soir avec leurs familles et leurs amis.

Au café de Cavaso, on écoutait aussi toutes ces histoires qui, loin de calmer les esprits et d'inspirer le pardon, ne faisaient que retarder encore davantage la réconciliation.

Un soir, bien que Richetta eut interdit que l'on parle de de tous ces évènements à la maison, Vittorio, un ami de Maria et Lina qui s'était réfugié dans les montagnes, raconta les péripéties qu'il avait vécues avec un autre compagnon, pour échapper à la rafle du Mont Grappa.

Des 2 000 hommes cachés et prêts au combat, on disait qu'il n'y avait aucun survivant, alors qu'eux, tous les deux, étaient revenus et se trouvaient là, en train de raconter leurs périples.

Pendant trois mois, ils étaient restés cachés, passant d'une grotte à l'autre, d'une caverne à l'autre, d'une tanière à l'autre, dissimulés dans des trous de plus en plus petits au point d'étouffer dans l'ombre.

Ensuite, il fallait qu'ils se procurent à manger et c'est là que bon nombre d'entre eux se faisaient prendre, parce qu'ils sortaient pendant le jour : les Allemands avaient positionné leur canon stratégiquement au sommet du Mont Grappa et de là, ils tiraient sans arrêt dans tous les sens en faisant exploser les buissons derrière lesquels les résistants étaient cachés.

À un moment donné, pendant une de leurs expéditions nocturnes, Vittorio et Emilio tombèrent sur deux Allemands, des fugitifs eux aussi.

« Cette fois, c'est vraiment la fin – disait Vittorio – les « Boches » vont avoir notre peau. »

Mais, après leur avoir fait comprendre qu'ils devaient les tuer, les deux Allemands voulurent leur offrir une dernière cigarette et ils se mirent à chercher un briquet ou une allumette.

Emilio, rapide, leur dit : « Attendez, attendez, j'ai du feu ! » et il sortit de la poche intérieure de sa veste un petit pistolet qui avait échappé à la fouille et tira immédiatement, touchant du premier coup les deux Allemands. Ils s'étaient mis ensuite à chercher leurs compagnons mais n'avaient trouvé que des cadavres…

Après ce récit, tout le monde à la maison resta silencieux, perdu dans ses réflexions. Richetta pensait à Angelo. Beaucoup de rescapés étaient rentrés désormais, mais on ne savait toujours rien de lui. On n'avait pas retrouvé son corps parmi ceux qui avaient été identifiés. Où était-il donc ? Avait-il pu se sauver ou est-ce qu'il gisait, seul, mort au milieu des bois ? Cette idée hantait Richetta qui ne pouvait s'empêcher d'y penser nuit et jour.

Pendant ce temps, la vie au village reprenait petit à petit avec son quotidien toujours pénible. Chacun devait remonter ses manches afin de reconstruire le village détruit : plusieurs maisons en ruines, de nombreux décombres. On ne pouvait pas cultiver les champs et les prés car la mort était encore présente, cachée sous terre.

Chez les Gustin, la cohabitation avec la belle-sœur et son mari n'était pas toujours facile, surtout à cause du caractère acariâtre de la tante Carmela qui récriminait à propos de tout et de n'importe quoi. La grand-mère, très âgée, était devenue insupportable; mais Richetta et ses enfants toléraient respectueusement ses sautes d'humeur en essayant d'une façon ou d'une autre de lui apporter un peu de réconfort, sachant qu'elle devait souffrir beaucoup de ses douleurs. Paradoxalement, la seule qui ne la respectait pas et la supportait encore moins était sa propre fille, Carmela, qui, avec ses commentaires désobligeants et sa façon hautaine de traiter les gens, rendait l'atmosphère irrespirable et chargée d'une tension qui perturbait toute la maisonnée.

L'oncle, lui, restait tranquille, toujours silencieux dans son coin; il soupirait de temps en temps, en particulier lorsque sa femme avait ses crises d'hystérie quotidiennes et se mettait à crier à sa mère de se taire et d'arrêter de gémir continuellement.

« J'ai hâte que tu disparaisses pour toujours; comme ça, tu arrêteras de te lamenter, même la nuit, ce qui m'empêche de dormir… »

En silence, Richetta prenait la chaise roulante de la grand-mère et la déplaçait jusqu'à la fenêtre, d'où entrait un peu d'air pur. Plutôt que de se fâcher avec sa belle-sœur, elle répondait par un *Ave Maria* en demandant à la Vierge d'avoir pitié de Carmela.

Ginetta observait avec admiration sa mère qui, patiemment, même le cœur rempli d'angoisse, réussissait à ramener le calme au sein de la famille. Au fond, cela ne servait à rien de s'emporter, de répondre et de se mettre en colère; si la tante cherchait tous les prétextes pour provoquer la chicane et faire monter la tension, elle se retrouvait ainsi désarmée et Richetta reprenait ses tâches quotidiennes en souriant. Elle avait besoin d'être calme pendant la journée puisque la nuit elle n'arrivait plus à dormir car elle était constamment tourmentée de ne pas savoir où était son mari.

Ginetta avait, elle aussi, du mal à dormir. Elle se réveillait en proie aux cauchemars. Parfois elle pleurait et se serrait contre Richetta qui, en l'absence d'Angelo dormait avec ses trois plus petits enfants dans le grand lit.

Bien au chaud dans les bras de sa maman, Ginetta retrouvait tranquillement son sommeil, mais toujours les mains collées sur ses oreilles pour ne pas entendre le pas cadencé des Allemands qui résonnait encore dans sa tête d'enfant.

C'était là un des nombreux soucis qui se bousculaient dans l'esprit de Richetta. Par une belle matinée estivale, afin de chasser toutes tensions et angoisses, elle décida d'emmener les enfants jusqu'à la Madonna del Covolo, protectrice de ceux qui s'égarent dans les bois, pour demander la grâce du retour d'Angelo et, en même temps, pour convaincre Ginetta, que désormais il n'y avait plus de dangers et qu'il fallait prier la Vierge pour avoir la force de recommencer à chanter, sourire et croire en un futur meilleur. Ce qui est arrivé hier n'arrivera pas demain. Chaque jour est un jour nouveau. Elle ne cessait de répéter ces mots et donnait ainsi du courage et de l'espoir à tous, faisant naître dans leur âme et leur cœur la confiance en un avenir de paix.

Chapitre 14
Idéaux et rêves d'enfants

L'été fut chaud et lourd, on respirait un air humide, collant. Après la randonnée jusqu'à la Madonna del Covolo avec sa maman, ses frères et sœurs, Ginetta prit son courage à deux mains et décida d'aller dans les bois, comme elle l'avait toujours fait. C'était son plus grand plaisir; cependant, les années de guerre et de dangers constants l'avaient presque anéanti.

Le besoin impérieux d'être joyeuse la poussait à surmonter ses réticences et ses hésitations, la peur ne devait pas l'obliger à reculer, il fallait qu'elle écoute sa maman et qu'elle apprenne à avancer, pas à pas, un jour à la fois, sans s'arrêter devant la douleur ni les difficultés. Au fond, la vie est comme une longue escalade en montagne : on commence en chantant allègrement, on réduit ensuite petit à petit la cadence, chaque pas devient plus pénible, mais on ne s'arrête pas, au risque de ne plus se relever après; puis, le chant s'affaiblit et on manque un peu de souffle, mais on continue à avancer, les yeux fixés sur la destination finale.

C'est ainsi que Ginetta recommença à sourire à la vie, qu'elle reprit ses courses joyeuses dans les bois, qu'elle revint à ses rendez-vous secrets avec sa belle Dame, éprouvant à nouveau dans son cœur le désir d'apporter la joie et l'espérance autour d'elle.

La chaleur étouffante de l'été pesait lourdement sur tout et sur tous. Ginetta se plaisait à aller courir dans les bois pour y trouver un peu de fraîcheur et revenait toujours à la maison les bras chargés de fleurs et d'herbes sauvages qui parfumaient toute la cuisine, apaisant ainsi les esprits les plus revêches... Richetta utilisait ces herbes sauvages pour en faire des infusions calmantes qu'elle donnait à sa grand-mère pour l'apaiser un peu et soulager ses douleurs qui ne lui donnaient guère de répit, surtout la nuit.

La pauvre grand-mère était très souffrante et, dans ses prières près de la fenêtre, elle demandait elle aussi au Seigneur de mettre un terme à ses douleurs et de lui accorder enfin le repos éternel.

Une nuit, sa prière fut exaucée. L'ange noir entra silencieusement dans la maison, prit l'âme de la grand-mère et l'emporta avec lui. Ainsi, la grand-mère s'en alla au ciel tranquillement, sans même un gémissement, sans déranger le sommeil de personne et, au matin, après que Carmela eut finalement pu dormir, comme elle l'avouait, ils retrouvèrent la grand-maman dans son lit : elle s'était doucement endormie pour toujours.

Immédiatement après les funérailles qui se déroulèrent en toute modestie, Carmela commença ses discussions testamentaires. Tout ce qui était dans la maison et avait appartenu à la grand-mère lui revenait : c'est pourquoi, à son avis, il était juste de s'en saisir et de tout emporter chez elle. Richetta resta interdite, elle ne savait que dire… La maison fut dépouillée de presque tous les biens nécessaires à la famille. C'est ainsi que sa belle-sœur la remerciait de l'avoir accueillie chez elle et d'avoir caché son mari qui, comme toujours, ne disait pas un mot et laissait faire sa femme…

Ginetta, perplexe, ne comprenait toujours pas les agissements des adultes.

Cela valait-il la peine de prendre autant de risques pour aider son prochain, quand ce dernier ensuite n'hésitait pas à trahir ? Et pourquoi sa maman ne réagissait-elle pas ? Qu'en était-il de la gratitude de ces gens ?

Mais Enrichetta, en souriant comme toujours, lui dit : « Ginetta, ma chérie, ce que ta tante a emporté avec elle, ce n'est rien. Il ne s'agit que de meubles, de morceaux de bois qu'on pourra remplacer avec le temps. Elle ne nous a rien enlevé. Notre amour, notre affection, l'unité de notre famille : elle n'a rien pris de tout cela et personne ne pourra jamais nous l'enlever si nous faisons bien attention à ne pas laisser entrer la discorde… Rappelle-toi que si tu fais le bien, ce n'est pas pour recevoir de la gratitude en échange, car tu peux bien oublier les remerciements. Le merci est un mot qu'on peut écrire sur du sable, il disparaît. Tu dois faire le bien parce que c'est ce qu'il faut faire, parce que ton frère, ton prochain, a besoin de toi… Jésus, lui aussi, a été trahi et plus d'une fois, par son apôtre le plus fidèle… Nul n'est parfait. Toi, comme moi, nous allons commettre des erreurs qui feront souffrir d'autres gens et nous aurons alors besoin de leur compréhension et de leur pardon. ».

Des mots d'une grande sagesse, d'une grande sainteté, qui resteraient gravés à jamais dans l'esprit et dans le cœur de Ginetta.

Ainsi, la vie reprit avec son lot quotidien de difficultés, avec mille soucis : il n'y avait presque rien à manger et quand même dix bouches à nourrir. Après les scènes d'ingratitudes, Carmela et son mari étaient partis en laissant Richetta et ses enfants dans la pauvreté la plus totale.

Richetta reprit, comme dans le temps, son travail de lavandière et retourna au service de la comtesse, leur voisine. Retrouvant ses habitudes, la noble dame avait recommencé à organiser des fêtes, et dès le retour de son mari, les réceptions se succédèrent chaque semaine. Ginetta était maintenant assez grande pour pouvoir aider aux cuisines pendant les fêtes ; ainsi, elle aussi pouvait rapporter quelques sous à la maison et surtout les restes des repas.

Avec son caractère enjoué et son sourire radieux, ce n'était pas difficile de l'aimer, et bientôt les deux filles de la comtesse se lièrent d'amitié avec elle.

Sans le vouloir, Ginetta commença à faire partie de cette famille singulière. La comtesse la considérait un peu comme sa protégée puisqu'elle l'avait vue naître et qu'elle l'avait sauvée une fois, quand elle avait été blessée grièvement par un Allemand. C'est pourquoi Ginetta allait et venait librement de chez elle à la villa, elle se rendait aux cuisines pour aider, elle entrait dans les chambres et les salons pour ranger et nettoyer et, par la même occasion, elle entendait tous les bavardages des domestiques et assistait parfois à des scènes épouvantables entre mari et femme qui se disputaient sans arrêt.

Désormais, tout le village était au courant : le retour de monsieur le comte après la guerre avait marqué la fin de la paix dans la famille. Pendant l'absence de son mari, la comtesse avait assumé la direction de l'entreprise et, pour sauver le patrimoine, elle avait gagné l'amitié de tous les chefs fascistes importants. Puis, contre son gré, elle avait accueilli sous son toit le haut commandement allemand. C'en était assez, bien entendu, pour aigrir les relations entre les deux époux, car les idées politiques du comte étaient d'un tout autre ordre. De plus, la comtesse ne souhaitait pas remettre le contrôle de l'entreprise entre les mains de son époux, légitime propriétaire, qu'elle avait même éloigné de la chambre matrimoniale. Mais lorsque l'on recevait à la villa, toutes les scènes s'interrompaient comme par enchantement, cédant la place aux sourires hypocrites et aux politesses à l'égard des invités.

Une fois de plus, Ginetta ne saisissait pas bien le fonctionnement du monde des adultes : ayant toujours été habituée à la vérité dans sa famille, elle décida catégoriquement que mensonge et hypocrisie étaient une prérogative du monde des riches. De plus, la mère de la comtesse chez qui Ginetta allait travailler de temps en temps ne la traitait pas convenablement, mais elle devait se taire si elle voulait rapporter à la maison un peu de sous. Tout cela la poussa à conclure que les choses se passaient ainsi parce qu'elle était pauvre. Ginetta avait hérité de son père et de son grand-père qu'elle n'avait pas connu, un caractère fier et têtu : l'orgueil des Rizzardo. C'est pourquoi elle se promit de ne jamais accepter d'être maltraitée sans raison. Révoltée contre l'injustice, surtout lorsqu'elle est liée à la classe sociale, elle décida alors de toujours se battre pour défendre les plus démunis.

Mais pour le moment, ce qui l'inquiétait le plus c'était la tristesse chronique de son cher ami Niko : une mélancolie que personne n'arrivait à comprendre et qu'on aurait presque pris pour une maladie. Niko n'avait aucune raison de penser d'une façon aussi obsessive à la mort, ni de jouer toujours avec des croix, des cercueils, des sépultures, voire même parfois des enterrements. Il n'y avait aucun problème financier dans sa famille, son père avait toujours été présent. La guerre ne l'avait pas trop traumatisé, mis à part les bombardements que tout le monde avait subis. Il avait toujours été d'une nature frêle, d'un tempérament doux et silencieux, toujours prêt à pardonner et à justifier, jamais aucun orgueil en lui ni aucune révolte. Toujours ce regard profondément triste.

Ginetta ne savait vraiment pas quoi faire pour l'aider, pour le secouer, pour lui communiquer un peu de sa joie de vivre. Même dans les pires moments, sa maman avait toujours su lui transmettre la force de croire en un monde meilleur. Elle lui avait fait connaître un Dieu, Père bon et généreux, porteur de paix, d'amour et de joie dans la vie, ce don précieux qu'il ne faut pas détruire. Malheureusement, le père Capucin qui venait à Cavaso pendant le Carême pour les exercices spirituels des jeunes continuait à parler du Jugement dernier, de la fin du monde qui approche, de l'enfer, punition éternelle, et tout cela contribuait à rendre le pauvre Niko encore plus anxieux. Parfois, la nuit, il était assailli par de terribles cauchemars.

Inconsciemment, Ginetta refusait cette vision d'un Dieu qui punit. Dans son esprit et dans son cœur, elle croyait en un Dieu qui nous a créés pour apprécier avec joie la beauté de la vie, la beauté de la création, la beauté de l'amour qui règne dans la famille et entre frères et sœurs si la haine ne s'est pas installée dans leur cœur. Sa foi s'inspirait de l'enseignement de Jésus : « Aimez-vous les uns les autres… » et de celui de sa maman qui, avec une confiance inébranlable, lui enseignait un chemin difficile, mais rempli de lumière, de joie et d'espérance.

Ainsi, lorsque les deux enfants allaient à l'école ensemble, Ginetta chantait, elle chantait tout le long du chemin pour communiquer un peu de gaieté à son compagnon, mais elle arrivait seulement à lui arracher quelques rares sourires. En classe, les enfants étaient séparés, les garçons étaient dans un rang, les filles dans un autre. Ginetta ne pouvait pas tellement surveiller et aider son ami, mais en sortant de l'école, elle le prenait par la main et souvent ils s'arrêtaient en passant chez don Pietro. Le curé, tout comme sa maman, avait une philosophie chrétienne basée sur la confiance et sur la foi, laissant de côté la punition éternelle et universelle, ce qui soulageait un peu Niko de ses peurs et de ses angoisses. Il retrouvait dans les propos réconfortants de don Pietro une certaine sérénité.

Don Pietro inspirait toujours aux jeunes le courage et la confiance, confiance dans l'aide du Seigneur qui ne nous laisse jamais seuls sur terre, mais qui nous illumine toujours d'un rayon de lumière, même dans la noirceur la plus totale.

Tous ces mots rassuraient Niko et Ginetta qui rentraient tranquilles à la maison, continuant leurs discussions sérieuses faites d'idéaux à atteindre car, comme l'avait dit don Pietro « Une vie sans un idéal à réaliser est une vie gâchée. ». Et pour Niko, la décision était prise : dès qu'il aurait fini ses trois ans de cours professionnels auprès des pères Cavanis, il entrerait au séminaire. Son maître idéal était saint François, qui avait laissé tous les biens matériels pour se dédier entièrement aux pauvres et aux affligés. Ginetta comprenait le désir de son ami, cette volonté qu'il avait de se consacrer sans réserve à l'œuvre divine, essentielle pour une vie totalement chrétienne. Elle aussi, au fond, après tout ce qu'elle avait vécu, s'était rendue compte que les choses matérielles n'avaient pas une si grande importance : on souffrait et on s'éreintait pour accumuler des biens qui disparaissaient en fumée en l'espace d'une seconde, des objets qui ne faisaient que semer la zizanie dans les familles, dont certains membres ne les souhaitaient que pour le seul désir de les posséder… Mais pour le moment, Ginetta était loin de penser au couvent, son rêve, ce qu'elle souhaitait le plus, c'était de chanter et faire du théâtre… vivre pour aider son prochain, bien sûr, mais vivre en même temps dans la joie.

Elle n'était pas faite pour le mysticisme ni pour être cloîtrée. Elle se sentait parfois transportée par une joie infinie qui l'enveloppait toute entière et qu'elle n'arrivait pas à expliquer, parce qu'elle naissait à l'improviste dans son cœur.

« Non, non – confiait-elle à son ami – je vais chanter. Le chant est la plus belle chose que je possède et personne ne pourra jamais me l'enlever… et le théâtre. Voilà : l'opéra, c'est sans doute ce qu'il y a de mieux, chant et théâtre en même temps… Oui, oui, je deviendrai chanteuse, j'étudierai la musique. »

Des projets d'avenir plein la tête, ils rentraient chez eux. Le lendemain, ils reprenaient la route pour l'école, toujours ensemble comme deux âmes sœurs. Ils appréciaient beaucoup leurs cours. Ils adoraient découvrir de nouvelles choses dont on ne parlait jamais en famille. Ils étaient heureux d'étudier, même si c'était parfois un peu difficile d'avoir à apprendre par cœur certaines poésies en italien qu'il fallait ensuite réciter devant toute la classe, chose qui enchantait cependant Ginetta. La géographie la transportait vers de nouveaux pays et la faisait rêver d'aller un jour à la découverte de contrées éloignées, au-delà de l'horizon, au-delà de ses collines et de ses montagnes, au-delà de cette mer qu'elle rêvait toujours de voir et que son père avait promis de lui faire découvrir un jour.

Les leçons de botanique lui plaisaient aussi beaucoup : elle apprenait de nombreuses nouvelles choses sur les plantes qu'elle connaissait déjà et qu'elle avait l'habitude de cueillir.

L'après-midi, après l'école, chez les sœurs, les petites filles suivaient des cours de gymnastique, de dessin, de couture, et Ginetta appréciait tout particulièrement les cours de théâtre et de musique. Douée d'une imagination fertile, elle aimait inventer de courtes pièces de théâtre pour les faire interpréter ensuite par ses compagnes, et comme elle ne manquait pas d'idées, les sœurs lui demandaient souvent de réaliser de petites comédies car elles appréciaient beaucoup sa créativité. De son côté, Richetta se rendait compte elle aussi des qualités de sa fille et l'encourageait constamment à développer ses penchants artistiques.

« Tu dois toujours avoir confiance en toi. Souviens-toi que tout ce que tu fais, c'est toujours toi qui l'as inventé et réalisé, même si ce n'est pas parfait. »

Ginetta assimilait avec une grande facilité l'enseignement dispensé par les religieuses et à la maison par une maman intelligente qui prodiguait généreusement tout son amour et savait qu'une bonne estime de soi commence à se développer lorsqu'on est petit et constitue une condition nécessaire pour devenir un adulte capable d'amour, d'estime et de respect envers les autres.

Il faut avoir confiance en soi, en ses propres capacités et croire qu'il est toujours possible de réaliser ses rêves et ses idéaux : Ginetta, elle, rêvait de faire du théâtre et de chanter. En effet, les soirs au *filò*, lorsque les voisins se réunissaient dans les écuries pour être au chaud, elle jouait toujours le rôle de la commère du village : maquillée et vêtue de noir, elle apparaissait pour annoncer le spectacle.

« Bonsoir tout le monde, vous ne me connaissez pas, mais je suis là pour vous raconter les histoires d'Arlequin et Colombine. » Et la voilà qui résume avec humour les aventures d'Arlequin, ce fameux personnage vénitien de la *commedia dell'arte* qui figure dans plusieurs œuvres de Carlo Goldoni, son auteur préféré. Les acteurs entraient alors en scène et jouaient la pièce. Ginetta aimait beaucoup les personnages de Goldoni car leur rôle était facile à interpréter. Presque tous parlaient vénitien, un langage très proche de son dialecte, facile donc à apprendre.

C'est ainsi qu'elle oubliait la guerre, les horreurs et les angoisses qu'elle avait vécues : tout cela faisait partie d'un passé qui devait être enterré. Maintenant, elle avait soif de vivre dans la simplicité et la joie, d'avoir du plaisir dans tout ce qu'elle entreprenait et de la satisfaction dans les choses qu'elle réalisait. Elle vivait l'instant présent, consciente qu'il est éphémère, sachant qu'il faut y goûter dans la joie et c'est ce qu'elle faisait lors des soirées au *filò*, où elle riait et plaisantait, heureuse d'être habillée de chiffons et de danser autour de la « vieille qui brûle », ce personnage qui représente la fin de l'année et les choses du passé qui disparaissent en cendres… Elle prenait la vie au jour le jour, avec son lot de bien et de mal, sans trop se soucier de son avenir. Son rêve était de devenir chanteuse d'opéra, si le Seigneur le voulait bien, car c'est Lui qui décide du destin de chaque être humain.

Le soir, avant de s'endormir, elle récitait toujours la prière que sa maman lui avait enseignée.

« Je vais me coucher, mais j'ignore si je me lèverai demain. C'est la grâce du Seigneur qui décide, mais je Te demande, Seigneur, de bénir toute ma famille et mon papa, pour qu'il rentre à la maison le plus vite possible. »

Chapitre 15
Le retour d'Angelo

L'hiver tirait à sa fin. Un brouillard épais était descendu sur la campagne entière et en fin d'après-midi, il faisait déjà très sombre. Richetta rapportait son chargement de linge propre et elle pédalait péniblement sur une vieille bicyclette en rentrant du lavoir où elle avait passé la journée penchée à laver, savonner, battre des draps. Le lendemain, s'il y avait du soleil, elle allait pouvoir les étendre sur la corde de sa cour pour qu'ils sèchent au vent, avant d'être repassés et parfumés avec les herbes sauvages que Ginetta ramassait, comme toujours, lors de ses promenades dans les bois. Tout d'un coup, en prenant la montée qui portait vers sa maison, elle crut apercevoir une ombre qui avançait avec difficulté, le dos courbé en avant, en s'aidant d'un bâton : c'était sans doute un pauvre vagabond perdu. Toutefois, Richetta eut l'impression de reconnaître quelque chose de familier dans cette démarche et son cœur commença à battre très fort. Elle ne voulait pas se faire d'illusions, elle ne voulait pas croire à ce qu'elle ressentait au plus profond de son être. Et si jamais ce n'était pas vrai ? S'il s'agissait simplement d'un inconnu qui s'en allait parcourir le monde en quête d'un abri pour la nuit ? Elle pédala avec plus d'ardeur, essayant de le dépasser, puis, sans se retourner, elle freina et lui barra involontairement la route. Non, elle ne s'était pas trompée et un cri de joie s'échappa de sa poitrine.

« Angelo, Angelo, d'où sors-tu ? Finalement ! Peut-on savoir qu'est-ce qui t'est arrivé après cette fameuse nuit ? »

« Non, non, pas maintenant. Allons à la maison parce que je suis fatigué, j'ai vraiment besoin de dormir dans un lit… »

Angelo était enfin de retour chez lui, il avait retrouvé sa famille qui l'avait toujours attendu. Mais, en quelque sorte, ce n'était plus lui, on aurait dit qu'il ne se rendait pas compte du moment présent : comme si pour lui le temps s'était arrêté aux moments terribles vécus à l'alpage, une nuit d'horreur dont il ne pouvait et ne voulait pas se souvenir. Tout le monde respecta son attitude étrange et personne ne posa de questions. Ils comprirent qu'il avait traversé des moments terriblement tragiques et que, pour l'instant, il ne voulait pas les revivre, même en souvenirs.

Pendant près d'une semaine, Angelo erra dans la maison comme un fantôme, en parlant très peu, sans vraiment comprendre où il se trouvait. Il ne reconnaissait plus sa maison, sa confusion était telle qu'il demandait souvent des nouvelles de ses enfants qu'il avait lui-même cachés. En vain, Enrichetta les lui montrait en l'assurant qu'ils étaient sains et saufs et se trouvaient là, autour de lui… C'est vrai, lui disait Richetta, que la maison n'est plus comme avant, les Allemands sont venus et ont tout emporté, mais cela n'avait pas d'importance, ce qui comptait c'était qu'ils soient tous ensemble et vivants, Dieu merci.

Les yeux grands ouverts de stupeur, Ginetta écoutait sa maman dire des mensonges. Comment était-ce possible que même Richetta, qui répétait toujours qu'il fallait dire la vérité, mente tout à coup ? Pourquoi ne disait-elle pas à son mari que tout cela était l'œuvre de sa sœur Carmela ? Et Richetta, dès qu'elle voyait les yeux de sa fillette s'assombrir, comprenait bien sa perplexité et devinait les questions idéologiques qu'elle pouvait se poser. Elle attendait donc qu'Angelo soit parti pour lui expliquer qu'il est parfois nécessaire de mentir, surtout si le mensonge ne fait de mal à personne. Les Allemands, après toutes les cruautés qu'ils avaient commises, auraient très bien pu voler aussi… et en évitant d'accuser sa tante en disant la vérité, elle préservait la paix en famille et évitait de provoquer la discorde. De toute façon, la vérité n'aurait servi à rien car elle n'aurait pas ramener les choses comme elles étaient avant. Son père avait besoin de tranquillité sans éprouver de rancœur contre sa sœur. La paix au sein de la famille comptait plus que tout. Sa maman avait sans doute raison.

Après quelque temps, une fois qu'il eut repris ses forces grâce à de longues heures de sommeil réparateur, Angelo voulut monter jusqu'à l'alpage. Il avait besoin d'exorciser sa souffrance pour recommencer à vivre et à travailler. Mais ce n'était que là-haut, proche de ses sommets, qu'il se sentait libre et heureux. Grâce à la très modeste somme qu'Enrichetta avait pu rassembler et cacher sous son lit, il acheta une vache et une petite chèvre qu'il emmena avec lui au refuge. Il reprit ainsi, petit à petit, la fabrication de son fameux fromage, renommé dans toute la vallée.

La tranquillité était revenue chez les Gustin. Même si leurs conditions de vie étaient modestes, le danger des bombes, des persécutions, des rafles n'était plus qu'un mauvais souvenir et ils pouvaient se promener dans les bois sans danger. L'un des héritages maudits de la guerre n'était pas au village mais à la campagne où la terre ne pouvait encore être cultivée puisque la mort s'y cachait encore.

Il fallait d'abord procéder à l'opération délicate et dangereuse de détecter et de désamorcer toutes les bombes qui avaient été lancées et qui n'avaient pas explosées, véritables semences de mort.

Étant ainsi dans l'impossibilité de travailler dans les champs et dans les vignes, la solution d'Angelo était sans doute la meilleure. Chaque fin de semaine, Ginetta montait à l'alpage pour apporter des provisions à son père et l'aider à la laiterie. Désormais, elle connaissait bien le chemin et elle était capable d'y aller toute seule, comme une grande. Il n'y avait plus de dangers, elle pouvait enfin profiter librement de sa randonnée en chantant jusqu'au petit pâturage, tout en haut, à mille mètres d'altitude, où elle se souvenait d'avoir passé un été merveilleux, dans la fraîcheur des bois.

Ginetta était une petite fille très active, même si elle n'avait que huit ans. Ses journées étaient chargées d'ouvrage et il lui restait bien peu de temps pour se reposer ou pour jouer. Maintenant qu'elle était au refuge, même si elle travaillait pour aider son père, ces deux jours passés dans les hauteurs de l'alpage étaient pour elle une relâche, un moment de répit spirituel dans une semaine très occupée.

Le dimanche matin tôt, avant de descendre à Cavaso, Angelo l'emmenait en empruntant les sentiers de montagne jusqu'à la paroi rocheuse du Mont Grappa pour apercevoir de loin la mer scintillante, là où s'élève cette ville magique, Venise, qu'elle rêvait d'aller voir un jour. Elle se souvint qu'à l'école, elle avait écouté une très belle leçon sur la ville des Doges, qui avait laissé tous les enfants les yeux écarquillés et songeurs. Puis, en fin d'après-midi, avant de rentrer au village, elle ne manquait pas de s'arrêter prier quelques instants aux pieds de la Madonna del Covolo et la remercier tout particulièrement pour le retour de son père. Elle rentrait le soir avec un sac toujours chargé de fleurs et d'herbes sauvages, fougères, lichen, arnica, gentianes, violettes, cyclamens, fruits sauvages et champignons. Grâce à sa maman et aux leçons de botanique, elle avait appris depuis longtemps déjà tous les noms des plantes ainsi que leurs vertus thérapeutiques.

Une fois séchées, elle vendait ses fleurs. Les violettes au pâtissier du village, les plantes médicinales, elles, étaient destinées au pharmacien qui en préparait les différentes infusions, les baumes et les huiles servant à faire des massages ou à apaiser les hématomes, les rhumatismes, les rages de dents et autres douleurs.

Dans le village, tout le monde connaissait désormais Ginetta la petite commerçante et le jour du marché, elle avait son étal où elle vendait ses spécialités : choux à la crème aux fleurs de camomille, *galani* et *frittole*, des gâteaux frits typiques du Carnaval, et surtout sa *puina*, sorte de ricotta qu'elle fabriquait à partir du lait égoutté restant du fromage que son père fabriquait et qu'elle fumait ensuite dans le foyer. Elle était toujours très fière de remettre à sa maman le petit magot qu'elle réussissait à gagner et qui était systématiquement caché dans une boîte sous le grand lit. Elle s'était toujours doutée que cet argent allait servir pour racheter les terres qui leur appartenaient au temps du grand-père… mais pour le moment, elle ne voyait pas comment le rêve de ses parents pouvait se réaliser puisqu'il y avait toujours des dépenses plus urgentes qui venaient ronger et parfois manger complètement ces quelques économies cachées…

Parfois, Ginetta avait des sortes de pressentiments : il lui semblait voir des images étranges, sorte de prémonitions à propos d'évènements qui se produisaient quelque temps après. Déjà, l'année précédente, cela lui était arrivé quand, le soir de la Saint-Laurent, elle avait vu le ciel devenir rouge et noir et une grande frayeur s'était emparée d'elle. Maintenant, ces drôles d'épisodes se produisaient souvent et elle n'arrivait pas à comprendre s'il s'agissait de rêves nocturnes ou si c'était tout simplement le fruit de son imagination débordante.

Un samedi matin, en s'arrêtant comme toujours à la source des « trois creux » devant la petite chapelle de la Vierge creusée dans la roche, elle sentit une forte impulsion qui l'invitait à prier pour son ami Niko et à le recommander à la Vierge. Dans ses prières, elle se souvenait toujours de tout le monde, mais cette fois-ci elle ne pria que pour Niko et elle eut l'impression de ressentir une forte douleur au cœur en pensant à son cher petit ami. Elle leva alors les yeux vers la Vierge Marie qui, le visage souriant, posait un regard affectueux sur son Enfant, Toujours en priant, il lui sembla voir à la place du petit Jésus le visage de Niko. Au même moment, elle eut l'impression qu'un voile blanc se posait délicatement sur sa tête et elle se sentit enveloppée d'une profonde joie intérieure. Un rayon de lumière passait à travers les branches des arbres et elle ressentit un courant puissant d'amour et de foi qui la fit trembler toute entière. Au cours de son dialogue silencieux avec sa Madonna, elle promit à la Vierge que jamais rien ne l'empêcherait de vivre chrétiennement et de croire en la vie et de prodiguer autour d'elle amour et solidarité, devenant ainsi pour les gens source de joie et d'espérance.

En effet, il suffit parfois d'un geste, d'un mot, d'un sourire pour apaiser une âme en peine. Elle se promit, dans ses moments de solitude béate, de dire toujours ces mots réconfortants et de continuer à sourire même au cœur des difficultés. Elle ne pensait pas encore à la vie religieuse; après tout, même une chanteuse d'opéra, ce qu'elle souhaitait devenir, pouvait faire beaucoup de bien autour d'elle. Elle pensait uniquement offrir à ceux qui souffrent cette immense vague d'amour qui inondait son coeur. Elle voulait tout simplement aider les autres, mettre à leur service toute l'énergie qu'elle possédait, ainsi que son sourire, et partager joies et douleurs pour redonner confiance, peu importe à qui et comment.

Elle était encore trop jeune pour savoir quel chemin de vie elle emprunterait. Pour le moment, elle connaissait bien tous les sentiers du bois et elle s'y engageait sans aucune crainte, même s'ils étaient parfois obscurcis par l'ombre. Toujours, la lumière d'en haut illuminait sa route.

Sarà quel che sarà… (Ce qui sera sera…) Ce sera ce que le Seigneur voudra. C'est Lui qui décide, il suffit de laisser sa propre vie suivre son cours, notre destin est entre les mains de Dieu.

Ginetta serait attentive à ce que Dieu lui dirait intérieurement. Il suffisait de L'écouter et de Le suivre, car elle était certaine qu'Il ne l'abandonnerait jamais et que jamais Il ne la décevrait. Avec Son immense amour, Il saurait toujours la guider sur le droit chemin jusqu'au plus haut sommet. Il lui semblait entendre une petite voix qui disait : « La côte sera raide, pénible et épuisante à monter, mais une fois arrivée au sommet, tu te reposeras et tu jouiras de ce que tu as fait dans la vie. ».

Ginetta finit par sortir de cette sorte de torpeur céleste et reprit le chemin vers l'alpage où son père l'attendait et où la réalité de tous les jours ne devait absolument pas s'effacer, ni lui faire oublier ses idéaux et ses rêves secrets. Le moment n'était pas encore venu de les révéler et de les réaliser.

Peu importe quel allait être son destin ou ce que la vie lui réservait, Ginetta allait toujours porter en elle ce trésor inestimable que personne ne pourrait jamais lui enlever, cet amour débordant qui lui venait d'une force intérieure, mais qui était également le fruit des valeurs morales apprises et vécues dans sa famille.

Une famille certes humble, mais riche d'un immense amour à l'égard du frère dans le besoin, une famille toujours unie dans la solidarité et surtout une famille guidée par une maman héroïque et généreuse, profondément confiante dans la vie et l'aide divine.

Chapitre 16

Niko rencontre son destin

La guerre est terminée depuis quelques années. Chacun reprend, non sans peine, la vie de tous les jours en cherchant à oublier le passé récent. Pour les jeunes gens qui ont vécu leur adolescence sous les bombes et qui deviennent adultes, l'avenir n'est pas très rose, surtout au village. La soierie bombardée n'a pas rouvert ses portes et les paysans ont du mal à trouver un emploi rentable. Certains jeunes, avec un peu de chance, trouvent du travail dans les villes des environs; d'autres, plus courageux, s'expatrient pour un temps en France ou en Suisse.

Au café de Cavaso, les jours de marché, un représentant de l'émigration arrive. Il vient recruter la main-d'œuvre pour des pays lointains et il éveille chez ces jeunes désœuvrés le rêve de faire fortune à l'étranger. Outre la libération, les Américains ont apporté le chocolat, le chewing-gum, les bas de nylon, le *boogie-woogie,* et laissé derrière eux le mythe d'une Amérique où tout le monde est sûr de devenir riche, où il suffit de se pencher pour ramasser les dollars. Qui aurait pensé que ces « dollars » pouvaient n'être que « douleurs » ?

Espérer trouver du travail au village, c'est se condamner à la frustration. Pourquoi ne pas suivre le rêve américain ? Les jeunes iraient n'importe où, sans se soucier des efforts qu'il leur en coûtera, convaincus que sur ces terres lointaines on peut réussir et faire fortune. Chaque semaine, un nouveau groupe de jeunes gens fait ses adieux à la famille, au village, aux montagnes, et part vers un avenir incertain avec pour tout bagage l'espoir, le courage et une forte volonté de travailler.

La guerre a laissé des blessures graves, difficiles à cicatriser. Les dégâts sont énormes et, à Cavaso, les classes paysannes connaissent une terrible misère, au point d'obliger certaines familles à donner aux fermiers leurs enfants dès qu'ils ont atteint l'âge de douze ans; ils sont aussitôt employés comme bergers ou comme ouvriers agricoles en échange d'un lit et d'un bol de soupe.

Ainsi donc, à douze ans, on est déjà adulte et, à quatorze ans, on peut prendre le chemin de l'émigration. Et ces enfants peuvent s'estimer chanceux par rapport à ceux du même âge qui, quelques années plus tôt, ont vécu la guerre. Les jeunes d'aujourd'hui sont pleins d'espoir et ils ne connaissent ni la peur de mourir ni celle d'être déportés.

La paix est finalement revenue mais la misère d'avant-guerre est toujours présente. Même en temps de paix, certaines familles paysannes continuent d'avoir faim et froid. Chez Ginetta, on est pauvre, on se démène pour ne pas sombrer mais, comme dit Enrichetta : « Certains sont encore plus malheureux que nous. ».

Lina, l'aînée, travaille déjà en Suisse et Maria la rejoindra bientôt avec une amie. D'ailleurs, la Suisse est un beau pays, les montagnes rappellent les Dolomites et on n'est pas si loin de la maison : parfois, à Noël et à Pâques par exemple, on peut revenir dans la famille. Lina peut remercier le Seigneur d'avoir trouvé cet emploi et de pouvoir envoyer un peu d'argent à Enrichetta, qui le cache en soupirant dans son coffret sous le lit.

Niko et Ginetta ont douze ans et ils s'estiment privilégiés, car ils continuent d'étudier chez les pères Cavanis : ils commencent la dernière année du cours de préparation professionnelle. Après, Niko entrera au séminaire, comme il le souhaite tant. Et Ginetta ?

Ginetta voudrait suivre des cours de musique et de chant. Elle rêve de poursuivre ses études et d'entrer un jour au Conservatoire. Elle se voit déjà sous les feux de la rampe interpréter les premiers rôles à l'opéra et, en attendant, elle fredonne les grands airs et les cavatines qu'elle entend de temps à autre à la radio. Mais ce rêve ne sera jamais qu'un rêve. Où trouver les sous pour continuer à étudier ?

Même avec un travail, elle ne pourrait jamais aller seule en ville prendre des cours privés de chant. Il faudrait attendre encore un an ou deux… et aller contre la volonté d'Enrichetta ! Aurait-elle jamais le courage de désobéir à sa mère et de lui tenir tête ? Richetta ne veut pas entendre parler d'une carrière de la scène pour Ginetta. Elle comprend que sa fille a tout ce qu'il faut pour réussir, mais… « Non, je ne veux pas que tu deviennes cantatrice, je ne veux pas te voir sur scène, que tout le monde te regarde et que tout le monde parle de toi. C'est un monde ingrat, dangereux, méchant, je ne veux pas te voir t'y perdre. ».

Ginetta ne comprend pas trop ce que sa mère veut dire. Pourquoi le monde des arts et du chant serait-il abject ? Il ne peut tout de même pas être plus ingrat et plus dangereux que le monde de la guerre ! Mais le verdict d'Enrichetta est sans appel : sa fille ne montera jamais sur les planches, eût-elle même la voix de la prima donna la plus célèbre. Ginetta n'aura jamais le courage de se révolter : elle sait que sa mère a toujours agi sagement et qu'il doit y avoir une bonne raison à ce refus catégorique.

Elle deviendra donc religieuse. Mais pour l'instant elle n'est pas en état de décider.

Elle est toujours attirée par l'aventure. En un sens, elle envie un peu tous ces garçons qui partent, qui s'en vont connaître de nouveaux pays, de nouvelles contrées, de nouvelles gens.

Sarà quel che sarà… elle chantonne entre-temps … Ce qui sera sera…

Octobre allait se terminer. Flottait dans l'air l'odeur du moût qu'on préparait dans certaines fermes. De la montagne descendait un fin brouillard porteur d'une bruine délicate posant des perles éclatantes sur les arbres encore couverts de feuilles et quand le pâle soleil de novembre les éclairait, on aurait dit des arbres de Noël. Dans cette atmosphère presque magique, Ginetta fantasmait : elle rêvait que leur Noël serait enfin un Noël paisible qui les réunirait tous, il ne manquerait que la grand-mère, mais tous les autres seraient là, dans la cuisine, bien au chaud autour de la cheminée, sans peur ni angoisse; aussi, en cachette, avait-elle confectionné de ses mains un petit présent pour chacun de ses proches et amis. Richetta et Angelo, eux aussi, avaient pensé à préparer Noël et au printemps, avec les parents de Niko, ils avaient acheté un cochon qu'ils avaient soigneusement engraissé. Le porc est une grande richesse. On disait au pays : « Celui qui n'a ni cochon ni potager fait toujours la tête. ». À Noël, Richetta et Angelo voulaient enfin célébrer leur bien-être, même infime, et surtout l'unité de la famille. Angelo était descendu de son refuge car le temps était venu de laisser l'alpage et il travaillait avec le père de Niko à préparer la viande de porc. On ne gaspille pas, on ne jette rien. La couenne, le lard, la viande et même les os : tout est récupéré et conservé pour l'hiver. On prépare la charcuterie : salami à l'ail, saucisses et saucissons divers – rouges *luganeghe*, moelleuses *soppresse* – et les côtelettes, les filets à rôtir, les jambons...

C'est la première fois que Ginetta assiste à tous ces préparatifs : le travail débute tôt le samedi matin et se poursuit jusque tard en soirée parce que tout doit être prêt pour le dimanche soir, quand la famille se retrouvera pour fêter et remercier le Seigneur, assise autour de la table devant une belle *polenta* fumante accompagnée de côtelettes grillées, le tout arrosé du bon vin nouveau. Maintenant qu'Angelo est à la maison, les repas, s'ils ne sont pas abondants, sont succulents car c'est un véritable chef. Et Ginetta éduque ainsi son goût, s'habitue à apprécier une saine alimentation naturelle et apprend à cuisiner elle aussi, à relever le potage de lardons, à préparer une bonne soupe aux champignons avec la couenne, à faire bouillir le museau qu'on mange avec de la purée de pommes de terre. Une fois par mois, elle aide sa mère à pétrir le pain qu'elle cuit ensuite dans le four qu'Angelo a construit dans le jardin à l'arrière et l'odeur profonde et veloutée du bon pain frais parfume toute la maison.

Ce sont là pour Ginetta des heures de bonheur qui lui font oublier les difficultés et les sacrifices. Rares moments bénis où la paix et la joie règnent dans une famille unie. Angelo et Enrichetta ont toujours voulu, même pendant la guerre, qu'au moment des repas, il n'y ait que sérénité et reconnaissance pour qui avait préparé la nourriture et surtout pour le Seigneur qui avait pourvu à leurs besoins; et il fallait partager avec tout le monde, même avec l'hôte inattendu qui frappait à la porte.

Chaque matin, Niko passait prendre Ginetta pour se rendre avec elle à l'école des pères Cavanis; la route à pied était un peu longue, mais les deux jeunes n'y pensaient pas, tellement ils étaient concentrés sur leurs discussions et leurs confidences.

Un matin, Niko était en retard. Ginetta alla vite l'appeler, mais il était alité, pris de fortes douleurs abdominales. Inquiète, elle refusait d'aller à l'école : pas question de le laisser sans savoir de quoi il s'agissait. Personne ne pouvait rien lui dire car on attendait le médecin.

« Ne t'inquiète pas, on a déjà appelé le docteur, tu verras, ce ne sera rien, un bon mal de ventre; qui sait ce qu'il a mangé hier soir… Allons, dépêche-toi, tu vas te mettre en retard et tu vas devoir courir. », lui disait sa sœur Maria pour la convaincre d'aller à l'école. Ginetta était plus qu'inquiète, elle ressentait une angoisse inexplicable et, pendant le cours, elle ne pouvait penser qu'à Niko. Deux ou trois fois, le professeur dut la rappeler à l'ordre. Il s'étonnait lui aussi de la voir distraite, elle toujours si attentive, mais voici qu'il aperçoit par la fenêtre de la classe Richetta en train de prier devant la Vierge de Lourdes près de l'entrée du pensionnat, et il comprend que quelque chose de grave a dû se passer.

« Ginetta, ta mère t'attend dehors; elle est venue te chercher. Elle a sans doute quelque chose d'important à te dire. Il vaut mieux que tu sortes voir ce qu'il y a, d'autant plus qu'aujourd'hui, tu as vraiment la tête dans les nuages. »

Elle sort et, de fait, sa mère est là, à côté de la statue de la Vierge; elle a l'air triste et abattu. En voyant sa fille, elle lui tend les bras comme pour la protéger…

« Ginetta, ma chérie, j'ai une bien triste nouvelle à t'annoncer, parvient-elle enfin à lui dire d'une voix brisée. Viens, marchons… »

Mère et fille déambulent lentement et, sans y penser, prennent le sentier qui mène à la Madonna del Covolo. Ginetta attend sans rien dire; elle respecte le silence de sa mère, elle comprend que quelque chose de terrible a dû se produire. Finalement, Richetta rompt ce lourd silence et, regardant sa petite fille dans les yeux : « Niko est à l'hôpital de Crespano. Son mal de ventre, c'était une péritonite. Il avait une fièvre si forte qu'il en délirait, il parlait de toi, il parlait du séminaire et, en un rien de temps, il est allé au ciel… Le Seigneur a voulu le prendre tout de suite avec Lui. ».

Un long silence suit. Ginetta est pétrifiée, comme foudroyée sous un ciel sans nuages. Non, ce n'est pas possible. Si le Seigneur est bon, comment viendrait-il lui prendre tout ce qu'elle aime ? Pourquoi Niko est-il parti au ciel en la laissant toute seule ici sur terre ? Et tous ces beaux projets de se faire prêtre pour atténuer les souffrances humaines ?

Puis un cri : « Non ! Non, ce n'est pas vrai ! Il faut que je le voie ! ».

Et quand elle se trouve devant le lit tout blanc, devant ce petit corps blafard et rigide qui semble encore plus frêle et évanescent maintenant qu'il ne respire plus et qu'il a sur le visage ce triste sourire, elle regarde incrédule la dépouille exsangue et tombe à ses pieds. Des sanglots convulsifs la secouent et elle lui crie de se lever parce qu'il est vivant, qu'il ne peut pas s'en aller en la laissant toute seule, avec tous les rêves qu'ils devaient réaliser ensemble. Elle se rappelle d'un coup tous les morts qu'elle a vus pendant la guerre, mais jamais ils ne lui ont fait si mal. Voilà donc vraiment ce que veut dire mourir ! Autour d'elle, tout le monde prie, tout le monde chuchote.

« C'était un ange, c'est sûr qu'il est au ciel, la Madone est venue le chercher. »

Ginetta se rappelle un après-midi où, devant la Madonna del Covolo, elle avait cru voir Niko entre les bras de la Madone à la place de l'Enfant Jésus; elle avait eu au cœur une douleur insupportable. C'était donc ça, tout était déjà prévu. Tout est toujours entre les mains de Dieu, elle l'a toujours su, elle l'a répété chaque soir dans sa prière, c'est vrai, mais alors elle réalise que cela signifie aussi perdre ceux qui nous sont le plus cher. Et les questions existentielles, trop difficiles pour son âge, se pressent dans sa petite tête, et sa peine se fait peu à peu silencieuse, laissant seulement couler un torrent de larmes sur son visage profondément marqué par la douleur.

Elle sort en courant de l'hôpital. Enrichetta, malgré son inquiétude, ne la suit pas. Elle sait que sa petite fille a besoin d'être seule. Et de fait, Ginetta était comme perdue dans les jardins de l'hôpital, au milieu des arbres et des fleurs qui, en cette fin d'automne, annoncent déjà la mort qu'amène l'hiver… et elle se répète encore et encore comme pour s'en convaincre que « c'est la volonté de Dieu ».

Mais pourquoi l'a-t-Il emporté ? Pour quelle raison incompréhensible l'a-t-Il privée d'un si grand ami ?

Non, c'est trop dur de perdre pour toujours ceux qui nous sont chers. Toutes les souffrances subies pendant la guerre n'ont jamais été si cruelles, et puis la Vierge les avait toujours protégés et Elle avait sans cesse sauvé tous ceux qu'elle aimait. Pourquoi maintenant lui enlever Niko, pourquoi ?

Quand on se rend compte pour la première fois qu'on peut perdre ceux qu'on aime en une fraction de seconde, tout bascule, et Ginetta comprend confusément qu'on ne doit pas trop s'attacher aux choses et aux êtres, parce que si les premières peuvent partir en fumée subitement, même les êtres qui nous sont le plus cher peuvent aussi en un instant nous abandonner pour toujours; mieux vaut prendre ses distances des biens de ce monde, se détacher aussi des sentiments les plus intenses pour ne pas sombrer dans le désespoir et ne plus avoir que le silence de la prière où chercher un baume à cette immense douleur.

Niko, comme ils le disaient tous, était devenu un ange du ciel; il n'allait certainement pas l'abandonner, jamais il n'oublierait leur amitié et leurs confidences. De là-haut, il la protégerait et lui suggérerait la route à suivre. Désormais, elle n'avait pas seulement la Vierge, mais aussi Niko, qui allaient sûrement baliser sa route, illuminer son chemin surtout quand elle serait dans l'obscurité la plus sombre.

La vie est souvent cruelle. La mort ne regarde personne en face, elle frappe selon une loi divine qui échappe à la compréhension humaine. La séparation des personnes qu'on aime est douloureuse, mais il ne faut pas s'abandonner aux larmes, il faut aller de l'avant, il faut continuer à vivre, les disparus vivront toujours dans notre cœur et notre souvenir. C'est ce que lui dit Enrichetta ce soir-là, lorsque Ginetta va au lit cacher ses larmes dans son oreiller.

Dorénavant, c'est toute seule qu'elle part chaque matin pour l'école; sur la route qui la conduit à la Vierge de Lourdes, pour ne pas se sentir trop seule, elle chante, elle récite son chapelet et elle parle; elle parle à Niko, elle lui raconte sa journée et les leçons qu'elle a apprises car, après tout, Niko est parti sans terminer ses études et elle ne veut pas qu'il prenne du retard dans ses cours… à la fin de l'année, ils devront passer les examens pour pouvoir enfin décider de leur avenir.

Ginetta n'a pas la moindre idée de ce que le destin lui réserve; et même si tout le monde doit porter sa croix, il faut croire en la vie et continuer, même solitaire, son propre chemin.

Chapitre 17
L'auberge Bramezza

L'auberge-café Bramezza est une belle maison simple et rustique avec un certain charme montagnard. Située au centre de la place de Cavaso, face à l'hôtel de ville, à côté du lavoir où tous les matins les femmes viennent faire leur lessive, tout près de la place du marché, un lieu de rencontre très fréquenté, surtout les vendredis.

Nombre de villageois s'y retrouvent, ils ne viennent pas seulement de Cavaso, mais aussi de Possagno, de Crespano et des environs.

Le notaire avait toujours un local à sa disposition et chaque semaine il y recevait ses clients pour conclure diverses transactions commerciales. Le vendredi, jour de marché, un agent de voyage réservait une pièce au rez-de-chaussée pour vendre et organiser voyages et excursions hebdomadaires. À l'entrée du café, une cabine téléphonique, la seule du village et des environs, service indispensable à la population. Le soir, le café se transformait en salle de spectacle, car on y venait avec toute la famille voir les émissions télévisées. C'était la seule télévision du village.

Les couples d'amoureux se donnaient rendez-vous dans une pièce à part, pour goûter une heure d'intimité.

Le restaurant, très réputé, était fréquenté matin, midi et soir et, à l'étage, il y avait les chambres à coucher pour les propriétaires et pour des clients.

Tout le monde connaissait et appréciait les Bramezza pour leur discrétion, leurs plats succulents, leur bon vin et leur politesse sans faille.

Chaque matin, en route pour l'école, Ginetta devait passer au café, déjà ouvert à cette heure-là, pour servir les *cappuccino* et les premiers cafés *espressi*.

Madame Bramezza, qui l'avait connue toute petite et qui savait dans quelles conditions vivait sa famille, lui offrit, de temps en temps, un bol de caffelatte, que Ginetta refusait souvent par manque de temps et pour ne pas bavarder inutilement.

La patronne était une femme d'âge mûr, pas très grande et d'un aspect très agréable pour son âge; à vingt ans, elle devait être très jolie, « un beau brin de fille » comme on disait. Elle avait épousé un athlète, champion de lutte et mari au grand cœur, mais leur couple n'avait pas pu avoir d'enfants et parfois, en les regardant jouer sur la place devant son café, elle laissait échapper un soupir et essuyait discrètement une larme. Elle voyait Ginetta toujours seule, car elle l'observait depuis un moment et elle appréciait la gentillesse et l'entrain de la petite, toujours prête à chanter, à sourire et à rendre service.

Un beau matin, madame Bramezza aborda ainsi Ginetta : « J'espère que tu voudras bien m'accorder deux minutes, ce matin… Prends un *caffelatte*, j'ai quelque chose à te dire. Que penserais-tu de venir travailler ici, de m'aider au restaurant, de faire le service et la cuisine. Mon mari et moi, seuls, nous n'y arrivons plus, il y a trop de clients et nous ne sommes plus jeunes. Tu pourrais dormir ici. Tu continuerais d'aller à l'école et, l'après-midi, au lieu de rentrer à la maison, tu viendrais travailler. Tu prendrais tes repas et tu dormirais ici. Tu aurais ta chambre à toi, une journée de congé et un bon salaire, qui pourrait aider ta famille.

Ginetta, étonnée, ne s'attendait pas à une proposition semblable. Travailler et recevoir un salaire !

Ses sœurs avaient commencé au même âge. Elle se rappelait encore l'odeur fétide qu'elles rapportaient de la soierie, leurs pauvres mains brûlées par l'eau bouillante lors de la recherche des cocons des vers à soie. Le travail chez les Bramezza serait de loin plus agréable. Monsieur Bramezza avait l'air très sympathique. Et elle aurait sa chambre ! Une chambre pour elle toute seule, c'était un luxe inespéré. Elle voudrait dire oui sur le champ et décider elle-même de son avenir, mais Enrichetta doit donner son accord : sa mère sait mieux qu'elle ce qu'il convient de faire.

« Très bien, dit la patronne, je viens avec toi à la maison et je parle à ta maman. J'aimerais que tu commences dès la semaine prochaine, lundi… on est vendredi, tu auras tout le temps d'y penser et, surtout, d'en discuter avec tes parents. »

Et c'est ainsi que Ginetta commença à travailler et qu'une nouvelle étape de sa vie s'ouvrit devant elle.

Comme convenu, le lundi après-midi à la sortie de l'école, elle se présenta au travail. Monsieur Bramezza la guida dans l'auberge en lui expliquant en détail ce qu'elle devrait faire.

D'abord, la plus grande discrétion s'impose en tout temps : ne rien dire n'est pas mentir. Avec tous les clients de toutes les classes sociales qui viennent à l'auberge, pour des rencontres d'affaires ou des rendez-vous galants plus ou moins licites, mieux vaut se taire ou répondre « Je ne sais pas. »; il faut absolument oublier tout ce qui se dit à l'auberge. Deuxièmement, il faut toujours sourire et faire comme si de rien n'était quand on entend des jurons ou des insultes. La porte battante entre la cuisine et la salle à manger est la frontière du sourire : une fois passée cette porte, on sourit et on oublie ses soucis pour mettre toute sa gentillesse au service de la clientèle. Troisièmement : propreté et hygiène. On ne sait pas d'où viennent les clients, plusieurs peuvent être malades et contagieux, il faut donc tout laver avec le plus grand soin. Le plancher chaque matin au lever; les casseroles, les poêlons, les plats et tous les couverts doivent absolument être lavés chaque fois qu'on s'en sert; même chose, à la cuisine, pour les laitues, les fruits et les légumes. Bref, on n'arrête pas de laver. Les draps dans les chambres doivent être changés et lavés tous les jours.

Le travail n'a jamais fait peur à Ginetta, mais elle est quand même un peu décontenancée par tout ce qu'il y a à faire tous les jours. Elle ne s'y attendait pas, mais il est maintenant trop tard pour revenir en arrière…

Face aux difficultés, il faut aller de l'avant, se faire confiance et compter sur l'aide du Seigneur. C'est ce que lui dirait sa mère, et puis il y a sa chambre qui l'attend à l'étage. En poussant la porte, Ginetta a la joie de découvrir un beau petit lit dans un coin, un meuble où ranger ses effets personnels, une petite table sous la fenêtre où elle pourra faire ses devoirs et un joli plancher de céramique rouge et blanc qui donne beaucoup de lumière à la pièce. Ginetta regarde sans mot dire ce qui sera son petit royaume, s'extasie et oublie la charge de travail. Elle va s'appliquer, y mettre tout son cœur, on verra bien; elle y arrivera, elle en est sûre : elle n'est pas seule, elle porte toujours dans le cœur la Vierge et son ami Niko qui ne l'abandonneront jamais.

Sa journée commençait à six heures du matin. Pas besoin de la réveiller pour qu'elle se lève car les camionneurs lançaient des petits cailloux à sa fenêtre pour qu'elle descende allumer la machine à *espresso* et leur servir leur petit déjeuner.

Ensuite, elle devait laver le plancher de la salle du rez-de-chaussée et courir à l'école. Au retour, elle devait servir les derniers déjeuners avant de préparer les collations, les sandwiches et les apéros dont les clients étaient friands quand ils venaient au café, vers cinq heures, causer un peu et prendre un verre. Le soir, il fallait servir le dîner, récurer les plats et les casseroles, laver les légumes et les fruits pour le lendemain et, quand elle pouvait finalement se réfugier dans son petit royaume pour faire ses devoirs, elle était tellement fatiguée qu'elle s'endormait à sa petite table sous la fenêtre.

Si par hasard madame Bramezza s'apercevait que Ginetta était fatiguée, pour la consoler elle l'incitait à travailler davantage : « Oublie que tu es fatiguée, n'y pense pas et tu vas voir que la fatigue va disparaître. ».

Ginetta n'avait plus un instant de repos, elle dormait un maximum de cinq ou six heures, et ses nuits n'étaient pas très reposantes parce que son esprit était occupé à planifier le travail du lendemain. Fatiguée, elle ne se sent pourtant pas malheureuse; comme dit sa mère, il faut remercier le Seigneur de ce qu'on a, il y en a qui sont moins favorisés, et puis tout le monde l'apprécie, tout le monde la trouve gentille, toujours souriante. L'auberge et surtout le café étaient très fréquentés, il y avait un va-et-vient constant : des gens qu'elle connaissait depuis son enfance et d'autres encore qui eux la connaissaient; tous l'appelaient. Tout le monde voulait être servi par elle. Ginetta courrait à gauche et à droite, passait à la cuisine et en ressortait avec les plats de service, elle s'oubliait et ne ressentait plus sa fatigue.

Le sourire aux lèvres, elle sème la joie et la sympathie tout autour d'elle. Les Bramezza sont conquis par cette jeune fille décidée, travailleuse et toujours de bonne humeur, toujours prête à aider tout le monde, et ils bénissent le ciel de l'avoir embauchée.

Ginetta ne pense jamais à son maigre salaire : avec tout le travail qu'elle abat, elle pourrait demander plus, mais l'argent ne l'intéresse pas du tout. C'est Enrichetta qui vient toucher sa petite paie et cela lui suffit pour continuer à travailler allégrement au milieu d'un monde qu'elle ne connaissait pas et qu'elle découvre. C'est encore une enfant qui observe , avec un certain dégoût, l'humanité, en chair et en os, avec toutes ses faiblesses, ses limites et ses hypocrisies.

Un peu choquée, et non sans quelque amertume, elle voit tous ces hommes, qu'elle connaît parfois, venir à l'auberge pour des rendez-vous clandestins. Elle regarde, observe en silence et se prend à douter de la fidélité conjugale et de la sainteté du mariage.

Ginetta est idéaliste. À la maison, elle n'a jamais eu ces mauvais exemples. L'idée que son père aurait pu trahir sa mère ne l'effleure absolument pas.

Un jour par semaine, elle doit aller au lavoir pour la literie; elle y rencontre les jeunes lavandières qui brossent, battent et blanchissent la lessive en chantant.

Ginetta est heureuse de les retrouver, surtout qu'elle peut unir sa voix de rossignol à leurs chants, mais elle ne se mêle pas à leurs conversations; du reste, la morale n'y trouve pas toujours son compte et la petite comprend vite que leurs discours ne sont pas tout à fait convenables, surtout quand les jeunes filles se racontent leurs escapades ou leurs aventures amoureuses. Elle écoute, se tait et cherche à oublier, mais elle n'oublie pas les recommandations que sa mère leur a faites, à elle et à ses sœurs : veiller toujours à se comporter dignement, n'avoir jamais à rougir de ses faits et gestes, ne rien faire qu'on doive se reprocher ou regretter toute sa vie.

Pour le moment, Ginetta n'a absolument pas le temps de rêver à un amoureux. Elle a trop à faire et, le soir, il faut bien qu'elle étudie si elle veut terminer l'année et décrocher son diplôme. Elle tient à obtenir son brevet, car pour les diplômés qui vont entrer sur le marché du travail, les pères Cavanis organisent chaque année une excursion à Venise, où ils sont accueillis par le patriarche et reçoivent de lui une bénédiction spéciale.

Ce serait enfin l'occasion de réaliser son rêve et de connaître cette ville merveilleuse.

Son père lui avait promis qu'après la guerre, il l'amènerait avec ses frères voir la mer, la mer qui a donné vie, beauté et puissance à cette ville légendaire, qui, par un miracle de la nature, doucement, se berce nuit et jour entre mer et lagune; mais il n'avait pas encore pu tenir sa promesse. Et voilà que l'occasion se présentait; il ne fallait surtout pas la laisser passer. Les pères enseignants avaient expliqué aux élèves le protocole à suivre pour rencontrer le patriarche; ils leur avaient aussi expliqué que le patriarche est la plus haute autorité de l'Église, qui réside seulement à Venise. Dans toute l'Italie, seule Venise a un patriarche… Venise, ville république de moyenne superficie mais de grande renommée et dont l'évêque est le seul patriarche en Occident, les autres se trouvant en Orient.

« Ce qui montre, avait dit le professeur de religion, qu'à un certain moment, Venise dépendait plus de l'Église de Byzance que de celle de Rome»

Les cours avaient ensuite porté sur l'histoire et la géographie de Venise, ce qui avait alimenté les rêves de Ginetta.

Quand elle avait congé, elle rentrait à la maison et de là, comme autrefois, elle allait se réfugier à la source des « trois creux » où, étendue sur le sol, les yeux tournés vers le ciel, elle écoutait la voix du vent qui, dans le silence de la forêt, semblait parler avec les feuilles, ses amies. Elle écoute cette voix comme celle d'un conseiller et elle pense, elle pense et elle rêve, elle rêve de partir au loin et de connaître d'autres pays, par-delà ses collines… mais pour le moment, il lui suffit de voir enfin cette ville merveilleuse qui s'appelle Venise.

Enfin le jour tant attendu arriva. L'année scolaire avait été difficile pour Ginetta parce qu'elle était chargée d'un énorme travail à l'auberge, mais avec sa volonté de fer, avec son courage et sa détermination, elle était parvenue à terminer ses études et à décrocher son brevet professionnel. Or il ne pourrait y avoir plus belle récompense pour tous ses sacrifices que le voyage à Venise dont elle rêvait depuis longtemps.

Accompagnés par les pères Cavanis, tous les diplômés partirent de Possagno de bon matin : un autobus les transporta à Bassano. De là, en rigolant et en chantant, ils prirent le train pour Venise. Et quel ne fut pas leur émerveillement à tous quand le convoi s'engagea sur un long pont qui s'étirait au milieu de l'eau : le train semble courir sur un ruban d'argent. En sortant de la gare, ils n'en croyaient pas leurs yeux.

« Non, mais il n'y a pas de potagers, il n'y a pas de chevaux, pas de bicyclettes, tout le monde va à pied… »

Ginetta ne disait rien; elle regardait et admirait toutes ces merveilles qu'elle n'avait jamais vues. Devant la gare, de l'autre côté du canal, se dressait une très belle église avec une énorme coupole verte qu'elle n'aurait jamais pu imaginer. Habituée aux petites chapelles de montagne et à la modeste église de Cavaso, qui lui a toujours semblé la plus belle, l'église *San Simeone Piccolo* lui apparaissait comme quelque chose de fantastique. Elle se frottait les yeux, craignant de voir disparaître en un clin d'oeil l'église, le canal, les gondoles. Mais non, tout était bien vrai… Elle allait entrer dans un monde magique où chaque instant semblait irréel alors qu'en fait, il était étonnamment et merveilleusement tangible.

La journée fut riche en émotions et en découvertes. Avec le professeur qui tentait de maintenir un peu de discipline chez les élèves excités, dépaysés et émerveillés devant ces beautés exceptionnelles, ils montèrent tant bien que mal sur un *vaporetto* qui traverse tout le Grand Canal. Ils ne savaient plus où donner de la tête, à droite, à gauche, pour admirer les palais qui sortaient de l'eau comme par enchantement. Ils arrivèrent finalement, merveille des merveilles, devant une montagne toute blanche de pierre et de marbre, avec une énorme coupole soutenue par de grosses spirales qui, aux yeux des enfants, étaient comme d'étranges oreilles… et cette montagne finissait par une pointe qui se projette sur un grand bassin. Le professeur expliquait que l'église de la *Madonna della Salute* avait failli rendre fou le pauvre architecte Longhena, et que la pointe qui se projetait dans le bassin était l'ancienne douane où devaient autrefois s'arrêter tous les navires qui entraient dans le port.

Mais personne ne l'écoutait. Les jeunes étaient trop excités à regarder le trafic maritime : les bateaux de transport, les *motoscafi* et les *vaporetti*, les bateaux à moteur et à rames et les fameuses gondoles, chargées de touristes, qui avançaient lentement le long du Grand Canal et sur lesquelles les gondoliers se tenaient debout, à la poupe, un aviron en main, sans tomber à l'eau…

« Regarde, celui-là va tomber à l'eau », criait un des étudiants.

« Mais non, va, il ne tombera pas. Bien sûr que non ! », lui répondait un Vénitien qui observait avec amusement ces jeunes, éberlués de découvrir l'animation normale de sa ville. Finalement, au grand soulagement des passagers, tout le groupe descendit à l'arrêt de Calle Valaresso et le professeur et les pères accompagnateurs réussirent à grand-peine à former une file un peu ordonnée pour suivre le chemin devant les mener à la Place Saint-Marc. Cette place magnifique dont parle le monde entier et dont Napoléon a dit, selon le professeur d'histoire de l'art, qu'elle est le plus beau salon du monde.

Ginetta est en extase devant tant de beauté. La journée est splendide, le soleil inonde la place et, au fond, brillant de toutes ses mosaïques dorées, s'élève la basilique du même nom que la place.

Surexcités, quelques garçons se mettent à courir et à faire fuir les pigeons; le professeur et les pères en ont plein les bras à tenter de les regrouper pour arriver en bon ordre devant le portail de la basilique où d'autres groupes d'élèves attendent déjà d'entrer à l'église.

Ginetta marche lentement, elle ne sait plus où regarder tant elle est éblouie par la beauté des lieux : tout lui semble irréel, la lumière magique qui émane de la ville enveloppe tout et elle se sent comme sur un nuage, prête à s'envoler au paradis. Là, au fond de la place, la Basilique Saint-Marc resplendit de toute sa beauté. Les mosaïques et les coupoles dorées, sous le baiser du soleil, émettent des rayons de lumière qui s'élèvent vers le ciel, se reflètent dans l'air marin et forment un étrange arc-en-ciel partant des coupoles pour plonger dans le bassin voisin. Ginetta, extasiée, ne sait plus si ce qu'elle voit existe réellement ou si c'est seulement le fruit de son imagination, mais ce qui l'attend à l'intérieur de la basilique est encore plus merveilleux. Non, elle ne rêve pas, elle est vraiment au paradis ! Une lumière d'un violet rougeâtre descend des lampes suspendues et se répand tout autour. Atmosphère orientale, byzantine, des Mille et une nuits, avec les tribunes et les jubés, avec une infinité de mosaïques dorées, avec les icônes, les croix grecques et tous les marbres qui prennent un aspect doré sous la lumière violette. Ginetta a l'impression de vivre dans un monde céleste. Sur les voûtes en plein cintre apparaissent les visages des saints, des anges et du Christ rédempteur au centre, avec la Vierge et les apôtres. L'encens monte dans la pénombre de la procession des enfants de chœur, vêtus de blanc et de rouge. Ginetta, fascinée par tant de splendeur et de spiritualité, semble entrer en transes; elle n'en croit pas ses yeux, les petites pierres revêtues d'or palpitent dans l'ombre et donnent vie à la Vierge, qui protège de son amour tous les élèves agenouillés à ses pieds.

Elle n'en croit pas non plus ses oreilles; une douce musique d'orgue couvre le murmure de tous les étudiants et sur l'assemblée plane un silence inhabituel; la musique céleste se diffuse dans toute l'église puis, tout à coup, s'élève vers les voûtes dorées un majestueux *Te Deum laudamus*, tandis que le patriarche, escorté par sa suite, monte à l'autel pour célébrer. Après la cérémonie, il ouvre les bras pour entonner en personne le *Veni Creator Spiritus,* afin que l'Esprit Saint descende éclairer les esprits de tous ces jeunes prêts à entrer dans le monde du travail et à devenir adultes.

« Bénis, Seigneur, toute cette jeunesse tournée vers l'avenir et qui s'engage aujourd'hui sur le dur sentier de la vie. Chers jeunes, les difficultés de cette route ne doivent pas vous effrayer, tout sera plus facile avec la grâce de l'Esprit Saint qui est descendu sur vous aujourd'hui. Vous ne serez jamais seuls pour affronter vos problèmes, grands ou petits, car si vous avez confiance en Dieu le Père, si vous marchez en compagnie de Jésus et sous la protection de la Vierge, tout vous semblera plus facile et votre croix sera plus légère. N'oubliez jamais les bons enseignements que vous avez reçus, n'oubliez pas l'amour et le respect du prochain. «Aime ton prochain comme toi-même », a dit Jésus et, avec Lui, je vous souhaite de réaliser tous vos rêves. Rappelez-vous seulement que la vie n'est rien si on perd le respect de soi-même. »

À la fin, le patriarche leva la main droite et bénit la foule du signe de la croix.

Tous les étudiants agenouillés entonnèrent en chœur un unique et grandiose *AMEN*.

Chapitre 18
Rébellion et évasion

Depuis qu'elle était rentrée de Venise, Ginetta n'était plus la même, mais personne ne se rendait compte que cette fillette toujours sereine et souriante traversait une période de lutte intérieure car, dans son esprit, rébellion et désir d'évasion devenaient de plus en plus impérieux. En effet, le soir après le travail, dans son refuge solitaire, Ginetta avait tout le temps de méditer et de rêver, puisqu'elle ne devait plus étudier pour préparer ses examens. Certaines soirées particulièrement chaudes et lourdes, elle se penchait à la fenêtre et écoutait le chant des cigales et des grillons. Elle laissait alors libre cours à ses pensées, fermait les yeux et finissait toujours par se retrouver à Venise, cette ville qu'elle venait de connaître et dont les beautés naturelles et artistiques l'avaient fascinée. Elle ressentait au plus profond d'elle-même le désir de quitter ce petit monde auquel elle était attachée depuis des années pour aller explorer des lieux nouveaux, connaître d'autres façons de vivre et découvrir toutes les œuvres magnifiques que la main de l'homme a créées, guidée par l'inspiration divine.

De tous les grands génies italiens qu'elle avait vaguement étudiés pendant son cours d'art à l'école, elle ne connaissait vraiment que le sculpteur Canova, dont les œuvres se trouvaient sous ses yeux depuis toujours. Que savait-elle de tous les autres ? Quant au reste de l'Italie et de ses villes, les seules notions qu'elle possédait lui venaient de ses lectures et de ses leçons à l'école. Tout ce qu'elle connaissait, en réalité, se limitait à l'auberge où elle travaillait et aux bois où elle se réfugiait de temps en temps, à la grotte des « trois creux » et à l'alpage en haute montagne où, malgré toute sa bonne volonté, elle n'arrivait pas à oublier le passé et devait parfois faire un effort pour ne pas avoir peur.

Presque chaque jour, elle constatait les disparités entre les rangs sociaux. La mesquinerie des hommes semblait commander le monde, alors que les femmes s'employaient inlassablement à exécuter les tâches domestiques les plus humbles, toujours confinées à une attente silencieuse, acceptant avec soumission et obéissance les règles que les traditions et les dures nécessités avaient dictées. Mais était-il possible que la réalité de cette vie qui défilait devant elle quotidiennement puisse continuer ainsi pour toujours ? Non, non. Elle aspirait à quelque chose de tout à fait différent. Elle rêvait dorénavant d'un monde meilleur, plus juste, libéré des privilèges et des inégalités sociales, où tout le monde se respecterait. Elle n'avait jamais rien voulu jusque-là, elle aimait faire le bien et rendre les gens heureux, mais cela ne lui suffisait plus maintenant. Elle ressentait en elle une soif de culture qu'elle ne savait comment étancher. Elle avait terminé l'école et se rendait compte que cette source de savoir se tarissait petit à petit, mais elle ne voyait devant elle aucune possibilité de développer les quelques connaissances acquises.

D'autre part, puisque Ginetta n'allait plus à l'école, la patronne de l'auberge exigeait d'elle de plus en plus de travail, autant en quantité d'heures que de qualité de tâches.

« Ginetta, fais attention, bouge : regarde dans ce coin-là, tu as oublié de passer la serpillière ! Au-dessus de la porte de la cave, il y avait une grosse araignée. À ton avis, qu'est-ce que les clients vont penser en voyant toute cette saleté ? Nettoie, nettoie. Des fois, je me demande si tu as toute ta tête : à quoi penses-tu ? J'ai l'impression que tu es toujours en train de rêvasser… Ici, on n'a pas de temps à perdre… nettoie et lave comme il faut… »

Ginetta n'en peut plus.

Depuis trois jours, Angelica Bramezza est dans un état de nervosité incroyable : elle se fâche pour un rien et critique absolument tout. Ces reproches injustifiés et criés hargneusement sont la goutte qui fait déborder le vase. Il faut être patient, oui, mais il y a des limites.

Tout est question de respect. Ce n'est pas parce qu'elle est pauvre qu'on doit lui manquer de respect. Ce n'est pas non plus parce qu'elle a besoin de travailler qu'on doit l'exploiter. Elle avait déjà éprouvé ce sentiment de révolte lorsqu'elle était petite et elle avait toujours tout accepté avec un sourire. Maintenant, elle ignore pourquoi, elle sent son orgueil se réveiller et sa personnalité se révolter.

Les jours se suivaient, toujours aussi chargés, mais à un rythme accéléré. Planchers à laver, lits à défaire et à refaire, repas à préparer et à servir, jour de lessive au lavoir, les fruits et les légumes à nettoyer à la cuisine, des plats savoureux à préparer ensuite parce que les clients sont de plus en plus exigeants. Ginetta court à droite et à gauche, toujours avec le sourire aux lèvres, sans jamais avoir un moment de répit et sans un seul « merci » de la part de madame Angelica; au contraire, ces derniers temps, celle-ci ne perd pas une occasion pour la réprimander injustement… Non, non. Non, elle n'en peut vraiment plus. Elle a toujours fait son possible pour répondre à toutes les requêtes et satisfaire toutes les exigences, mais quand on la traite comme une esclave, un être inférieur, qu'on lui fait des reproches non mérités parfois même devant tout le monde, qu'on ne veut pas reconnaître les efforts qu'elle déploie pour faire plaisir à tous, même le plus saint parmi les saints se révolterait.

« Fini. C'est assez. Je ne peux plus rester ici. Qu'ils se débrouillent seuls. Ce n'est pas ma maison et encore moins ma famille. »

Le lendemain matin, quand Giovanni Bramezza ne la voit pas descendre à six heures du matin pour servir le café aux clients lève-tôt, il monte au deuxième étage, frappe à la porte de la petite chambre, puis la pousse et trouve la pièce en ordre, mais aucune trace de Ginetta.

Les Bramezza s'inquiètent, ils cherchent aux alentours, mais personne ne l'a vue. Même madame Angelica est soucieuse car au fond, elle aime vraiment Ginetta et la voudrait comme sa propre fille. Maintenant qu'elle est partie, elle lui manque beaucoup et elle comprend avoir exagéré en lui reprochant des choses sans importance. Elle se rend compte aussi que Ginetta n'a que quatorze ans et qu'elle a besoin de vivre sa jeunesse et non pas de travailler sans arrêt; elle a besoin elle aussi de se distraire. Et pendant qu'elle pleure, elle presse son mari d'aller la chercher.

« Cherche-la, cherche-la, je t'en prie. Elle a dû repartir chez elle. Ramène-la ici. Tu sais combien nous avons besoin d'elle. Et puis, une fille comme elle, c'est difficile à trouver. »

Mais quand Giovanni arrive chez les Gustin, Enrichetta et Angelo sont surpris, personne ne l'a vue, elle n'est pas rentrée à la maison. Ginetta a disparu et tout le monde commence à s'inquiéter. Où a-t-elle bien pu aller en pleine nuit ?

Richetta, qui connaît bien sa petite fille, exige des explications claires de la part de monsieur Bramezza, car elle se doute qu'il a dû se passer quelque chose si Ginetta a décidé de s'en aller. Alors, bon gré mal gré, le patron de l'auberge raconte les scènes qui se répètent depuis trois jours au moins avec sa femme, à cause de la maladie qu'elle a et qui, par moments, ne lui donne aucun répit; alors les gens autour d'elle sont contraints de supporter ses reproches, ses réprimandes et ses scènes incompréhensibles qui ne mènent à rien. C'est une croix qu'il supporte déjà depuis plusieurs années et il ne sait vraiment pas comment faire pour calmer les crises de nerfs qui assaillent et tourmentent régulièrement son épouse… Mais autrement, son épouse est une sainte femme qui veut vraiment beaucoup de bien à Ginetta.

« Ne vous en faites pas, restez ici. Je m'en vais la rejoindre, je sais où elle est. », dit Richetta.

Elle sortit en courant de la maison, s'enfonça dans le bois et prit le sentier en direction de la source des « trois creux ». Elle sait que Ginetta est là, dans son coin de paradis près de la source, où les branches des arbres se plient pour former une sorte de niche par-dessus les pierres recouvertes de mousse. Là, il est facile de se cacher et de prier dans la fraîcheur en écoutant le chant de l'eau qui murmure sur les cailloux.

Richetta s'approche lentement et, sans faire de bruit, elle se glisse sous la tonnelle naturelle, près de la source, et trouve sa petite fille recroquevillée, la tête penchée sur les genoux et le dos secoué par les sanglots. Ginetta pleurait; elle ne bougea pas quand, instinctivement, elle s'aperçut de la présence de sa mère. Elle ne leva même pas la tête. Elle ne courut pas dans les bras maternels pour y trouver un peu de réconfort et de courage comme autrefois.

Non. Personne n'aurait jamais pu la consoler et encore moins la convaincre de retourner chez les Bramezza.

Elle ferait tout ce qu'ils voudraient, mais se laisser maltraiter injustement, cela, eh bien, non et non !

« Écoute-moi, Ginetta. Je crois que madame Angelica est désolée pour tout ce qui s'est passé, elle aimerait que tu reviennes, elle t'aime vraiment beaucoup… »

« Non, non. Je ne veux plus la voir. Je ne veux pas retourner là-bas. »

« Ginetta, regarde autour de toi, tous ces arbres, les oiseaux qui chantent, les grenouilles qui sautent d'une pierre à l'autre, cette source que tu aimes tant… regarde ce paradis où tu viens toujours te réfugier, il n'est pas tellement beau. Malgré tout, tu l'aimes et tu le connais depuis très longtemps, tu l'as découvert petit à petit et tu as fini par le trouver beau. Il faut connaître les gens avant de les juger, il faut comprendre aussi pourquoi ils se comportent comme ils le font. Il faut que tu prennes le temps d'observer avant de trouver ce qu'il y a de beau dans les choses ou les personnes. Beauté et bonté se cachent toujours et il faut constamment les chercher dans tout ce qui nous entoure. Personne n'est jamais complètement laid et méchant. »

« Non, non. Je n'y retourne pas. Je ne peux plus la supporter. Elle crie trop, elle me bouscule pour rien. C'est trop… et puis, j'en ai assez ! »

« Ginetta, tu sais qu'on a vraiment besoin de ces quatre sous qu'elle te donne… »

Pendant qu'elle lui parle, elle sèche ses larmes, la prend dans ses bras comme autrefois et la berce comme si elle était encore enfant. Ginetta se calme.

« Au village, tous parlent de ta gentillesse, de tes qualités. Ton père et moi sommes fiers d'entendre tout le bien qu'on dit de toi. Tout le monde te trouve toujours souriante, pleine de courage et de bonne volonté… et puis on dit aussi que tu cuisines vraiment comme un grand chef et qu'il n'y a pas meilleur au village que ton *risotto* aux champignons. »

« C'est vrai ? »

Ginetta sent qu'elle va céder, elle n'a jamais su comment résister aux mots persuasifs de sa maman.

« Oui, c'est vrai. À tel point que la femme du maire a voulu aller manger là-bas un midi pour voir si c'était vraiment aussi bon qu'on le disait. » Et elle éclate de rire et Ginetta aussi.

« Puis, les Bramezza m'ont déjà promis de te laisser aller suivre des cours qui se donnent à la paroisse le soir et le dimanche matin. Comme ça, tu travailleras comme quand tu allais à l'école. Ton père et moi sommes vraiment fiers et contents de toi… mais penses-y, décide par toi-même, je ne veux pas te forcer. »

Le lendemain matin tôt, Ginetta était en train de laver et cirer tout le plancher du café, comme d'habitude. Sa course aux obstacles continua, sautant d'une chambre à l'autre, de la cuisine à la salle à manger, de la cave au grenier. Sa journée de repos, elle la passait à la source des « trois creux » en rêvant et pensant qu'elle voulait partir au plus vite. Son frère Antonio était déjà en Australie et sa sœur Maria, mariée à un ébéniste, projetait d'aller s'établir au Canada. La vie, lui avait dit sa maman, est comme un long voyage, fait de rêves et d'espoirs, et Ginetta aussi maintenant aimerait savoir où l'emmènera son train. Elle est comme un oiseau qui, au bord d'un ravin, est prêt à s'envoler mais hésite, retenu par la peur. Elle se met alors à chanter et se souvient de ce jour où elle se trouvait suspendue aux branches d'un arbre : quelqu'un était venu la sauver et la ramener à la maison. Maintenant, alors qu'elle chantait et écoutait son cœur, elle espérait réussir à comprendre où son train allait bien pouvoir la conduire.

Pour le moment, ses ailes se renforcent chaque jour davantage, et les douloureuses épreuves qu'elle a traversées et qu'elle aura peut-être encore à supporter, serviront à raffermir sa volonté, consolidant sa foi en Dieu et sa confiance en l'avenir.

Son plus cher désir, son rêve le plus grand est de poursuivre ses études, surtout en musique. Mais où trouver l'argent nécessaire ? Les quelques sous qu'elle gagne maintenant s'en vont systématiquement à la maison, cachés sous le lit de ses parents, pour alimenter les espoirs d'un projet qui ne se réalisera peut-être jamais, mais auquel elle aura du moins contribué en faisant rêver ses parents.

Ginetta se contente pour l'instant de suivre les cours à la paroisse et de lire tous les livres que lui prêtent don Pietro et madame Bramezza. Il s'agit de livres sur la vie des saints et des apôtres. Elle a lu trois fois la vie de Francesca Cabrini, une jeune paysanne originaire de Lombardie, née comme elle d'une famille nombreuse, puis devenue missionnaire pour aller aider ses pauvres compatriotes qui, le cœur rempli d'espoir et le vide de l'inconnu devant eux, quittaient en grand nombre leur propre pays en quête d'un peu de dignité et d'un travail honnête que leur patrie ne pouvait leur offrir.

Même si l'histoire remonte au siècle précédent, elle est encore actuelle aux yeux de Ginetta, qui s'identifie facilement à cette sainte, béatifiée en 1938, justement l'année de sa naissance ! Il n'en faut pas plus pour qu'elle imagine suivre l'exemple de cette sainte. Comme Francesca Cabrini, elle est témoin d'un village qui perd ses jeunes bras et comme la sainte, elle pourrait partir elle aussi pour aller aider cette jeunesse qui s'aventure en terre inconnue; ses pensées s'envolent alors vers des horizons infinis et se perdent dans une méditation profonde.

Pendant qu'elle lit avec avidité *Les Misérables* de Victor Hugo, elle se dit et se promet d'engager sa vie dans la défense des pauvres et surtout dans la lutte contre les injustices.

Depuis la mort de Niko, elle était toujours restée seule avec ses pensées, mais récemment elle avait fait la connaissance d'Alberto, le neveu des Bramezza, qui venait de Milan pendant les vacances pour profiter pendant l'été de la fraîcheur de la montagne.

Alberto est un jeune homme un peu plus vieux qu'elle, qui aime la nature, la montagne et les longues randonnées dans les bois. Il se sent attiré par cette jeune fille qui a les mêmes goûts que lui. C'est ainsi que naît entre eux une belle amitié sincère et, ensemble, en se promenant dans les bois, ils discutent de musique, d'opéra lyrique. Ginetta l'écoute, enchantée, buvant toutes ses paroles comme celles d'un professeur. Quelque chose de plus qu'une simple amitié pourrait naître, mais Ginetta freine immédiatement ce sentiment : ce sera une amitié simple et vraie. Elle ne veut surtout pas se voir comme toutes les femmes du village, vouée à un seul homme et à ses enfants, une vie confinée à la maison, au potager, à l'église et le soir à la télévision au café de Cavaso.

Son cœur débordé d'amour : elle veut aimer le monde entier. Ce qu'elle veut faire et qu'elle fera, c'est porter et répandre autour d'elle l'espérance, la joie de vivre que beaucoup n'ont pas. Elle pense à Niko, à sa tristesse chronique. Personne ne pourra jamais le remplacer dans son cœur, mais si elle arrive à aider les gens malheureux à traverser une journée difficile, elle comprendra que ses efforts n'auront pas été vains et elle se sentira récompensée pour tous ses sacrifices. C'est ainsi qu'elle a été capable de pardonner Angelica Bramezza et d'être indulgente avec elle, mais surtout qu'elle a pu l'aider lors des terribles crises de nerf qui l'étouffent. Elle lui prépare alors des *canarini* au citron, des tisanes à base d'herbes ramassées dans les bois, ainsi qu'un *punch* au rhum et à l'orange fort, elle l'aide ensuite à se coucher en attendant que vienne le calme. Les Bramezza l'apprécient chaque jour davantage et l'aiment vraiment comme leur propre fille; ils voient d'un bon œil cette amitié entre elle et leur neveu et, tous ensemble, dès qu'ils peuvent fermer l'auberge, ils partent en excursion à Trieste, à Vérone, à Venise, sur le lac de Garde. Enfin, Ginetta peut apaiser en partie cette soif de connaissance qu'elle a et découvrir quelques-unes des nombreuses beautés de l'Italie.

Les Bramezza souhaitent réellement adopter Ginetta afin de l'avoir avec eux pour toujours; toutefois, ils doivent se mesurer à Richetta qui, en entendant cette proposition, regrette d'avoir poussé Ginetta à retourner à l'auberge.

L'insistance d'Angelica crée un certain froid dans les relations avec les Gustin. « Je lui veux vraiment le plus grand bien, peut-être même plus que vous. Et puis, vous avez d'autres enfants et, de notre côté, on peut lui offrir bien davantage. »

« Il est possible que vous ayez raison, mais c'est ma fille. Jamais, je ne pourrai abandonner le fruit de mes entrailles et la chair de ma chair, même si moi je devais mourir de faim. »

Richetta avait été catégorique et dorénavant c'était à contrecœur qu'elle venait chercher les quelques sous que les Bramezza lui remettaient chaque mois…

Quant à l'adoption, Richetta espérait bien qu'il n'en fût plus jamais question car pour elle, cette question était close à tout jamais.

Chapitre 19

La rencontre avec le patriarche Roncalli

Presque tous les étés, le cardinal de Belluno, frère de Giovanni Bramezza, venait passer au moins un mois à l'auberge familiale. Lors de son séjour estival, il avait eu l'occasion de connaître et d'observer Ginetta et il avait été conquis par son innocente gaieté et sa personnalité sympathique.

À l'heure de la sieste, il s'était souvent laissé bercer par la douce voix de Ginetta qui, au lieu de dormir pendant les heures les plus chaudes de l'après-midi, restait à la fenêtre à chanter tout doucement ses chants préférés à la Vierge. Au départ, les clients s'en étaient plaints, mais ensuite, charmés par les douces mélodies, ils finissaient par se reposer plus facilement au son de cette voix d'ange, une voix de rossignol, comme le disait si bien le cardinal.

« Comment fais-tu pour être toujours aussi joyeuse et souriante ? » lui demanda-t-il une fois.

« C'est beaucoup plus facile pour moi de travailler en chantant, j'ai davantage d'énergie. »

« Et comment fais-tu avec les ivrognes et ceux qui jurent ? »

« Je prie pour eux et je les sers comme les autres. Pourquoi faudrait-il faire une différence ? Ce sont des créatures du Seigneur, eux aussi, les pauvres, ils ne savent pas ce qu'ils font. »

« Tu n'as jamais eu envie de te fâcher contre eux ? »

« Oui, parfois. Mais j'ai compris que ça n'en vaut pas la peine. Je préfère prier ou chanter… Si je m'impatiente, je me sens mal après et il me faudra beaucoup de temps avant de retrouver mon calme, alors j'essaie de ne jamais le perdre. »

Le cardinal l'écoutait en souriant, impressionné par autant de simplicité et de sagesse pour une fillette aussi jeune. Un soir, pendant qu'il bavardait avec son frère Giovanni en sirotant un café, il pria Ginetta de s'asseoir avec eux et il lui demanda : « Aimerais-tu aller à Venise pour rencontrer le nouveau patriarche ? ».

Ginetta le regarda bouche bée, elle n'en croyait pas ses oreilles.

« Mais vous plaisantez, Monseigneur ! »

« Non, pourquoi ? Depuis le mois de janvier, Venise a un nouveau patriarche que tout le monde considère comme un saint homme. Pendant la guerre, il a sauvé de nombreux Juifs et des gens qui étaient recherchés. Il est très affable et aime les gens simples. Il n'incarne pas du tout l'aristocratie de l'Église, mais plutôt le bon pasteur d'une Église mère qui accueille son troupeau entier, même s'il y a parmi ses brebis quelques moutons noirs. Lui aussi est fils de paysans et il connaît bien la vie dure des gens de la campagne. Quand il s'adresse au peuple, il utilise un langage simple et clair, les Vénitiens sont enthousiasmés par sa nomination. Je devrais le rencontrer personnellement la semaine prochaine lors d'une réunion et je proposais justement à Giovanni de venir à Venise avec son épouse et de t'emmener avec eux. Après mon rendez-vous, je pourrais vous le présenter et obtenir une audience et une bénédiction spéciales exclusivement pour vous. Qu'en penses-tu ? »

Ginetta n'arrivait vraiment pas à y croire. Elle se frottait les oreilles comme si elles la démangeaient : elle n'était pas certaine d'avoir bien entendu… mais le cardinal était sérieux.

Le prélat se leva, caressa le doux visage de Ginetta, souhaita bonne nuit à tout le monde et se retira.

Cette nuit-là, Ginetta ne réussit pas à dormir en pensant à cette rencontre avec l'un des plus hauts représentants du Christ. Il est vrai qu'elle avait déjà vu le patriarche à Venise, mais le rencontrer maintenant personnellement, avoir un entretien rien que pour elle avec le patriarche Roncalli… Non, elle n'arrivait vraiment pas à dormir. C'était une grâce que le Seigneur lui faisait et dont elle garderait le souvenir toute sa vie.

Ainsi, par un clair matin de septembre, les Bramezza partirent avec Ginetta en direction de Venise pour aller rencontrer le frère de Giovanni qui les attendait devant la porte du patriarcat dans la Piazzetta des Leoncini, à côté de la basilique. Ginetta était tellement absorbée par l'idée de rencontrer personnellement le patriarche Roncalli qu'elle ne prêta aucune attention aux beautés de Venise qui l'avaient tellement enchantée lors de sa première visite.

À dix heures exactement, après avoir traversé un long couloir au sol parfaitement ciré, ils furent invités dans une grande salle dont les parois étaient tapissées d'un tissu couleur rouge vin bordé de dorures. Près de la porte se dressaient le drapeau italien avec la bannière et l'étendard rouge de Saint-Marc. Un peu partout dans la pièce, on pouvait voir des fauteuils et des tables de style vénitien du XVIIIème siècle.

Ginetta et les Bramezza étaient plutôt intimidés, mais le père secrétaire privé qui les avait accompagnés s'adressa amicalement au cardinal et les invita à prendre place.

« Asseyez-vous, je vous en prie, je vais avertir Son Éminence le patriarche qui vous attend et sera heureux de vous connaître. »

Après une courte et silencieuse attente, une porte latérale s'ouvrit et une figure débonnaire, un peu rondelette, souriante, s'avança les bras grand ouverts vers les Bramezza et Ginetta qui se levèrent immédiatement et se mirent à genoux.

Le patriarche Roncalli, après les avoir bénis, les invita à se lever : « Allez, allez, levez-vous qu'on s'assoie ensemble pour bavarder un peu ».

D'emblée, Ginetta fut conquise par la simplicité de ce patriarche qui n'hésitait pas à parler en dialecte vénitien, tout comme ses paroissiens.

Avec beaucoup d'affabilité, Son Éminence expliqua que pour semer le bien et la foi en Dieu, il était naturel de parler un langage que tout le monde comprendrait. D'autant plus que le vénitien n'était pas un dialecte mais avait été pendant longtemps la langue officielle d'un état puissant, la

Sérénissime République de Saint-Marc. C'était donc la langue des Doges. Il ajouta en plaisantant : « Et voilà, maintenant c'est moi qui suis ici à la place du Doge qui n'existe plus, mais les patriarches sont encore là… Le pouvoir est éphémère, mais l'Église de Dieu est intemporelle, toujours présente, même dans les moments les plus difficiles. ».

Il expliqua avec clarté et simplicité son approche avec les fidèles : ne pas imposer son autorité et se mettre à leur niveau. Il commença ensuite à parler des erreurs des gouvernements totalitaires : « Le totalitarisme étouffe la vie des hommes, il est fondé sur une discipline de fer, imposée de l'extérieur, freinant en réalité l'initiative légitime et géniale de l'individu et visant à façonner tous les gens autour d'un unique modèle. Le paternalisme est, lui aussi, en partie autoritaire : il aspire à garder tout le monde sous sa tutelle. Il ne sait pas écouter les exigences d'autrui, il n'est jamais ouvert au dialogue, il n'accepte aucune critique, aucune collaboration, aucun refus. Ce qui est loin de correspondre aux enseignements de l'Évangile. ».

Ginetta écoutait, fascinée. Tous ces mots la touchaient droit au coeur.

« N'oubliez pas de vous respecter, vous-mêmes, avant tout autre chose, et d'écouter votre cœur. Si vous vous respectez, vous serez en mesure de respecter les autres; si vous vous aimez, vous pourrez aimer à votre tour; si vous êtes heureux, vous pourrez répandre la joie autour de vous. Peu importe votre rang social, peu importe votre travail, ce n'est pas la richesse matérielle qui compte, c'est votre richesse spirituelle. N'oubliez jamais que chacun d'entre vous est digne du plus grand respect, ne vous laissez pas abattre par les critiques et les médisances. Cherchez toujours la sérénité et la paix intérieure qui naissent de l'accomplissement quotidien de vos propres devoirs, en développant toute la richesse contenue dans les dons et les talents que Dieu a cachés dans vos esprits et dans vos cœurs. »

Et, se tournant vers Ginetta, il lui offrit ces mots en souriant : « La vie prend tout son sens si elle est faite de générosité et de courage. Elle devient absurde si on se laisse aller à l'inertie, à la paresse et à l'égoïsme qui paralysent toute sève vitale. Le monde est petit, il ne peut exister d'obstacle insurmontable pour les hommes de bonne volonté. Les murs qui divisent les hommes doivent tomber. Nous ne devons pas souligner ce qui nous sépare, mais essayer de faire rayonner ce qui nous unit. ».

Totalement captivée par ces propos, Ginette trouva néanmoins le courage de répliquer : « On m'a dit une fois qu'il ne fallait pas entrer dans une église protestante et j'y suis entrée quand même, par curiosité. »

« Et que pensais-tu trouver ? »

« Je l'ignore, mais ensuite, j'ai eu peur. »

« Mais pourquoi, ce sont nos frères aussi ! »

« Alors Dieu est pareil pour tous », affirma Ginetta, et le patriarche acquiesça en ajoutant : « Du haut des cieux, Dieu embrasse l'humanité entière et pour Lui, tous les hommes sont égaux, le blanc, le noir, le jaune, le juif, le musulman, l'orthodoxe, le protestant, et tous ceux qui croient en un Être supérieur qui les a créés. ».

Ginetta n'oubliera jamais ces saintes paroles et se souviendra de cette rencontre toute sa vie.

Passant ensuite à des questions plus simples, Son Éminence s'intéressa aux problèmes de Giovanni et Angelica, et il les bénit personnellement après avoir imposé ses mains sur leur tête. Se tournant ensuite vers Ginetta, après avoir lancé un clin d'œil au cardinal, il s'adressa à elle en dialecte pour la mettre à l'aise : « Un petit oiseau m'a dit qu'on t'appelle « rossignol » car tu as une très belle voix… voudrais-tu me la faire entendre ? ».

Ginetta resta bouche bée, sans que le moindre son ne puisse sortir de sa gorge, puis, tout doucement, d'une voix hésitante elle entonna l'*Ave Maria*. Au fur et à mesure qu'elle chantait, sa voix prenait de l'assurance jusqu'à s'élever, claire et pure, pour remplir la voûte du salon toute entière, puis, dans un murmure léger, elle s'éteignit dans la finale de l'*Ave Maria*.

Le patriarche, ému, l'étreignit paternellement et la bénit.

De la tour de l'horloge de la Place Saint-Marc, les deux maures sonnaient les douze coups de midi.

Ils sortirent du patriarcat encore tout ébahis de l'honneur qui leur avait été accordé et d'un accueil aussi bienveillant. Le bruit soudain d'un vol de pigeons dans la chaleur de cette belle journée de septembre les tira de leur émerveillement pour leur rappeler qu'il était l'heure de dîner.

Accompagnés du cardinal qui connaissait bien Venise, ils traversèrent le quartier des Merceries pour se rendre à Rialto, où ils choisirent un restaurant au bord du Grand Canal.

Ginetta, encore sous l'effet de l'émotion, n'avait pas très faim. Transportée par le spectacle devant elle, son regard se perdait dans le mouvement ininterrompu des embarcations qui affluaient sur le Grand Canal.

La journée avait été chargée d'émotions et de réflexions profondes qui invitaient à la méditation… Ce n'était pas un rêve, tout était vraiment réel et ce patriarche tant aimé des Vénitiens, si proche du peuple, était véritablement un saint. Ginetta l'ignorait encore, mais beaucoup plus tard, même de loin, elle se sentira toujours unie à lui par une affectueuse amitié filiale.

Cette nuit-là, Ginetta était trop agitée pour pouvoir dormir; elle entendait toujours l'écho des mots du patriarche qui résonnait dans ses oreilles : « Notre vie se présente un peu comme un voyage », lui avait-il dit en employant les mêmes paroles que sa mère.

« La vie est un voyage aventureux, fait de joies et de peines, de rires et de pleurs, de moments heureux et de moments tristes, un voyage fait de défis et de succès, mais parfois aussi d'échecs, de séparations, de deuils, de blessures au cœur et de pardons difficiles à accorder. C'est alors le moment de s'accrocher à la main divine que Dieu nous tend constamment tout au long de ce voyage. Il faut toujours avoir confiance en soi pour avancer sur son chemin, sachant que cette main à laquelle on se cramponne ne nous abandonnera jamais. »

Ginetta est de plus en plus décidée à prendre son envol toute seule, forte de l'énergie et de la détermination qui la caractérisent et soutenue par l'enthousiasme de son jeune âge. Elle ne restera certainement pas à moisir entre les quatre murs du Café Bramezza. Alors, elle commence à faire des projets.

Elle n'a pas peur de travailler pour gagner son indépendance. Elle a toujours ressenti depuis son plus jeune âge une sorte de rébellion en tant que femme : l'égalité avant tout autre chose, pas seulement entre les classe sociales, entre les races et les religions, mais également entre les sexes.

Quand elle va à la messe, elle est révoltée de voir que les hommes sont séparés des femmes, les enfants sont dans les premiers bancs près de l'autel et les femmes sont au fond de l'église, derrière tout le monde, comme la cinquième roue du carrosse. Non, non. Pour elle, il s'agit encore d'une autre forme d'injustice. Et d'après ce qu'elle a pu constater jusque-là, l'idée de se lier à un homme ne l'enthousiasme pas vraiment. Elle ne se sent pas faite pour la vie conjugale, du moins, pas pour le moment. Elle veut profiter de sa liberté, elle est curieuse de savoir jusqu'à quel point elle sera en mesure de réaliser son potentiel… Et à force de réfléchir, son esprit finit par se fatiguer et enfin le sommeil s'empare d'elle.

Sarà quel che sarà. Ce qui sera sera. Ce sera ce que le Seigneur voudra.

Quelques jours plus tard, l'agent de voyage qui avait une succursale au Café Bramezza, ayant observé la façon dont Ginetta traitait les clients et les charmait avec son sourire sympathique, lui proposa de travailler comme accompagnatrice lors des excursions de fins de semaine.

Ainsi, pendant près d'un an, chaque samedi et chaque dimanche, elle se promenait partout en Italie à bord d'un autobus chargé de touristes. Toujours soucieuse de faire un travail impeccable, elle se documentait avant de partir vers les lieux à visiter, de façon à pouvoir offrir tous les détails possible à son groupe. Plus qu'une accompagnatrice, elle était devenue un guide précieux. Cette expérience fut décisive.

Elle est alors convaincue que le moment est venu pour elle de voler de ses propres ailes, mais devant l'immensité du ciel, quelle direction allait-elle prendre ? Elle ne le sait pas encore, elle ne fait aucun plan, laissant sa vie suivre son cours. Elle sait que son destin est entre les mains de Dieu. Peu importe où elle ira, ce qui compte, c'est de s'envoler. Et une fois de plus ce soir-là, comme dans le temps, elle prie avant de se coucher : « Jésus, bénis ma nuit, je vais me coucher et j'ignore si je me réveillerai demain. Que Ta volonté soit faite. ».

Chapitre 20
Le départ

La décision était prise, peu importe où et comment, ce qui comptait, c'était quand. Ginetta pressentait que ce moment arriverait sans tarder.

Elle entendait plusieurs appels venant de directions différentes. Sa sœur Lina était en Suisse, Maria et son mari s'étaient établis au Québec, à Montréal, et sa marraine, qui elle aussi vivait en Suisse, lui écrivait souvent en l'invitant à venir la rejoindre. La Suisse n'est pas très loin, elle aurait pu aller chez sa marraine et suivre des cours de français, une excellente occasion pour pouvoir apprendre une autre langue sur place. Sa famille était d'accord. Il n'y avait que les Bramezza qui étaient loin d'être contents d'une telle décision.

« On pensait que tu resterais ici. C'est normal que tu penses à ton avenir, mais tu sais, on n'a pas d'enfants, on t'a toujours considérée comme notre propre fille même si ta maman n'a jamais voulu que l'on t'adopte. Tout ce qu'on a un jour t'appartiendra, on te laissera tout, mais reste ici, s'il-te-plaît ! »

Ginetta, de son côté, s'était attachée à eux et elle se sentit émue par leur offre; mais, en réalité, elle ne souhaitait pas sacrifier sa liberté et ne voulait pas devenir un bâton de vieillesse pour ces deux personnes qui, au fond, désiraient acheter leur sécurité pour ne pas finir leurs jours tout seuls.

Le monde est beau, et Ginetta souhaitait le découvrir, elle rêvait déjà de la Suisse avec ses montagnes enneigées qui ressemblent un peu à ses Dolomites et où elle n'aurait pas souffert de nostalgie car on pouvait rentrer au pays en une nuit de train.

De temps en temps, elle recevait des lettres d'outremer, d'Australie et du Canada. Maria racontait sa vie d'épouse et de mère; elle habitait dans une maisonnette de briques rouges et la ville était très vaste, traversée par un fleuve immense appelé le Saint-Laurent. Bref, toutes les portes s'ouvraient pour Ginetta. Il lui suffisait de choisir, sans se laisser aller aux regrets, ni céder à l'angoisse ou à la peur.

Le train entrait en gare et il fallait qu'elle monte à bord. Où irait-elle ? Les voies du Seigneur sont infinies et impénétrables. Le destin choisit pour nous le bon moment pour nous permettre de décider.

Quand Ginetta ne travaillait pas comme guide touristique, elle montait à l'alpage pour aider son père à la laiterie et cette fin de semaine-là, justement, elle se trouvait tout en haut lorsqu'elle entendit « Ginetta, Ginetta… Ginetta ! »

Flora, sa petite sœur courait vers elle, essoufflée, une lettre à la main.

« Elle vient de Maria. Elle dit qu'elle attend son quatrième enfant et elle voudrait que tu ailles là-bas pour l'aider. Elle a écrit à maman. Son mari paierait tous les frais du voyage… C'est maman qui m'envoie pour vous le dire et pour décider de ce qu'on va lui répondre. »

Angelo, qui était en train de préparer du fromage, leva la tête en entendant la nouvelle, regarda ses filles et s'exclama : « À Montréal ! Au Canada ! Jamais de la vie. Rien à faire, c'est non. Tu n'iras pas. C'est trop loin. La Suisse, je peux comprendre, mais le Canada, pas question. Tu es trop jeune, dans un mois, tu auras à peine dix-sept ans. Et puis, nous avons besoin de toi. ».

Ginetta se tut, elle ne répondit pas. Elle savait qu'il était inutile de discuter avec son père : c'était une perte de temps. À elle de décider, mais pour cela, elle avait besoin de réfléchir.

Sans rien dire, elle quitta l'alpage et descendit vers son refuge préféré, là où s'étaient déroulés les principaux évènements de sa vie et où, sous le regard de la Vierge, elle s'était toujours sentie protégée. Dans le silence du bois, elle pourrait écouter la voix de son cœur. Agenouillée au bord du ruisseau qui se forme aux pieds de la source, elle essaie de comprendre où va la conduire son destin. La Suisse ou le Canada ? Et elle prie. Elle prie la Vierge pour qu'elle l'aide à comprendre où se posera son vol.

L'été bat déjà son plein. Dans un mois, elle aura dix-sept ans. Pour son père, elle est encore trop jeune et peut-être même juste une enfant. Mais elle se sent capable maintenant d'affronter seule la vie. Autour d'elle, au sommet des arbres, les cigales s'affolent dans la chaleur torride. On entend le vol sourd des bourdons sur les branches plus basses. Dans le ruisseau, les grenouilles sautent d'une pierre à l'autre pour se rafraîchir un peu. Ginetta sent elle aussi sa tête bourdonner : tout est plus difficile que ce qu'elle pensait. Il faudra qu'elle décide toute seule, elle ne veut surtout pas que quelqu'un d'autre choisisse à sa place. Mais que faire ?

La nature entière autour d'elle semble se recueillir dans un silence troublé uniquement par le bourdonnement des insectes ou le saut léger des grenouilles dans l'eau. Il y a dans l'air un parfum de musc, d'herbes sauvages et de cyclamens. Depuis combien de temps n'est-elle plus rentrée à la maison les bras chargés de fleurs ? Une éternité, lui semble-t-il.

Le cocon du papillon s'est ouvert et laisse entrevoir une magnifique créature prête à prendre son envol.

Ginetta prie et, dans sa solitude, elle ne s'est pas rendue compte que Flora et son père l'ont rejointe pour rentrer à la maison. Sur le chemin, personne ne parle, personne n'ose aborder le sujet et le soir, Ginetta est toujours pensive. Avant d'aller se coucher, après son habituelle prière, son cœur lui suggère un stratagème : elle mettra les deux lettres sous son oreiller, chacune d'un côté. Elle prendra sa décision demain matin, suivant la direction de son visage à son réveil.

Le lendemain, en ouvrant les yeux, elle voit en premier la lettre en provenance du Canada. Voilà, c'est décidé : elle ira au Québec, même si elle est trop jeune pour voyager aussi loin toute seule. Elle partira à l'aventure, comme elle l'a toujours souhaité. Elle ira au-delà de l'océan pour découvrir un monde nouveau. Et son regard s'envole à travers sa fenêtre ouverte, s'arrête sur ses montagnes. Elle pense qu'elle va enfin connaître les horizons lointains cachés derrière leurs sommets. Il faut, par contre, convaincre son père. Mais comme toujours, sa maman sera la plus précieuse des alliées.

« Elle n'est pas seule. Maria et son mari sont là-bas qui l'attendent. Et puis, Maria a besoin d'aide de la part de la famille. Comment veux-tu qu'elle fasse avec trois enfants et un autre en route, toute seule parce que son mari doit aller au travail. Ginetta lui tiendra compagnie, elle s'occupera des enfants. Laisse-la aller si elle veut partir. »

C'est ainsi que Ginetta commença à se préparer pour le grand voyage. Il lui fallait un visa ainsi que plusieurs documents qui ne pouvaient être délivrés que par le consulat canadien à Rome. Alors pour son anniversaire, son grand cadeau fut de partir pour la première fois toute seule à Rome. Elle n'eut malheureusement pas le temps de visiter la ville éternelle ni même d'aller au Vatican : elle aurait beaucoup aimé voir le pape, même de loin, lorsqu'il apparaît à sa fenêtre pour bénir la foule rassemblée sur la Place Saint-Pierre !

Grâce à une lettre de recommandation du cardinal de Belluno, elle avait trouvé une chambre dans un couvent de religieuses : un bâtiment très ancien et austère non loin de la Stazione Termini, la gare centrale. Lorsqu'elle sonna à l'entrée, la lourde porte s'ouvrit en grinçant et une sœur agée l'accueillit. Après avoir lu la lettre, elle la conduisit le long d'une série de couloirs sombres jusqu'à un petit salon garni de meubles anciens et de rideaux blancs en dentelle amidonnés, et elle la pria d'attendre. Par la porte ouverte, Ginetta put voir des sœurs sermonner vertement des adolescentes pensionnaires qui, la tête baissée, se mettaient en file, silencieusement. L'air pesant du mois d'août à Rome, les lourdes portes et les regards sévères des religieuses lui procuraient une sensation d'étouffement… Où étaient donc les gentilles sœurs de Crespano ? Peut-être s'était-elle fait des illusions sur la vie monastique : ici, tout semblait rigide, sévère, claustral et, derrière ce portail écrasant, elle se sentait coupée du monde. Pour la première fois, son enthousiasme de rentrer au couvent disparut. Fort heureusement, elle passa peu de jours dans cette atmosphère austère et monastique. Elle n'y revenait que quelques heures pendant la journée car le reste du temps elle était occupée à courir au consulat pour préparer les dossiers et les papiers pour son départ. Mais c'était assez pour comprendre qu'elle ne pourrait pas vivre heureuse dans ce milieu.

De retour à Cavaso avec tous les documents nécessaires, Ginetta commença à dire adieu non seulement à ses proches et ses amis, mais également aux lieux qui lui étaient chers, surtout la source des « trois creux » où elle se rendit non seulement pour saluer sa Madonna, mais aussi pour la mettre au courant de ses décisions… comme si la Vierge ne le savait pas déjà !

Alberto, réellement amoureux d'elle, essaya une dernière fois de la convaincre de rester et un soir, sous la tonnelle de l'auberge, le cœur palpitant, il lui déclara son amour dans l'espoir de la faire changer d'idée. Mais cela ne servit à rien car depuis qu'ils se connaissaient, Ginetta avait toujours empêché son cœur d'aller au-delà d'une simple amitié. En souriant, elle épingla à son anorak un edelweiss qu'ils avaient cueilli lors de leur dernière randonnée et elle l'embrassa fraternellement sur la joue en l'assurant qu'elle allait toujours garder précieusement le souvenir de leurs promenades et de leurs discussions intéressantes. Le soir, sous la tonnelle de la maison, elle écoutait les mille recommandations que sa maman se sentait en devoir de lui faire même si elle savait que sa Ginetta n'aurait jamais rien fait dont elle aurait pu avoir honte.

Puis, en se promenant dans le village, Ginetta enferma dans son cœur tout ce qu'elle ne pouvait emporter avec elle : les couleurs du ciel et des montagnes, les parfums des fleurs des champs et des bois, le frémissement des épis de blé, l'odeur du moût, le clocher de son église à Cavaso où, depuis sa plus tendre enfance, elle se réfugiait toujours dans les moments les plus difficiles de sa vie. Il ne lui restait maintenant qu'à renfermer tout cela dans l'écrin de ses souvenirs.

La veille du départ, elle retourna une dernière fois saluer la Madonna del Covolo et là, devant la Vierge, elle n'eut pas honte de verser des larmes de tristesse et de joie. Ses pas la portèrent ensuite au cimetière pour présenter ses adieux à Niko, le compagnon des jeux de son enfance. Le petit cimetière est un jardin fleuri et parfumé par les roses et les romarins qui bordent les sentiers autour des tombes et rendent la visite aux défunts moins triste. Ginetta s'approcha de la petite tombe, parla à son ami comme s'il était encore en vie et lui dit adieu peut-être pour la dernière fois.

« Je sais que tu me protègeras toujours tout le long de ma vie. Je ne t'ai jamais oublié et toi, de là-haut, tu pourras me suivre partout. Je te promets que je ferai tout mon possible pour que la paix puisse exister en ce monde. »

Ensuite, posant un léger baiser sur la pointe de ses doigts, elle caressa la photographie de Niko, versant encore quelques larmes en souvenir de sa brutale disparition.

En passant sous l'ombre des cyprès, elle reconnut sur les croix des sépultures, les noms et les photos de ses deux petits amis massacrés pendant le premier bombardement et un frisson de peur la secoua de la tête aux pieds… mais encore une fois, tout cela allait bientôt faire partie du passé.

Sa famille lui manquera, ainsi que ses amis. Mais il lui faut partir, elle ne peut plus rester ancrée au rivage : au-delà de la mer qu'elle a à peine entrevue, son destin l'attend.

L'heure est aux adieux.

Vêtue d'un petit manteau en laine et d'un léger chapeau gris, portant à la main une valise renfermant tous ses trésors, Ginetta s'achemina vers la place du village. Son père, sa maman et Flora l'accompagnent vers l'autobus qui qui l'amènerait à Bassano et de là, elle rejoindrait Gênes en train. En passant devant l'auberge des Bramezza, elle salua d'un geste de la main Angelica qui sanglotait à la fenêtre en la suppliant : « Non, non, je ne veux pas que tu partes. Tu es ma fille. Reste, reste, mon trésor ! ».

Ginetta s'approcha de la porte du Café.

Debout sur le seuil, Giovanni la serra dans ses bras en pleurant lui aussi : « Surtout, fais bien attention à toi. » Puis, s'adressant aux Gustin : « Votre fille est vraiment un trésor, elle est spéciale. On n'en trouvera pas une autre comme elle. En vérité, je ne sais pas si vous avez raison de la laisser partir, vous êtes certains que vous ne voulez pas plutôt qu'on l'adopte ? ».

« Oui, nous en sommes certains, nous en sommes certains ! », répondent vite Angelo et Richetta.

L'autobus attend au milieu de la place ensoleillée.

Son père posa un baiser sur le front de sa fille et l'aida à ranger sa valise dans le porte-bagages pendant que Richetta serrait bien fort contre elle sa petite fille désormais jeune femme adulte.

L'espace d'un instant, Richetta revit les moments où elles étaient restées désespérément serrées l'une contre l'autre pour surmonter les dangers et les horreurs et, toujours ensemble, elles avaient ensuite, chaque fois, repris le chemin. Mais maintenant, il était temps d'ouvrir les bras et de la laisser aller. Elle l'embrasse sur le front, lui prend le visage entre les mains et la regarde droit dans les yeux une dernière fois, pour lui donner encore, comme toujours, du courage, de la foi et confiance en Dieu. Elle caresse tendrement ce visage de jeune fille décidée à suivre seule son destin.

Ce sera ce que le Seigneur voudra.

DEUXIÈME PARTIE

Canada, Québec
Pays de glaces, de saints et d'immigrants

Chapitre 1
Le voyage

Octobre touchait à sa fin, le brouillard et la pluie commençaient.

Le train pour Gênes devait traverser toute la plaine du Pô. La ligne Milan-Gênes était toujours très achalandée et, dans le compartiment de deuxième classe où Ginetta avait réussi à trouver une place, il y avait un va-et-vient continuel de voyageurs.

Assise près de la vitre, Ginetta contemplait cette campagne qu'elle voyait pour la première fois, observant en silence, pensive, le paysage défiler rapidement devant ses yeux. Il pleuvait à verse, la pluie poussée par le vent s'abattait contre la vitre en striant le verre; et le visage de Ginetta qui s'y reflétait semblait rayé de larmes.

Ce jour-là, contrairement à son habitude, elle n'était ni gaie ni insouciante; elle se sentait triste et mélancolique, peut-être influencée par le temps pluvieux. C'était pourtant elle qui avait décidé de partir et de s'éloigner de son petit univers, en quête d'un monde nouveau, mais maintenant que le train filait vers sa destination, bien des interrogations s'enchevêtraient dans son esprit, serrant son cœur comme un étau de nostalgie.

Autour d'elle, on bavardait, on plaisantait, on fumait et à chaque gare quelqu'un se levait et partait en saluant ceux qui restaient, mais Ginetta n'avait pas le cœur à participer à une conversation entre inconnus.

Le trajet Milan-Gênes n'est pas très long mais Ginetta avait l'impression que le train n'arriverait jamais; en réalité, ce n'était que le début d'un très long voyage qui allait la conduire vers l'inconnu, sur une terre étrangère très lointaine.

Quand la jeune fille arriva à la gare de Gênes, il pleuvait et ventait encore; complètement épuisée, elle chercha une petite pension de famille près du port pour être prête à embarquer le lendemain.

Le matin suivant, la pluie s'était calmée. Un soleil pâle illuminait les collines liguriennes qui descendent en formant une couronne autour du port et la mer brillait de toute sa splendeur argentée.

Le quai du port grouillait de gens. Certains criaient, d'autres chantaient, d'autres encore pleuraient, les enfants couraient au milieu de la foule, plusieurs personnes attendaient assises sur leurs bagages. Pendant un instant, Ginetta se sentit perdue, puis elle aperçut au loin la silhouette d'un navire vers lequel s'acheminaient des gens, nombreux, chargés de paquets et de valises, alors elle aussi se dirigea vers le quai où avait accosté le paquebot *Le comte Biancamano* sur lequel elle devait embarquer.

Pendant qu'elle faisait la queue pour la vérification des papiers, un officier de marine la dévisagea, étonné. Il contrôla son passeport et, l'examinant en silence de la tête aux pieds, lui demanda :

— Avec qui voyagez-vous ? Vous voyagez toute seule ?

— Oui, seule, répondit Ginetta d'un ton assuré.

— Dans ce cas, mademoiselle, je regrette, mais vous ne pouvez pas embarquer; vous êtes mineure et vous ne pouvez pas voyager seule à moins que quelqu'un ne se porte garant pour vous.

— En fait, je ne connais personne, tous mes papiers sont en règle. Au Canada, je suis attendue par ma sœur qui se portera garante pour moi dès mon arrivée. Au consulat canadien à Rome, personne ne m'a dit que je risquais de ne pas pouvoir embarquer.

— Je ne sais que vous dire, mademoiselle, c'est le règlement : vous ne pouvez pas monter à bord si vous n'êtes pas accompagnée. Je vous prie de laisser la place aux autres.

Ginetta resta interdite. Derrière elle, les voyageurs poussaient et elle dut les laisser passer. Elle se mit à l'écart près de l'échelle d'embarquement en priant le ciel de lui apporter une solution, quand un autre officier s'approcha d'elle gentiment et lui mit la main sur l'épaule en disant avec un sourire :

— Écoutez mademoiselle, ce n'est pas bien difficile de résoudre votre problème. Il suffit que l'une des personnes parmi celles qui sont en train de monter accepte de vous accompagner et déclare que vous voyagez ensemble. Vous montrerez votre passeport et nous vous ferons embarquer.

Encore une fois, la solution lui était arrivée du ciel. Et justement, alors qu'elle levait les yeux pour remercier l'officier, son regard croisa celui d'une vieille dame au visage maternel à laquelle Ginetta adressa sa demande.

La dame la rassura en souriant et lui apprit qu'elles pourraient même voyager ensemble jusqu'à Montréal où elle se rendait pour rejoindre ses deux fils qui s'y étaient établis depuis quelques années. Elle était veuve depuis plus d'un an et ne voulait pas rester seule dans son petit village du Frioul; elle avait donc décidé de quitter l'Italie pour aller vivre avec ses fils.

Ginetta la remercia, posa sa valise à côté de celle de sa marraine de voyage et ensemble elles montrèrent leurs papiers et leurs passeports, puis à la question de l'officier d'embarquement : « Mesdames, vous voyagez ensemble ? », elles répondirent par l'affirmative.

Une fois de plus, Ginetta comprit que, dans la vie, la vérité est relative.

Montée sur le pont du bateau avec les autres passagers, Ginetta s'appuya au parapet en attendant le départ.

Le soleil illuminait le port et Ginetta regardait les enfants qui jouaient au ballon sur le quai. Puis, son regard se posa sur les ruelles qui descendaient vers le port, sur les petites maisons rouges et blanches cachées par les fleurs de jasmin, sur les fenêtres où était tendu le linge à sécher; elle essayait de graver dans son esprit le paysage de cette terre qu'elle s'apprêtait à quitter peut-être pour toujours.

Soudain, elle fut distraite par le son prolongé d'une sirène, un grand bruit de chaînes et d'échelles qu'on hisse à bord. Lentement, le bateau prit la mer et l'Italie s'éloigna de plus en plus jusqu'à disparaître à l'horizon.

Ginetta regarda autour d'elle, ses compagnons de voyage étaient déjà descendus dans les cabines et, seule, toujours appuyée au parapet, le regard tourné vers les vagues, elle laissa libre cours à toutes les larmes qu'elle avait jusque là retenues. La nostalgie, la crainte, la peur de l'inconnu lui serraient le cœur, mais désormais il était trop tard pour revenir en arrière. Le bateau s'éloignait lentement vers un pays inconnu et vers une vie nouvelle qui représentaient encore, à ses yeux, une énigme absolue.

Alors, en regardant les étoiles qui brillaient dans le ciel, la jeune fille prononça sa prière habituelle du soir :

— Seigneur, bénis cette nuit et surtout ce voyage. Tout est entre Tes mains, comme toujours, que Ta volonté soit faite sur la terre comme au ciel.

Puis elle descendit dans sa cabine et s'étendit sur sa couchette, mais la tête lui tournait et le mal de mer lui torturait les viscères. C'était la première fois qu'elle naviguait et le roulis du paquebot, ajouté à la chaleur de la cabine, était comme un poids énorme sur son estomac; en même temps, elle sentait, dans sa gorge, un nœud qui l'étouffait.

Pendant les douze jours que dura la traversée, son état de santé ne s'améliora guère et à aucun moment elle ne réussit à profiter de ce premier voyage en mer. Parfois, allongée sur une chaise longue en plein air sur le pont, elle se sentait mieux, mais une douleur constante à la tête l'empêchait de manger.

Finalement, le 28 octobre, une ligne sombre de rochers et de collines se profila à l'horizon. C'était la terre promise !

Ginetta avait vraiment hâte d'arriver, elle savait qu'une fois descendue du bateau, elle se sentirait mieux. Depuis qu'elle était enfant, elle rêvait de la mer; maintenant, par contre, elle avait hâte de marcher sur la terre ferme. Droite sur le pont, appuyée au parapet, Ginetta regardait s'approcher la terre canadienne de la Nouvelle-Écosse.

SŒUR ANGÈLE

Autour d'elle, les émigrants se bousculaient sur le pont pour assister à l'entrée du bateau dans le port d'Halifax et suivre les manœuvres d'accostage au quai 21 où, une fois réglées les différentes formalités et divers contrôles du bureau de l'immigration, ils se dirigeaient vers leur destination définitive.

Chapitre 2

Un étrange pays

Aux yeux d'un Européen, Halifax ne peut certainement pas être considérée comme une belle ville, même si elle est immergée dans une nature riche en couleurs allant du bleu intense de la mer au rouge des feuilles d'érable en automne.

Les maisons sont des cubes de briques rouges avec quelques balcons de bois peints de couleurs variées et ornés de petites colonnes façonnées. Il y a également des maisonnettes en bois qui semblent construites à la hâte. Ginetta contemplait, surprise, ce pays qui se présentait à elle sous un air vraiment triste et pauvre. Elle pensait à celui qu'elle avait laissé là-bas et qui, en comparaison, lui semblait merveilleux.

Plongée dans ces pensées, elle suivit un groupe d'émigrants qui se dirigeait vers un restaurant du port, en attendant de pouvoir régler les formalités d'entrée dans le pays. Le local n'avait pas l'air accueillant et gai comme celui des Bramezza ou d'autres restaurants italiens, même les plus modestes. La tombée de la nuit avait assombri la salle dont l'atmosphère était déjà plutôt sinistre et sordide.

Il n'y avait que quelques tables et des chaises dans un coin près d'une fenêtre, un grand comptoir avec de hauts tabourets boiteux courait tout le long d'une cuisinière en acier inoxydable, séparant la section cuisine de la salle à manger. Un cuisinier de couleur continuait à frire sur une plaque brûlante des boulettes de viande hachée, des saucisses, des œufs et des pommes de terre frites. Une grande cafetière en aluminium munie d'un bec comme un robinet renfermait une boisson noire qu'on appelait café, mais qui était bien loin de ressembler au café que Ginetta connaissait.

Après douze jours de diète forcée, Ginetta avait faim, mais à la vue d'un tel restaurant, son appétit disparut d'un seul coup et son estomac se retrouva à nouveau en proie aux tourments de la douleur.

Une vieille dame posa devant elle une portion de poulet pané flottant dans une mare de sauce rougeâtre qui sentait le brûlé. Ses compagnons de voyage se regardaient, eux aussi, quelque peu stupéfaits; bien que pauvres, ils n'avaient jamais été habitués à une cuisine aussi peu soignée. Une odeur de graisse et de friture régnait dans toute la salle et Ginetta, avec une grimace, mit le plat de côté et resta plutôt perplexe quant à sa décision de devoir vivre dans un pays où l'on ne se soucie aucunement de l'alimentation et où la nourriture ressemblait à ce plat répugnant qu'elle avait sous les yeux.

— Qu'en pensez-vous ?, lui glissa un voisin, amusé de voir le regard dégoûté de la jeune fille. C'était un Italien qui vivait à Toronto depuis un certain temps déjà. Il continua ensuite :

— Ça n'a aucun goût… et dire que nous sommes au Canada, un pays riche et très avancé ! Je pense qu'ici les gens ne savent pas ce que veut dire bien manger. Ils appellent ça du poulet et ces boulettes écrasées sont les fameux hamburgers. Et vous n'avez pas encore goûté aux spaghettis, beaucoup trop cuits, perdus dans une mare de sauce tomate. Les seules choses qui leur réussissent assez bien et qui sont même bonnes sont les frites.

Après ce bref cours d'alimentation canadienne et une fois qu'elle eut avalé deux ou trois bouchées, Ginetta se dirigea vers le bureau d'immigration pour la visite médicale, où l'officier canadien lui tendit sa feuille de laissez-passer, ainsi que les différents papiers canadiens, et la rebaptisa Angie. Puis, sachant qu'elle était déjà attendue à Montréal par sa sœur qui répondait pour elle, il lui indiqua, à la sortie du port, un long train prêt à recueillir tous les immigrants qui se dirigeaient vers bon nombre de destinations différentes au nord-est du Canada.

La mer apportait un vent froid annonçant l'hiver imminent; grelottante, Ginetta boutonna le revers de son petit manteau élégant mais trop léger pour la protéger du souffle glacé qui l'accueillait.

Encore un autre long parcours en train pour traverser une part de l'immense territoire canadien. Blottie contre la vitre, les premières images de cette nouvelle terre d'accueil s'offraient à elle dans ce paysage d'une désolation infinie, de neige et de forêts sombres. Le train filait rapidement à travers d'immenses étendues de sapins; aucun signe de vie n'était perceptible. En vain, Ginetta cherchait du regard les Indiens dont elle avait tant entendu parler.

Contrairement à son voyage en train en Italie où les passagers parlaient, riaient, plaisantaient et s'intéressaient un peu à tout le monde, ici, dans le compartiment canadien, régnait un lourd silence; presque tous somnolaient, emmitouflés dans leurs pardessus trop légers, appuyés contre leurs maigres bagages.

Pendant ces deux longs jours en train, Ginetta eut tout le temps de réfléchir et de prier. Elle pensait à sa famille laissée loin derrière elle, elle pensait aux effroyables épisodes vécus pendant son enfance, mais aussi aux moments heureux, alors qu'elle était toujours entourée de l'amour, de la compréhension et de l'affection d'une mère extraordinaire qui, malgré toutes les difficultés et les misères de la vie, avait réussi à élever ses enfants sereinement, leur inculquant des valeurs de solidarité, de famille, de fraternité et d'aide envers le prochain.

Mais tout cela appartenait désormais au passé. Qu'adviendrait-il d'elle maintenant ? Préoccupée, elle essayait d'imaginer sa vie avec la famille de sa sœur. Comment serait Maria après tant d'années ?

Lorsqu'elle vivait encore à Cavaso, Maria, l'aînée, dirigeait tout le monde, frères et sœurs, avant d'aller au travail. Elle coiffait toujours Ginetta avec d'affreuses nattes enroulées autour des oreilles comme des beignets; Ginetta détestait cela car elles l'empêchaient de bien entendre. Maria s'inquiétait toujours de sa beauté, elle se prenait pour un mannequin. Dès qu'elle en eut l'occasion, elle partit pour la Suisse; puis, de retour au pays, elle épousa un brave ébéniste avec lequel elle partit à Montréal. Ils avaient trois enfants maintenant.

De là-bas, elle avait envoyé un billet et s'était portée garante de sa petite sœur qu'elle avait invitée au Canada afin qu'elle puisse lui donner un coup de main avec sa famille. Ginetta avait accepté de partir, mais maintenant, elle n'était plus aussi sûre de vouloir passer tout son temps à s'occuper de ses neveux.

Elle rêvait d'apprendre le français, elle voulait travailler et gagner son indépendance; elle n'avait certainement pas traversé l'océan pour se soumettre une fois de plus à la volonté des autres. Mais advienne ce que Dieu voudra... priant cette fois-ci sainte Cabrini, protectrice des émigrants, elle s'endormit en murmurant : « Espérons que Montréal soit plus belle qu'Halifax. ».

Un peu avant d'arriver dans la grande métropole, le train s'arrêta longuement et Ginetta eut tout le temps d'observer les longues rangées d'entrepôts et d'usines au-delà desquelles on apercevait des ruelles grises et sales; sur les trottoirs étaient entassés de grands monceaux noirs, blancs ou gris que Ginetta était incapable d'identifier. Elle demanda des explications à son voisin qui allait à Toronto. Elle apprit ainsi qu'il s'agissait des résidus de neige que l'on amassait dans certaines zones de la ville en attendant qu'elle finisse petit à petit par fondre jusqu'à disparaître définitivement avec la chaleur printanière, cédant la place à l'herbe verdoyante.

De la neige ? Et on appelait cela de la neige ! Où était-elle, sa belle neige immaculée dans la splendeur des sommets des Dolomites ?

Le train reprit lentement sa route et, avec un grand bruit de ferraille, il s'enfila dans un long tunnel pour finir sa course en freinant.

— Montréal... Montréal..., entendit-on crier.

Ils étaient finalement arrivés.

Ginetta attendit que tous les passagers soient descendus avant de se décider à bouger. Elle était engourdie par le froid, son petit manteau de laine la protégeait bien peu et le fait de rester assise aussi longtemps lui avait presque paralysé les jambes.

Elle descendit finalement du train avec sa petite valise et se retrouva sous la verrière du quai, au cœur d'une foule pressée qui s'en allait dans toutes les directions. Elle regarda à droite, puis à gauche, cherchant un visage connu, guettant Maria, mais elle ne bougea pas, comme on lui avait recommandé.

Elle resta longtemps debout immobile à attendre, seule dans ce pays étranger, sans comprendre un traître mot de ce qui se disait autour d'elle. Et l'attente se faisait toujours plus longue et angoissante, alors Ginetta se mit à prier. Que faire ?

Comme une automate, le pas lent et incertain, elle sortit de la gare. Personne ne l'avait remarquée et personne ne lui avait adressé la parole.

Dehors, il faisait déjà très sombre même s'il était à peine quatre heures de l'après-midi : à la même heure à Cavaso, on s'assied au café, on se promène sur la petite place en plein soleil et on respire l'air parfumé de moût et de châtaignes rôties sous les derniers rayons de l'été de la Saint-Martin.

Il lui semblait être arrivée dans une ville étrange. Les lampadaires reflétaient une lumière blafarde éclairant des rues très larges qui se croisaient et dessinaient des carrés réguliers de bâtiments tantôt bas, en bois et vieux comme des baraques, tantôt étroits et hauts comme des asperges tournées vers le ciel, tellement élevés qu'ils semblaient chatouiller les nuages. Alors qu'elle les regardait, émerveillée, les yeux rivés au ciel, Ginetta se souvint d'avoir appris à l'école que ces étranges constructions s'appellent des gratte-ciels.

Elle n'avait jamais vu une ville aussi moderne, avec des rues parallèles et perpendiculaires : à vrai dire, elle n'avait connu que les sentiers tortueux des montagnes et avait eu l'occasion de visiter, lors de ses excursions hebdomadaires, les magnifiques villes de la Vénétie avec leurs centres historiques anciens, leurs ruelles qui se faufilent entre palais et châteaux, sans parler de la beauté incomparable de Venise, qu'elle conservait toujours dans son cœur comme un souvenir lointain.

Il lui semblait ainsi avoir atterri sur une autre planète où tout le monde se dépêchait à pied ou en auto. Les gens semblaient très pressés d'aller… mais où ? Et elle, où devait-elle aller ? Elle avait peu d'argent en poche et ne voulait absolument pas le dépenser en prenant un taxi, elle n'était d'ailleurs même pas certaine d'en avoir assez pour se rendre jusqu'à la maison de Maria. Et puis, comment s'adresser au chauffeur de taxi ? Elle ne connaissait pas un mot d'anglais ni de français, elle s'exprimait un peu en italien, mais c'était surtout le dialecte vénitien qu'elle parlait. La tête lui tournait et elle avait l'impression d'être perdue dans cet immense espace tellement étrange.

— Espérons que les Canadiens soient gentils, au moins, murmura-t-elle en se parlant à elle-même et en serrant le col de son petit manteau qui la protégeait à peine du froid de l'automne canadien. Car même si on n'était qu'à la fin du mois d'octobre, le vent glacé qui soufflait sur la ville annonçait déjà un hiver rigoureux, chargé d'abondantes chutes de neige.

Tout à coup, Ginetta vit un homme en uniforme qui lui semblait être de la police. Voilà une solution inespérée ! Aller dans un commissariat de police pour demander de l'aide. Ainsi, instinctivement, elle se mit à suivre cet homme en uniforme qui entra dans une maison blanche, petite et basse, flanquée de deux tours qui semblaient la protéger. Non, Ginetta ne s'était pas trompée, c'était réellement un commissariat et l'homme un uniforme était un officier de police. S'étant rendu compte de la présence de cette fillette, l'air perdue, il lui adressa un sourire accueillant et lui fit signe de s'asseoir. À la voir aussi tremblante, vêtue de son petit manteau de coupe européenne, une petite valise à la main, il avait tout de suite compris qu'il s'agissait d'une nouvelle immigrante qui ne savait où aller.

Depuis la fin de la guerre, la police de Montréal était habituée à aider les nouveaux arrivants perdus dans la grande métropole. À partir de 1946, déjà plus de deux millions d'immigrants étaient débarqués au quai 21 d'Halifax et s'étaient ensuite rendus en train vers les différentes villes canadiennes. Plus de 400 000 s'étaient arrêtés à Montréal où ils continuaient à arriver jour après jour; bon nombre d'entre eux étaient Italiens.

Aimablement, l'officier lui offrit dans un verre en plastique une boisson noire, douceâtre, qu'il avait appelée café. Ginetta, ne pouvant pas refuser, l'avala en cachant son dégoût, mais puisque c'était chaud, ce fut assez pour réchauffer ses mains engourdies et son estomac; cette gentillesse lui fit chaud au cœur.

Elle leva les yeux pour remercier le policier en silence et lui remit une feuille en papier avec l'adresse de Maria.

C'est ainsi qu'elle passa sa première nuit à Montréal, endormie sur la banquette dure d'un commissariat de police.

Chapitre 3
Le Québec : espoirs et déceptions

Le matin, quand Ginetta se réveilla toute engourdie d'avoir passé la nuit sur une banquette dure, elle se trouva face au mari de sa sœur qui avait grand hâte de retourner chez lui car il avait laissé les enfants seuls avec Maria qui pouvait accoucher d'un moment à l'autre.

Ils n'avaient plus eu de nouvelles de Ginetta depuis son départ de Gênes, c'est pourquoi ils ignoraient exactement quand elle arriverait et, vu la condition de Maria, ils ne pouvaient se présenter chaque jour à l'arrivée du train d'Halifax. Ils habitaient loin du centre, au nord de la ville, au-delà du pont Viau qui franchit une rivière, la Rivière-des-Prairies, un nom poétique donné par les Indiens car jadis la rivière traversait des prairies.

La maison se trouvait à la périphérie de Montréal, dans un quartier de maisonnettes en bois, chacune entourée de son jardin : à l'avant un petit pré vert avec l'herbe bien tondue et à l'arrière un petit potager.

Après tant de nuits passées sur une couchette ou un banc dur, Ginetta eut à peine le temps de se reposer et de dormir enfin dans un lit moelleux, car presque tout de suite Maria entra à l'hôpital pour accoucher et confia à sa sœur la tâche de s'occuper de la maison et des enfants. Elle se retrouva ainsi seule entre quatre murs, au beau milieu des pleurs et des caprices de ses petits neveux qui n'obéissaient pas beaucoup à cette inconnue nouvellement arrivée.

Le temps passait rapidement, car il lui fallait remettre de l'ordre dans la maison qui, avec trois enfants, avait toujours l'air d'un champ de bataille. Elle devait ensuite cuisiner, laver, repasser et également s'occuper des petits neveux dont elle avait la responsabilité, puisque leur maman était à l'hôpital et leur papa au travail. Ginetta essayait de leur prodiguer toute son affection, mais ne ressentait, au fond d'elle-même, aucun instinct maternel. Sa sœur avait risqué de mourir en mettant au monde le quatrième enfant; c'est pourquoi, quand elle rentra à la maison, elle eut besoin de repos. De ce fait, le travail de Ginetta augmenta considérablement avec les biberons, les couches et les soins du nouveau-né.

Un jour, sa sœur lui suggéra d'offrir quelques heures de travail bénévole dans un hôpital francophone, une bonne façon d'apprendre le français en étant plongée dans un milieu québécois.

Ginetta ne se fit pas prier. Immédiatement, elle accepta la proposition. Elle pourrait ainsi s'évader pendant quelques heures du milieu familial où elle se trouvait confinée, pour voir et comprendre comment on vivait sur cette terre nouvelle et peut-être aussi tomber sur l'occasion rêvée de trouver un travail indépendant.

Un beau matin, Ginetta partit seule à la recherche de l'Hôtel-Dieu, hôpital francophone historique de Montréal. Ne connaissant pas la ville, elle erra toute la journée d'un autobus à l'autre, en quête de l'hôpital situé au cœur de Montréal.

Quand elle le trouva enfin, c'était déjà le soir. Mais comme l'hôpital est toujours ouvert, Ginetta poussa la porte d'entrée et rencontra une jeune infirmière à laquelle elle s'adressa, sans s'en rendre compte, en parlant son dialecte.

— Pouvez-vous me donner un renseignement ?

— Vous êtes italienne ?, lui répondit l'infirmière.

— Oui.

Et rassurée, Ginetta lui demanda tout de suite à qui s'adresser pour offrir quelques heures de travail bénévole, puisqu'elle souhaitait apprendre la langue parlée au Québec.

L'infirmière, impressionnée par cette jeune émigrante au visage décidé et sympathique, lui répondit gentiment :

Soeur Angèle à 3 ans

Famille Rizzardo, 1947

Café Bramezza, Cavaso del Tomba, 1953

Angiola Rizzardo,
à son arrivée au Québec, 1957

Soeur Angèle 1958

Avec ses parents à Laval, 1959

Dans les années 60

Avec André Paillé, CHRC, 1983

ITHQ, 16 décembre 1989

Avec Guy Boucher, La fourchette d'or, 1984 à 1992

Voyage en Chine, 1996

Avec sa mère, 1998

Idées repas, 2000

Inauguration de la Salle Angèle-Rizzardo à l'ITHQ, octobre 2004

Citoyenne d'honneur de la Ville de Montréal,
octobre 2005

Avec le pape Benoît XVI, 2007

— Malheureusement, nous n'en avons pas besoin en ce moment, mais il existe près d'ici un centre d'aide aux immigrants dirigé par des sœurs canadiennes françaises qui organisent justement des cours de langue française. Je crois aussi qu'elles assistent les nouveaux immigrants en quête d'emploi. C'est à Westmount… Ah ! Voici l'adresse, dit-elle en fouillant dans son sac, 4981, boulevard Maisonneuve ouest… mais je crois qu'il est un peu tard maintenant…

— Merci, j'irai demain, répliqua Ginetta d'un ton décidé.

En rentrant à la maison, alors qu'elle tournait le regard vers le ciel pour remercier Celui qui l'avait protégée, elle fut agréablement surprise à la vue de gros flocons de neige qui tombaient en lui caressant le visage pour se poser ensuite délicatement sur le sol. Il neigea pendant toute la nuit et le matin, quand Ginetta sortit pour se rendre au centre d'aide aux immigrants à Westmount, toutes les rues étaient recouvertes d'un épais tapis blanc qui étouffait tous les bruits.

Silencieusement et lentement, la ville reprenait son rythme quotidien. C'était un jeudi matin et comme tous les jeudis, on organisait au centre un repas pour les nouveaux immigrants. La maison, vaste et spacieuse, était bondée ce jour-là.

Sœur Marie Loyola, la responsable de la communauté, accueillit Ginetta avec un sourire; immédiatement, un courant de sympathie passa entre elles. La sœur fut frappée par cette aimable jeune fille dont le regard souriant exprimait à la fois honnêteté, rigueur et candeur. Ginetta, de son côté, perçut un sentiment d'amitié naissant de la part de cette femme d'un certain âge.

Aussi, elle se sentit d'emblée à l'aise au centre et se lia d'amitié avec une jeune sœur, toute petite et rondelette, qui lui fit visiter la cuisine, la salle à manger et le vaste sous-sol, souvent utilisé comme dortoir pour des familles entières.

Ginetta comprit que son aide bénévole allait être très utile au centre. Elle s'adressa à sa nouvelle amie en s'aidant de signes et de mots puisés à la fois dans son dialecte et dans l'italien, utilisant la seule phrase en français qu'elle savait pour le moment :

— Comprends-tu ?, en espérant que son interlocutrice saisisse l'essentiel.

Ginetta lui offrit son aide pour travailler dans les cuisines; après tout, c'était ce qu'elle savait faire de mieux.

Le centre était une espèce de tour de Babel où les nouveaux immigrants se rencontraient et se liaient d'amitié dans un enchevêtrement de langues : portugais, polonais, grec, arabe parfois, mais rarement anglais ou français. C'est pourquoi on y offrait des cours de langue française organisés par des sœurs très compétentes.

Chaque matin, toujours ponctuelle, Ginetta se présentait au centre. En attendant le début des cours, elle aidait ceux qui en avaient besoin, s'adaptant avec une grande facilité et passant sans embarras de la cuisine à la salle à manger ou à l'accueil.

Un jour, alors qu'elle était à l'entrée, une dame élégamment vêtue de noir sonna à la porte et s'adressa à elle en français :

— Bonjour. Oh, es-tu nouvelle ici ?

Ginetta leva vers elle un regard souriant et interrogateur, car elle n'avait compris que le premier mot :

— Bonjour.

La dame continua en français :

— D'où viens-tu ? Pologne, Russie, Irlande, Écosse ?, en remarquant ses cheveux blonds et ses yeux clairs.

Ginetta ajouta avec orgueil un pays à cette liste :

— Italie !

— Ah ! Une italienne du Nord, je suppose », conclut la dame en italien.

— Je viens de la région de Trévise, une de mes arrière- grand-mères était tyrolienne.

— Mais en voilà une chance ! J'ai justement besoin de toi ! Je cherche quelqu'un capable de faire le service lors d'une réception organisée par la Délégation commerciale italienne, non loin d'ici.

Sans aucune hésitation, Ginetta répondit immédiatement :

— Oui, bien sûr, je peux venir; d'ailleurs, j'ai apporté d'Italie ma tenue de serveuse.

— Tu sais cuisiner ?

— Certainement, je peux même préparer le buffet.

— Parfait, viens demain matin, à huit heures. Voici l'adresse.

Et sans même aller saluer la Supérieure, la dame repartit au consulat italien, satisfaite et convaincue d'avoir trouvé la perle rare.

Madame Cacobardo était française; elle avait épousé le directeur de la Délégation commerciale italienne qui organisait souvent des réceptions pour les fonctionnaires des gouvernements d'Italie et du Québec, ainsi que pour la haute société québécoise. C'était une petite femme brune, simple et très sympathique. Elle tenait Ginetta en grande estime, ayant vite compris qu'elle était de nature docile, intelligente et créative. Elle était convaincue que cette petite jeune fille italienne connaissait parfaitement son travail et démontrait en savoir bien davantage, en matière de cuisine et de service, que toutes les autres serveuses qu'elle avait eues à son service.

Ginetta était infatigable. Satisfaite de son travail, elle ne comptait plus ses heures : après la Délégation italienne, elle se rendait vite au centre d'aide aux immigrants pour aider les sœurs. Il y avait toujours beaucoup à faire : transporter les meubles pour les nouvelles familles, faire la vaisselle, laver les fruits et les légumes, ouvrir la porte, chanter… oui, chanter aussi, car ce n'était qu'au centre qu'elle avait retrouvé le goût et la joie de chanter.

Avec toutes ces tâches, elle était de moins en moins disponible pour aider la famille de sa sœur Maria qui, un soir, à son retour, lui dit :

— Tu as déjà assez de travail auprès de la Délégation italienne et madame Cacobardo te paie convenablement. Chez elle, tu peux très bien apprendre un français parfait. Ce n'est pas nécessaire que tu continues à aller chez les religieuses comme bénévole… S'il te reste un peu de temps, ici, à la maison, on a toujours besoin d'aide. Et puis, on a l'intention d'ouvrir un restaurant; avec ton expérience et tes grandes qualités, tu pourrais nous être d'une aide précieuse.

Ginetta resta surprise et ne répondit pas. Elle n'avait pas du tout l'intention de suivre sa sœur dans ses projets, d'autant plus qu'elle commençait à jouir d'une certaine indépendance; elle n'allait sûrement pas se faire brider de nouveau. Il lui fallait simplement un peu de patience, savoir attendre le moment favorable qui arriverait pour laisser la maison de Maria !

Depuis son arrivée au Québec, elle avait rarement vu le soleil briller. Et s'il arrivait qu'il rayonne dans un ciel sans nuages, il ne réchauffait pas mais se reflétait froidement sur une grande étendue blanche de neige glacée. Ginetta était arrivée à Montréal aux premiers jours de novembre, quand l'hiver s'installe pour régner en maître pendant des mois et des mois.

Avec son climat froid et ses hivers rigoureux, le Canada n'offre certainement pas des conditions propices pour vivre à l'extérieur. Et le rythme de vie toujours trop rapide ne laisse pas beaucoup de temps pour cultiver l'amitié. Ajoutez à cela la volonté de s'établir le plus vite possible pour parvenir à un certain niveau de confort matériel qui pousse de nombreux immigrants à exploiter leurs semblables et même les membres de leur famille les plus proches, sans empathie aucune. C'était une terre sans chaleur où la solitude s'insinue petit à petit jusqu'à devenir égoïsme; un monde où personne ne s'inquiète de son voisin. C'est ainsi du moins que la percevait alors Ginetta.

La nostalgie, les regrets, les souvenirs, les aspirations et les projets de Ginetta n'intéressaient-ils personne ? Étaient-ils toujours destinés à se transformer en rêves brisés ?

Un mur d'incompréhension semblait s'ériger entre elle et la famille de Maria. Cette vie nouvelle qui avait peuplé ses rêves lorsqu'elle avait traversé l'océan n'était qu'une illusion. En proie au découragement et prétextant la fatigue, la jeune fille s'en allait au lit de bonne heure sans répondre aux commentaires de Maria et de son mari.

Avant de se coucher, elle restait parfois devant la fenêtre à observer la neige qui enveloppait la ville. Elle laissait errer ses pensées sur cette immense mer grise et blanche. En quittant sa famille d'Italie, elle était loin d'imaginer qu'elle se retrouverait encore plus enchaînée et entravée par ces liens affectifs qui étouffaient chaque jour davantage ses aspirations. Elle était mineure, bien entendu, et se trouvait donc encore sous la responsabilité de sa sœur, mais pour peu de temps encore, car elle aurait bientôt 18 ans. Une fois majeure, elle pourrait décider librement de son propre destin. Il ne lui restait plus qu'à attendre. Elle aussi avait le droit de suivre son propre chemin, de poursuivre et de réaliser ses propres aspirations.

De toute façon, il n'était pas question de se dérober aux obligations et aux responsabilités familiales, il s'agissait juste de trouver un petit moment pour pouvoir penser à elle-même.

Après de vaines discussions avec Maria et son mari, elle commençait à comprendre ce que sa mère lui avait toujours enseigné : prudence dans les réponses, tact et diplomatie dans la façon d'agir pour ne pas blesser, mais sans pour autant se laisser intimider ou opprimer par la volonté des autres.

On était en février, un mois particulièrement pénible à cause de son rude climat. Le vent froid soufflait sur la ville et soulevait la neige en formant d'énormes tourbillons de poudreuse : difficile de supporter la vie en hiver, le premier hiver canadien pour Ginetta.

Rien ne peut échapper à cette étreinte glaciale et dangereuse qui enveloppe tout d'un blanc manteau de cristal. Maisons, voitures, ponts, rues, tout est recouvert d'une épaisse couche de glace.

À la lumière du jour, la beauté du paysage a quelque chose d'irréel, de fantastique. Les branches des arbres qui s'élevaient avant comme des bras squelettiques vers le ciel sombre sont maintenant enveloppées d'une gaine de glace et ressemblent à de délicats bras de verre qui tintent au moindre souffle. Les vitres des fenêtres sont brodées de fleurs de givre, les sapins brillent d'un vert cristallin sous les rayons du soleil qui jouent avec les perles de glace délicatement posées sur leurs branches.

Devant cette beauté étrange et surréelle, Ginetta resta stupéfaite. Elle n'avait jamais vu une nature aussi belle, emprisonnée dans autant de glace. Elle-même se sentait également transformée en statue de glace, immobile, incapable d'agir promptement comme elle en avait l'habitude, figée sans pouvoir choisir le chemin le plus sûr. C'était comme si son cœur, transi, l'empêchait de sentir l'ardeur de cette implacable flamme d'amour qui l'avait toujours poussée à aider les autres.

Elle se sentait terriblement seule. Richetta, sa maman, lui manquait. Sa tendresse, ses mots d'encouragement et de réconfort, sa confiance en la Providence, son inébranlable foi en Dieu… Ce n'est qu'auprès des sœurs du centre d'accueil qu'elle avait réussi à retrouver cette bienveillance qui lui rappelait sa mère.

Son rêve d'entrer au couvent était toujours là, caché au plus profond de son cœur. Pour le moment, il s'était brisé contre un mur d'incompréhension, issu des discussions inutiles avec Maria qui ne pouvait en croire ses oreilles et qui jugeait une telle décision stupide. En tant que sœur aînée, elle estimait qu'elle ne pouvait lui permettre de poser un tel geste car, après tout, Ginetta était encore mineure…

De tels propos lui rappelaient son père. Il lui semblait encore entendre ses mots quand, huit mois plus tôt, il avait voulu l'empêcher de partir au Canada.

Maintenant, devant ce spectacle d'une rare beauté, cette nature étincelante au soleil et emprisonnée sous une couche de glace, Ginetta fermait les yeux, savourant l'atmosphère étrange qui l'entourait, respirant à pleins poumons l'air glacial qui la paralysait toute entière. Elle était pourtant loin de vouloir se sentir prisonnière : elle aspirait à la liberté, liberté de décider de son propre destin, tout en sachant qu'il était inexorablement guidé par la Divine Volonté.

Une lumière étrange semblait sortir des entrailles de la terre et glisser d'arbre en arbre, se reflétant sur les vitres des gratte-ciel, pour monter ensuite vers le ciel. C'était un spectacle d'une beauté surprenante. Ginetta, qui avait toujours cru fermement en la beauté du monde, resta éblouie devant tant d'éclat. Il lui semblait que toute cette lumière était justement là pour lui indiquer le chemin à suivre.

Était-il temps pour elle de changer de vie ? Elle se souvint des mots bénis de son cher patriarche, alors que la lumière vive, filtrée par les vitraux violets, inondait le salon vénitien et illuminait le doux visage de Don Roncalli comme celui d'un saint : « Lorsque l'on obéit à la voix de son propre cœur, on ne peut se tromper… ».

Ainsi, tremblante de froid et d'émotion, au lieu de se rendre comme d'habitude à la Délégation commerciale italienne, elle s'arrêta devant la porte ouverte de l'église de Westmount. Elle entra et, dans le silence, elle se mit à prier et à méditer.

Ginetta avait toujours su trouver une solution à ses problèmes dans le silence de la prière. Mais pourquoi, se demandait-elle, la vie est-elle aussi difficile ? Comment vais-je faire pour quitter la maison de ma sœur sans provoquer sa colère ?

Elle avait toujours souhaité avoir une vie sereine et voilà qu'elle se retrouvait maintenant à devoir lutter contre le vent adverse d'une volonté opposée à la sienne.

Agenouillée devant la statue de la Sainte Vierge, elle éclata en sanglots. Des larmes longtemps retenues révélaient maintenant toute l'angoisse qu'elle portait en elle. Là, aux pieds de Marie, la tête cachée dans les mains, tressautant à chaque sanglot, un petit être gisait, perdu dans l'immensité.

Silencieusement, le curé de la paroisse qui l'observait déjà depuis un moment, s'approcha d'elle et lui posa délicatement la main sur l'épaule en disant :

— Mademoiselle, que vous arrive-t-il ? Puis-je vous aider ?

Au son de cette voix tranquille, Ginetta leva son visage en larmes et, en soupirant, elle prononça une phrase entrecoupée de sanglots. Elle réussit à se faire comprendre :

— Je ne veux plus rentrer à la maison, je préfère rester ici et me réfugier dans l'église.

Le prêtre prit son visage entre ses mains et essuya délicatement ses larmes en disant :

— Mais je te connais. Tu es Ginetta, la petite italienne dont sœur Marie Loyola m'a tant parlé. Tu viens souvent prier ici. Je ne te demande pas la raison d'un tel accablement, tu dois certainement avoir beaucoup de peine, peut-être devrais-tu te confier à sœur Marie. Tu verras, elle saura trouver la meilleure façon de t'aider.

Aussitôt, il téléphona à sœur Marie Loyola qui ne tarda pas à arriver et qui accueillit affectueusement Ginetta dans ses bras maternels.

Sœur Marie comprit tout de suite que si sa protégée s'était réfugiée dans l'église en pleurant, c'est qu'elle devait avoir de bonnes raisons pour quitter la maison de sa sœur. C'était assez pour l'accueillir au centre.

Et sœur Marie appela également la sœur de Ginetta pour lui dire de ne pas s'inquiéter puisque Ginetta vivrait dorénavant au centre d'accueil.

Chapitre 4

Noël au Québec

Désormais, Ginetta faisait partie intégrante de la communauté des sœurs du Bon-Conseil de Montréal. Elles l'appelaient par son prénom francisé, Ginette.

Et Ginette par-ci, Ginette par-là, elle était très populaire, comme au temps du Café Bramezza, tout le monde avait besoin d'elle, des services de cette petite Italienne toujours souriante et disponible. Son travail devenait de plus en plus intéressant et attachant.

À l'époque, vers la fin des années '50, le mariage par procuration et par correspondance était une pratique très répandue. Certains Canadiens épousaient des jeunes filles pauvres originaires d'autres pays, souvent européens, là où la guerre avait laissé des séquelles de pauvreté et de misère. Dans d'autres cas, c'étaient les immigrants eux-mêmes qui, par correspondance, désiraient épouser une jeune fille de leur lointain pays.

Ainsi, on s'écrivait, on s'envoyait des photos et on pouvait convoler en justes noces sans s'être jamais rencontrés. Toutefois, ce n'était qu'après le mariage que la jeune épouse pouvait quitter son pays et entrer officiellement au Canada pour rencontrer cet inconnu, devenu son compagnon pour la vie. Beaucoup de ces jeunes femmes étaient accueillies au centre des sœurs du Bon-Conseil de Montréal et Ginetta intervenait toujours auprès des jeunes filles italiennes, elle les accueillait dans leur propre langue en agissant comme interprète, même si elle connaissait à peine un peu de français. Elle était brillante et vive d'esprit, ce qui lui permettait de comprendre immédiatement le sens du discours. Même sans connaître exactement tous les mots en français, elle réussissait très bien à aider, conseiller et réconforter en italien.

Elle recueillit ainsi bien des confidences, bien des larmes, issues des déceptions qui suivaient parfois la première rencontre entre les époux, si bien qu'avec le temps, elle devint de plus en plus réfractaire au mariage.

Ginetta travaillait avec tellement d'entrain qu'elle ne s'apercevait même pas que les longues journées d'hiver tiraient à leur fin et que la belle saison prenait la relève.

À Montréal, ce n'est pas un vol d'hirondelles autour des clochers qui annonce le printemps, ni le parfum des primevères et des mimosas dans les jardins. La terre est encore humide et la neige qui fond laisse entrevoir des mottes de terre recouvertes de frêles brins d'herbe; quelques timides perce-neige immaculées fleurissent près des crocus colorés. Des monticules noirs et gris, derniers résidus de neige sale, fondent au soleil, laissant les rues boueuses et sales. Le froid tarde à partir.

Pour Ginetta, cette période n'était rien d'autre que la suite de l'hiver. Le printemps était encore loin. Elle n'avait d'ailleurs guère le temps de s'en apercevoir ni même de souffrir de nostalgie en se souvenant du lointain printemps italien puisque son travail et sa popularité augmentaient de jour en jour. En effet, grâce une fois de plus au soutien de madame Cacobardo, elle fut demandée à Radio-Canada pour faire des annonces publicitaires en italien afin de recruter du personnel spécialisé dans le secteur de la construction.

C'étaient les années de l'après-guerre, la population québécoise augmentait de jour en jour vu le grand nombre d'émigrants qui affluaient. Il fallait alors construire le pays tout entier. On avait besoin de maisons, d'immeubles, de gratte-ciel, de rues, d'autoroutes et de voies ferrées. La Compagnie du Canadien Pacifique allait réaliser un grand rêve : celui de relier les deux océans par une longue voie ferrée qui traverserait tout le territoire canadien.

On était donc en quête de main-d'œuvre et d'ouvriers venus d'Europe. Parmi eux, les Italiens étaient réputés être des spécialistes en construction, ils étaient donc très recherchés. Mais pour s'adresser à eux, il fallait savoir parler italien ou employer un interprète. C'est pourquoi Ginetta se retrouva là, sur les ondes de la radio, avec sa belle voix cuivrée.

Enfin, après un hiver particulièrement rigoureux, suivi d'un printemps froid et peu fleuri, d'un seul coup, tout s'épanouit hâtivement sous les rayons chauds du soleil. Les arbres se recouvrirent d'un beau feuillage, les maisons s'entourèrent de gazon vert et l'on passa presque instantanément d'un paysage d'une blancheur éblouissante à une terre habillée d'un vert éclatant. Les maisons, tirées elles aussi du long sommeil hivernal, ouvrirent grand leurs fenêtres pour laisser entrer un air vivifiant.

Mais il fallut attendre les grandes chaleurs du mois de juillet pour entendre le chant des cigales. Ginetta croyait alors respirer les anciens parfums d'herbes sauvages et les fleurs des sous-bois des montagnes de son pays.

On approchait du 10 août et elle allait bientôt être majeure, elle n'aurait plus à subir aucune ingérence de la part de sa famille. Sa vie passée, son pays lointain, sa famille laissée derrière elle et celle retrouvée, tout cela ne l'influencerait plus; elle pourrait réfléchir sérieusement et prendre une décision définitive.

La nuit du 10 août, nuit de la Saint-Laurent, Ginetta scruta le ciel, comme autrefois, pour observer les étoiles filantes et formuler un vœu.

Elle comptait sur saint Laurent pour l'exaucer : après tout, 18 ans plus tôt, il avait été témoin de sa naissance ! Maintenant qu'elle se trouvait dans cette ville traversée par le grand fleuve qui portait son nom, elle lui demandait de l'aider et de lui montrer le chemin à suivre.

Au fond de son cœur, Ginetta avait un souhait, un rêve à réaliser : trouver une petite maison, la meubler et inviter sa chère maman à la rejoindre, ainsi que son papa et ses frères restés à Cavaso. Sans vouloir se l'avouer, sa mère et tous les siens qui vivaient si loin d'elle lui manquaient beaucoup, surtout dans les moments les plus difficiles. Les rapports avec sa sœur Maria s'étaient détériorés et, même si la bienveillance des religieuses lui était d'un grand réconfort, Ginetta souffrait de l'absence d'un milieu familial.

Son rêve lui donnait la force de continuer sur son chemin : c'est pour cela qu'elle travaillait sans ménager ses efforts, sans songer à la fatigue, économisant un dollar à la fois… Elle se disait que sa mère, reine dans l'art de ramener l'harmonie et la sérénité au sein de la famille, allait peut-être réussir à adoucir les relations entre sœurs, une fois la famille installée à Montréal.

Pour son anniversaire, Ginetta réussit à se mettre en contact téléphonique avec sa maman en appelant au bureau du Café Bramezza. Elle lui confia alors son plus grand désir.

— Chère maman, lui dit-elle, vous devriez tous venir ici, la ville est très grande et il y a de la place pour tout le monde, chacun vit dans le respect de l'autre, quelle que soit sa race. Ne vendez rien, faites vos valises et montez à bord du premier bateau qui part pour Montréal. Si ça ne vous plaît pas et si vous ne réussissez pas à vous habituer à ce pays, vous pourrez toujours repartir, mais vous aurez au moins essayé. Tâchez de venir…

La conversation fut interrompue par un sanglot.

Richetta perçut dans ces mots toute la nostalgie de son enfant; elle comprit que, même sans le dire, sa petite fille avait besoin de son soutien, comme autrefois quand elle se réfugiait dans son coin favori, caché au cœur du bois de la Madonna del Covolo. Maintenant elle, sa mère, ne voulait pas la décevoir. Elle lui répondit avec un filet de voix :

— Nous verrons, j'en parlerai à la maison, qui sait ce que dira ton père et ce que diront tes frères… Il faut que je trouve le bon moment pour essayer de les convaincre.

Ginetta caressait depuis longtemps cet espoir et maintenant qu'elle était majeure, elle pouvait parrainer sa famille au Canada et se porter garante pour elle.

Sœur Marie Loyola accepta d'aider sa protégée et commença à préparer les papiers nécessaires. Entre-temps, Ginetta trouva dans le même quartier de banlieue que sa sœur, à Laval, une maison assez grande pour accueillir ses parents avec sa petite sœur et peut-être même ses trois frères. Armée d'un enthousiasme débordant et forte de l'appui inconditionnel des religieuses, elle se procura de beaux meubles d'occasion pour garnir la maison et la rendre accueillante. À leur arrivée, ses chers parents ne devraient éprouver aucun regret. Ginetta savait très bien qu'ils quittaient leur propre terre; or, changer de pays et d'habitudes à leur âge pouvait être très douloureux et difficile, il ne devait alors y avoir que des larmes de joie pour les accueillir !

Finalement, au mois de décembre, le jour tant attendu arriva, comme un cadeau de Noël.

Le froid à cette période de l'année est intense et chaque soir, Ginetta allait à la gare, toute tremblante d'émotion, le cœur battant la chamade. Elle se souvenait de son arrivée et de son désarroi, un an plus tôt, toute seule, perdue dans cette grande gare. Elle ne voulait pas que sa famille se retrouve dans la même situation, elle se rendait donc à la gare depuis plusieurs jours pour attendre l'arrivée du train d'Halifax. Entre temps, elle décorait la maison et se préparait à organiser un somptueux repas de Noël aidée de sa sœur Persilla qui, pour l'occasion, était venue de Toronto où elle s'était établie.

Ce serait leur premier Noël en terre québécoise. Lors de cette fête importante, elle s'était dit qu'elle allait tout faire pour que la joie et la sérénité soient au rendez-vous; il en avait toujours été ainsi, même pendant les périodes de guerre et de misère.

Au Canada comme ailleurs, tout le monde participe à la frénésie de Noël. Les maisons sont parées de guirlandes lumineuses multicolores qui se reflètent sur la neige blanche. Dans les rues, on vend de grands sapins pour égayer l'intérieur des maisons et, dans les magasins, les vitrines exposent des scènes de Noël pour la plus grande joie des petits et des grands. À chaque coin de rue, un gros Père Noël accueille, sur ses genoux, les enfants qui lui confient secrètement leurs souhaits à l'oreille. De leur souhaits; de leur côté, les bénévoles pour les œuvres de charité entonnent des chants traditionnels afin de recueillir des offrandes destinées à réjouir le Noël des plus démunis.

Dans cette atmosphère spéciale qui pousse tous les hommes de bonne volonté à aimer les plus pauvres, Ginetta se sentait elle aussi transportée par autant d'amour : elle voulait que ce premier Noël où la famille serait rassemblée dans un pays étranger soit inoubliable.

Pendant la messe de la veille de Noël à laquelle elle avait assisté au couvent, après la Sainte Communion, une petite voix intérieure lui avait fait comprendre que désormais elle était tout à fait prête à s'aventurer seule sur les chemins du monde, tout comme elle était capable de s'orienter dans les grandes artères de la ville. Et elle se trouvait là, maintenant, dans l'immense gare de Montréal, attendant son plus beau cadeau de Noël.

Enfin, le train tant attendu entra en gare, freina dans un grand grincement sur les rails et s'arrêta.

Au cœur du grand désordre qui régnait parmi les passagers, Ginetta, impatiente, commença anxieusement à chercher des yeux sa famille et son regard croisa celui de Richetta, sa maman, enfin !

Cette mère qui lui avait tant manqué se trouvait juste devant elle maintenant. Elle descendait du wagon le sourire aux lèvres et le cœur joyeux, malgré la fatigue et le froid. Angelo la suivait, pâle, fatigué, le visage émacié et l'estomac à l'envers après toutes ces heures de navigation. À le voir aussi silencieux et chancelant, Ginetta se souvint de son retour à la maison, la veille d'un lointain Noël, pendant la guerre… Mais l'heure n'était certainement pas aux souvenirs douloureux ! Flora, Giuseppe et ses autres frères étaient là, Ginetta courut à leur rencontre les bras grands ouverts comme pour les serrer tous en une seule grande étreinte.

Un an seulement s'était écoulé depuis qu'ils s'étaient quittés, mais pour Ginetta cela équivalait à une éternité.

Un taxi les emmena jusqu'à leur nouvelle demeure. En entrant, une chaleureuse atmosphère les accueillit : dans la cheminée, au fond du petit salon, crépitait une grosse bûche qui remplissait l'air d'une odeur de résine et de bois; à côté se dressait un arbre de Noël tout décoré de pommes de pin dorées, une étoile étincelante à son sommet; de la cuisine s'échappait un parfum de dinde rôtie.

Touchés et émus de se retrouver enfin tous ensemble autour d'une table copieusement garnie de bonnes choses, les yeux écarquillés d'étonnement, ils prirent place autour de la table pour leur premier repas de Noël au Canada.

Ginetta demanda à son père de réciter le bénédicité, comme autrefois. En se souvenant des Noëls passés, ils éprouvèrent tous un serrement à la gorge, en pensant à Maria, absente ainsi que sa famille, à Antonio au loin en Australie et à Alberto qui n'avait pas pu quitter l'Italie à cause du service militaire.

Mais bien vite la joie prit le dessus; la chaleur de la nouvelle maison, le succulent repas et le bonheur d'être réunis combla leurs cœurs. C'est alors qu'un chant de montagne s'éleva entre les quatre murs de la pièce, guidé par la voix limpide et éclatante de Ginetta, heureuse de retrouver les notes qui lui étaient si chères.

Chapitre 5

La vision sacrée

Avec l'arrivée de sa famille à Montréal, Ginetta dut laisser, un peu à contrecœur, le centre d'accueil des religieuses pour se rapprocher des siens. Comme elle l'avait tant espéré, sa maman réussit à faire renaître la paix au sein de la famille et à renouer les rapports avec Maria, son mari et ses enfants.

Richetta était heureuse d'avoir de temps en temps ses petits-enfants auprès d'elle. Ils l'amusaient avec leurs jeux innocents et leur drôle de façon de parler, mêlant le dialecte vénitien, le français et l'anglais. En même temps, chacun essayait de découvrir les charmes de cette grande métropole et de trouver du travail. En premier lieu, il était nécessaire de parler la langue du pays et tous les frères de Ginetta s'inscrivirent au cours de français pour immigrants.

Ainsi, le rêve de Ginetta était en train de se réaliser car les Rizzardo de Angelo étaient désormais presque tous réunis à Montréal. Il ne manquait qu'Antonio et Alberto.

Après la période des fêtes, les nouveaux venus commençaient à s'habituer à la vie montréalaise; Ginetta les avait guidés et aidés comme elle pouvait tout en continuant son travail à Radio-Canada, auprès de la Délégation commerciale et au centre d'accueil pour les immigrants.

Le moment était venu maintenant de penser à elle-même et elle se demandait ce qu'elle allait bien pouvoir faire de sa vie. Elle excluait le mariage; par contre, elle s'était toujours sentie attirée par la vie de religieuse et sa spiritualité, même si elle n'était pas tout à fait certaine de cette voie.

Un soir, seule dans la petite chambre qu'elle partageait avec Flora, elle était toute absorbée dans ses réflexions sur son avenir. Tout d'un coup, il lui sembla que les rideaux de la fenêtre bougeaient, alors qu'il n'y avait pas un seul souffle de vent dans la pièce. Intriguée, elle plissa les yeux pour mieux voir et il lui sembla apercevoir avec netteté, comme dessiné sur le rideau, le visage ensanglanté du Christ sur la croix qui l'observait en souriant.

Surprise et fascinée, elle se frotta les yeux pour s'assurer qu'elle ne rêvait pas.

Elle en était sûre ! Elle avait vraiment vu le visage du Christ. À ce moment-là, elle avait ressenti dans son cœur la même joie que lorsqu'elle priait aux pieds de la Madonna del Covolo. Une chaleur intense l'envahit et elle sentit un courant d'amour qui lui traversait le corps et la faisait trembler. Ginetta n'aurait jamais pu partager ce qu'elle ressentait car on l'aurait prise pour une folle ou une illuminée… Mais pour elle, cette apparition soudaine était une réponse à toutes ses incertitudes. Elle tomba à genoux devant la fenêtre ouverte et se mit à prier :

— Sainte Croix, Sainte Croix, c'est la grâce du Seigneur qui décide, c'est Sa volonté, que Sa volonté soit faite sur la terre comme au ciel.

Au même instant, elle vit le visage du Christ qui lui souriait. Enfin, elle avait trouvé son Amour, son Époux pour toujours !

Elle ne parla jamais à personne de cette vision et de la décision qu'elle avait prise, pas même à sœur Marie Loyola, sa confidente la plus chère.

Comme une adolescente qui souhaite garder secret son premier amour, personne ne sut jamais que ce soir-là Ginetta prit la décision définitive d'entrer au couvent. Il est vrai que cette idée lui trottait dans la tête depuis un certain temps déjà, mais là, elle se sentait sûre de son choix.

Son amour, elle voulait le prodiguer à pleines mains à qui en avait besoin, aux pauvres, aux déshérités, à tous ceux qui pour une raison ou pour une autre vivaient en marge de la société. La vague d'amour qui submergeait son cœur devait pouvoir se répandre sur les sols arides pour les faire renaître à la vie, à la foi et à l'espérance.

Le lendemain matin, assise près de la fenêtre de l'autobus qui la conduisait au boulevard Maisonneuve pour commencer sa journée par quelques heures de bénévolat au centre d'accueil, elle s'efforçait d'imaginer sa vie au couvent. Elle savait que les sœurs du Bon-Conseil de Montréal œuvraient dans le milieu des immigrants et qu'elles étaient engagées dans l'action sociale. Cela correspondait parfaitement à ce qu'elle voulait faire.

Si Ginetta décidait d'entrer définitivement dans la communauté des sœurs du Bon-Conseil, elle se rendrait ainsi utile à la société et continuerait à faire ce qu'elle avait toujours fait dans la vie : aider son prochain à sa manière et en même temps continuer ses études.

Étudier, approfondir ses connaissances, tout en aidant les déshérités, telle était la nature de son dernier rêve secret, son désir profond.

Elle était certaine de pouvoir trouver sa place au sein de la communauté selon ses propres aspirations et capacités.

L'institut Notre-Dame du Bon-Conseil n'était pas un couvent traditionnel comme ceux que Ginetta connaissait en Italie. Il s'agissait, en fait, du premier couvent moderne au Québec qui choisit une vocation sociale et se préoccupa notamment de la condition féminine. La fondatrice, Marie Gérin-Lajoie, avait vécu depuis son enfance dans un milieu très ouvert aux idées plutôt progressistes et féministes. Sa mère était une catholique qui militait dans le mouvement pour la libération de la condition féminine et s'était battue au début du siècle dernier pour le droit de vote des femmes.

Suivant l'exemple d'une mère aussi engagée en matière de justice sociale et d'indépendance féminine, Marie Gérin-Lajoie acheva toutes ses études en 1911 et devint la première femme québécoise au Canada à obtenir un diplôme universitaire. Se trouvant dans l'impossibilité de continuer ses études, elle devint autodidacte en sciences sociales et suivit des cours en 1918 à l'Université Columbia de New York. À son retour à Montréal, elle consacra son temps à aider les familles dans le besoin et jeta les bases de son œuvre sociale, notamment auprès des femmes.

Nous sommes donc au début des années '20. Au Québec, les femmes pauvres et privées de ressources financières ont la vie dure; beaucoup d'entre elles doivent affronter non seulement misère et pauvreté, mais aussi les critiques malveillantes d'un milieu religieux parfois hypocrite, surtout lorsqu'elles doivent élever leurs enfants seules parce qu'elles ont été abandonnées ou exploitées par leur conjoint. Les femmes de la bourgeoisie ne peuvent accéder aux études supérieures, ni même être propriétaires. Les femmes mariées n'ont pas le droit de posséder un compte en banque; pour elles, les possibilités d'atteindre un certain niveau d'autonomie sont évidemment très réduites. Les femmes, en majorité, sont mères de familles nombreuses, de huit ou dix enfants au moins. Leur vie est entièrement dédiée à leur famille et elles doivent s'estimer heureuses quand leur mari est honnête et travailleur car bon nombre d'entre elles se retrouvent malheureusement maltraitées et exploitées par un mari brutal.

Témoin de cette situation, Marie Gérin-Lajoie se révolte. Digne fille de sa mère, elle rêve d'aider ces femmes pour qu'elles prennent conscience de leur propre valeur et trouvent le moyen de se libérer de cette lourde soumission en conquérant leur indépendance.

À cette époque, une jeune femme ne peut vivre de façon indépendante car son destin est déjà tracé : il faut qu'elle se marie ou qu'elle prenne le voile. Consciente de ne pouvoir mener cette bataille toute seule, Marie Gérin-Lajoie fonde en 1923 l'Institut Notre-Dame du Bon-Conseil à Montréal, une communauté religieuse consacrée à l'apostolat social.

S'inspirant des idées de certains de ses amis, pères de l'ordre des Jésuites, elle suit les enseignements de saint Ignace de Loyola.

En 1931, le couvent des sœurs commence à offrir des cours d'assistance sociale; sœur Marie est convaincue que la promotion des droits des femmes passe nécessairement par la formation intellectuelle, sociale et chrétienne.

En 1939, l'université francophone de Montréal, suivant son exemple, inaugure la première faculté de sciences sociales au Canada, confiant à sœur Marie Gérin-Lajoie l'organisation et la planification des cours.

Cette femme, bien que religieuse, devient ainsi une grande pionnière dans le domaine social et dans la fondation d'écoles de formation orientées vers les services sociaux. Elle est fondatrice et directrice d'un institut religieux moderne, résolument tourné vers l'avenir.

Dans les années '50, l'Église catholique au Québec joue un rôle très important qui influence la vie de tout un peuple. Sous cet aspect, l'Italie et le Québec se ressemblent beaucoup; la seule différence étant que certaines religieuses au Québec, conscientes des difficiles conditions de vie des femmes, ont déjà décidé d'agir, même en dehors du monde monastique qui cache parfois hypocritement ses propres intérêts sous une cause religieuse.

C'est pour cela que l'institut de Marie Gérin-Lajoie se différencie de tous les autres : sa mission chrétienne est de promouvoir l'indépendance des femmes pour qu'elles puissent enfin retrouver leur dignité en se libérant du joug du mépris et de la pitié des organisations caritatives.

Ces idées et cette nouvelle ferveur enthousiasmaient Ginetta; elle y voyait une forme d'accomplissement en tant que femme, indépendamment de la vie d'épouse ou de mère.

Désormais, grâce à madame Cacobardo, presque toutes les ambassades et les consulats la connaissaient et appréciaient son travail impeccable, sa gaieté, son sourire radieux et son empressement constant.

Sa famille s'était assez bien adaptée et pouvait très bien se débrouiller toute seule. De son côté, Ginetta ressentait de plus en plus intensément l'appel de la vie religieuse et l'esprit de la communauté du Bon-Conseil correspondait parfaitement à ses idées.

Elle souhaitait faire don de sa vie entière et de sa virginité à Jésus, à ce Dieu fait homme pour le salut du monde, à cet unique Époux divin qui ne l'abandonnerait jamais.

Elle souhaitait suivre les pas de sœur Marie Loyola dont l'instinct maternel la fascinait lorsqu'elle accueillait les plus démunis.

Elle était convaincue de pouvoir se rendre très utile en aidant les immigrants puisque, étant elle-même immigrante, elle connaissait bien toutes les difficultés et les angoisses qui accompagnent l'aventure du déracinement.

De plus, elle ressentait fortement le sentiment d'amitié filiale qui la liait à sœur Marie Gérin-Lajoie. Dès leur première rencontre, un courant de sympathie était passé entre elles. Elles avaient toutes les deux un tempérament joyeux et positif et elles étaient toutes les deux animées par la même ferveur et les mêmes idéaux.

En parlant amicalement avec elle, Ginetta avait pu comprendre que toutes les novices et les sœurs s'épanouissaient dans la communauté; toutes voyaient leurs talents valorisés par la Mère Supérieure qui essayait de découvrir en chacune la meilleure voie pour suivre sa vocation.

Assez! Elle avait assez pensé, assez analysé! Sa décision définitive était prise.

Alors qu'elle descendait de l'autobus, un sourire illuminait le visage de Ginetta, ses yeux n'étaient plus sérieux et pensifs, mais rieurs et brillants.

Arrivée au couvent des sœurs du Bon-Conseil, elle sonna gaiement à la porte. Même le nom de la communauté lui semblait déjà être un heureux présage.

Chapitre 6

Le couvent

Pas l'ombre d'un doute dans l'esprit de Ginetta : elle devait entrer au couvent, mais sans tarder, car cette décision devait être mise en œuvre avant qu'un autre empêchement ne survienne. De plus, il lui fallait préparer le terrain pour annoncer la nouvelle à la famille.

Ce qui l'inquiétait le plus était l'idée d'avoir à affronter la résistance de son père. Ginetta savait que tôt ou tard il aurait fini par céder grâce à sa chère maman qui l'aurait sans doute convaincu, mais dans un premier temps sa réaction allait certainement être négative. Elle se souvenait très bien de sa sévérité : « Non. Tu n'iras jamais aussi loin ! ». Elle n'avait pas oublié la façon dont il l'avait saluée avant son départ, contrarié comme il l'était par la décision qu'elle avait prise. Mais c'était sa vie à elle et il fallait qu'elle réalise le rêve qu'elle cultivait dans son cœur, sans même le savoir, depuis sa plus tendre enfance : celui de pouvoir soulager, un jour, les blessures et les souffrances humaines. Elle avait été témoin de la douleur sous sa forme la plus impitoyable infligée aux hommes par les guerres, l'égoïsme, la haine et la violence. Ce nouveau pays où elle avait immigré, le Canada, s'était bâti autour de valeurs de solidarité et de collaboration pacifique entre les différentes races. Elle, le cœur débordant d'amour, souhaitait accomplir sans réserves la volonté de son seul Époux, qui la voulait messagère de paix et de sérénité.

De son cœur et de son âme jaillissait l'eau cristalline de la source des « trois creux » aux pieds de la Madonna del Covolo, là où enfant, elle allait se réfugier dans le silence des bois. Elle souhaitait maintenant offrir à pleines mains cette eau désaltérante qui revigore le corps, rafraîchit l'âme et redonne l'espoir d'un monde meilleur.

La vague d'amour qu'elle sentait monter en elle l'éloignait de tous les désirs terrestres. C'était un amour profond et les biens de ce monde ne suffisaient pas à étancher la soif de son esprit; son détachement des biens matériels lui procurait une grande sérénité et le désir de s'élever toujours davantage vers le ciel.

Elle se souvenait des conversations lointaines et des promesses faites à son cher ami d'enfance trop vite disparu, Niko, qui veillait sans doute sur elle de là-haut en lui indiquant le chemin à suivre. Ensemble, depuis qu'ils étaient petits, ils avaient cru à la diversité, à la justice sociale, à l'égalité, et c'étaient ces idéaux qu'elle souhaitait intégrer dans sa vie. En rejoignant la congrégation du Bon-Conseil, tout ce qu'elle offrirait humblement ne serait pas perdu, mais irait au contraire s'ajouter à des milliers d'autres gouttes pour former ensemble un grand fleuve de bonté et de charité.

Vers la fin du mois de février, deux mois seulement après l'arrivée de sa famille à Montréal, elle prit son courage à deux mains et un soir, alors qu'ils étaient tous rentrés et qu'ils se trouvaient réunis autour de la table de la cuisine pour le souper, elle annonça la décision qu'elle avait prise.

La nouvelle eut l'effet d'une bombe, laissant tout le monde bouche bée dans la stupéfaction et le silence.

— Non, non, ce n'est pas possible, protestaient en chœur ses frères. Tu nous as tous fait venir jusqu'ici pour ne pas te sentir seule peut-être, pour que la famille soit réunie et là, tu pars t'enfermer dans un couvent ! Non, mais ce n'est pas sérieux ?

Chose inattendue, le père de Ginetta ne dit mot, essayant au contraire d'apporter un peu de calme dans cette avalanche de critiques et de pleurs déclenchée par la déclaration de Ginetta.

— C'est difficile à croire !, dit son père. Mais vous n'avez pas à vous inquiéter, de toute façon, elle n'y restera pas longtemps, avec le caractère qu'elle a, elle ne pourra jamais supporter la discipline rigide du couvent.

S'adressant ensuite à Ginetta avec un sourire ironique :

— Les sœurs elles-mêmes, après une période d'essai, te renverront chez toi. Alors tu peux bien faire ce que tu veux, je ne m'y opposerai pas... je sais que tu reviendras.

Ginetta, répondit d'une toute petite voix :

— On verra.

De son côté, sa maman, Richetta, n'avait aucun doute quant à la décision de Ginetta. Comme toutes les mères, elle aurait voulu que sa fille préférée suive elle aussi le parcours d'une jeune fille bien rangée, de bonne famille, qui l'aurait amenée à devenir une bonne mère de famille, mais elle la connaissait trop bien et savait que rien n'aurait pu la faire changer d'idée.

Elle avait d'ailleurs trouvé, en remettant de l'ordre parmi les habits et les effets personnels de Ginetta dans sa nouvelle petite chambre à Laval, cachée au fond d'un tiroir, une image pieuse qu'elle avait reçue pour sa première communion et qui représentait une petite fille vêtue de blanc en adoration devant le calice et l'hostie consacrée. Derrière l'image, on pouvait lire un mot écrit d'une main hésitante, sans doute celle d'un enfant : « Je veux t'offrir ma vie entière. ».

Richetta, tout en espérant que cette phrase ne représentât qu'un moment d'exaltation enfantine, comprit tout de suite lors de l'annonce de la décision de Ginetta qu'il ne s'agissait pas d'un coup de tête, mais que c'était le fruit d'une longue réflexion et que tout avait déjà été décidé longtemps auparavant. Ce n'était pas Ginetta qui avait choisi le Seigneur, c'était Lui qui l'avait appelée.

Elle espérait toutefois réussir à la voir de temps en temps et ne pas se trouver séparée d'elle pour toujours; d'une voix qui trahissait une grande émotion, elle lui demanda :

— Est-ce qu'on pourra au moins venir te rendre visite ?

— Bien entendu, c'est une congrégation moderne, très ouverte au monde extérieur, une communauté qui travaille avec les laïcs. Je crois que la vie cloîtrée se limite uniquement à l'année canonique, à la fin du noviciat, car c'est une année d'études et de méditation. Au départ, de toute façon, je serai postulante pendant six mois, ensuite au noviciat pendant deux ans, suivis d'une année canonique de préparation à l'année des œuvres, environ une dizaine de mois au service de la communauté. Après deux autres mois de préparation, je pourrai prononcer mes vœux temporaires et devenir professe pendant trois ans. Ce n'est qu'après que je serai en mesure de prononcer mes vœux perpétuels. Alors, vous voyez, vous n'avez pas à vous en faire.

Et en regardant son père droit dans les yeux, elle ajouta:

— J'ai tout le temps de changer d'idée et de faire changer d'idée les autres.

Elle s'adressa à sa mère, dont elle connaissait bien les talents de couturière, en lui disant :

— J'ai juste à confectionner une longue robe noire avec un voile de la même couleur.

Une semaine à peine après ce fameux souper en famille, Ginetta se dirigeait vêtue de sa nouvelle robe vers la Maison Mère du couvent des religieuses du Bon-Conseil, sur le boulevard Gouin, au nord de la ville et relativement loin du centre d'aide aux immigrés où elle avait continué à offrir ses heures de travail bénévole.

Pour cette même raison, après avoir travaillé toute la soirée au centre du boulevard Maisonneuve, elle arriva trop tard à la Maison Mère, alors que la cérémonie de la prise du voile pour toutes les postulantes était déjà terminée depuis un bon moment. La sœur à l'accueil la regarda, ébahie : le règlement du couvent ne permettait pas à Ginetta de rejoindre les autres religieuses, pas même pour aller se coucher… que faire ?

C'est alors que sœur Marie Gérin-Lajoie, la fondatrice, qui avait toujours eu un égard particulier envers Ginetta, intervint et lui fit préparer un petit lit de camp dans la conciergerie :

— Tu dormiras là cette nuit et demain matin nous trouverons bien un moyen pour que tu prennes le voile et que tu entres en communauté.

Le lendemain, à six heures du matin, heure de la première messe, Ginetta avançait lentement vers l'autel, toute seule, entre deux rangées de postulantes et de novices qui chantaient en chœur un *Ave Maria* et un Magnificat.

Aux pieds de l'autel, la Mère fondatrice l'attendait les bras ouverts pour l'accueillir et lui donner sa bénédiction.

— Mon âme magnifie le Seigneur et mon esprit exulte en Dieu, mon Sauveur.

La voix de Ginetta s'éleva seule au milieu du chœur de ses compagnes pour remercier le Seigneur de l'avoir accueillie au sein de ses troupes et de lui avoir réservé un aussi grand privilège.

En effet, à cause de son retard, la Mère fondatrice s'était investie, de sa propre initiative, du droit de présider la cérémonie matinale qui était habituellement conduite par la supérieure de la Maison Mère, faisant ainsi une exception pour pouvoir accueillir et bénir la nouvelle postulante.

Ginetta se sentit réellement privilégiée, non seulement la Mère fondatrice lui avait fait cet honneur, mais son ancienne amie et amie de toujours déposait le voile sur sa tête, la baptisait en lui donnant un nouveau nom et lui tendait la main pour l'aider à se relever.

— Venez, sœur Angèle, voilà votre nom.

Debout, Ginetta se souvint de l'officier d'immigration à Halifax qui l'avait, lui aussi, rebaptisée Angie, à l'anglaise, lors de son arrivée au Canada. Elle se voyait attribuer maintenant un nouveau nom à la française qui rappelait en partie son vrai nom, Angiola.

Ce nom, Angèle, lui plut beaucoup alors qu'elle le prononçait : sa sonorité claire et légère lui rappelait les anges du ciel.

Angèle… Ginetta ferma les yeux et il lui sembla entendre tout autour d'elle un frémissement d'ailes accompagné du son cristallin d'une eau légère et pure transportant avec elle le parfum des bois qui lui étaient si chers et le souvenir de la Madonna del Covolo.

Dans le silence de la chapelle, Ginetta goûta à toute la spiritualité du rite sacré et se laissa enivrer par elle, s'abandonnant complètement au mystère, enveloppée et guidée par la présence de l'Esprit Saint.

Alors que l'on invoquait pour elle *Veni creator Spiritus,* ce fut avec conviction que Ginetta prononça son « OUI » en répondant à l'appel de son Saint Époux, à la collaboration que Dieu lui demandait pour apporter à chaque instant la lumière de l'espérance dans l'obscurité du monde.

Et ses pensées s'envolèrent vers le ciel, à l'intention de Niko, dont l'esprit semblait flotter autour d'elle…

Tout était parfait. Seigneur, que Ta volonté soit faite, ainsi soit-il. Quelques petites larmes faisaient briller ses yeux comme des diamants étincelants. Sœur Angèle ! Une vie nouvelle commençait pour elle avec un nouveau nom !

Après la cérémonie, la vie ordinaire des postulantes commença.

La Mère enseignante, sœur Marie-Rose, une femme petite de taille, à l'air très sévère, expliqua à sœur Angèle qu'à partir de ce moment précis, le silence était obligatoire pour elle, sauf pendant les deux récréations d'une demi-heure chacune après les deux repas principaux. À la récréation, bien qu'il soit permis de converser, il ne fallait absolument pas parler de sentiments ni de souvenirs personnels. Elle l'accompagna ensuite au dortoir et lui indiqua un lit dont les quatre côtés étaient entourés de rideaux blancs, seul moyen d'avoir un peu d'intimité et d'être séparée des autres, puis une petite armoire pour y ranger les deux seules robes qu'elle possédait, ainsi que ses accessoires personnels de toilette. Près du dortoir, au fond du couloir, une petite pièce, propre et bien rangée avec des lavabos blancs et cinq cabines pour la douche. Tout reflétait un mode de vie simple, sobre et discipliné.

Il était sept heures et demie du matin, l'heure du petit déjeuner et sœur Marie-Rose indiqua à sœur Angèle où se trouvait le réfectoire.

Mais quand Ginetta poussa la porte pour entrer dans la salle, elle éprouva un gros serrement au cœur.

SŒUR ANGÈLE

Elle vit les postulantes, ses compagnes, assises autour d'une longue table, toutes vêtues de noir comme de pauvres veuves affligées, droites, muettes, silencieuses, autant de statues incarnant la solitude et la mort. La mort d'une vie précédente, la mort des souvenirs les plus chers, la mort de tout ce qui pourrait les rattacher au monde extérieur. Et Ginetta sentit un souffle glacé qui pénétra dans son cœur et la fit trembler, tel l'ange noir de la mort passant tout près d'elle. L'espace d'un instant, elle se sentit perdue, mais ce ne pouvait pourtant pas être les vœux perpétuels qu'elle avait prononcés le matin même ! Elle aurait pu partir n'importe quand et pourtant à cet instant précis, Ginetta ressentit tout le poids de sa décision et elle comprit alors qu'elle s'était engagée dans un parcours difficile et abrupt duquel il ne serait plus possible de revenir en arrière ni de prendre un raccourci pour sortir.

Orgueil et désespoir lui serraient la gorge, la faisant presque suffoquer. Mais ce n'était pas le moment de se laisser aller à la nostalgie et aux regrets. Elle avait fait un choix et c'était sans retour.

— Fais-moi confiance, lui disait dans son cœur son Époux, tu ne seras jamais seule, Je serai toujours avec toi.

Elle devait donc oublier qu'elle était Ginetta afin de se préparer à renaître en Jésus Christ sous son nouveau nom de sœur Angèle. Elle s'assit ainsi en silence à la place qui lui avait été assignée.

Le petit déjeuner au couvent était toujours copieux. La Mère fondatrice, suivant les conseils de son frère médecin, se souciait beaucoup de la diète et de l'hygiène personnelle de ses consœurs. Les religieuses sous sa gouverne travaillaient beaucoup, il fallait donc qu'elles se nourrissent convenablement et qu'elles se soignent bien. L'environnement dans lequel elles vivaient devait être simple et salubre; en effet, toutes les maisons appartenant à l'institut étaient spacieuses, bien entretenues, lumineuses et rangées. Les religieuses ne manquaient de rien.

Ginetta avait toujours beaucoup apprécié la simplicité et la sobriété. Le sourire aux lèvres, la toute nouvelle sœur Angèle chassa ses craintes et s'en alla rejoindre le rang noir et silencieux qui se dirigeait vers la chapelle pour les prières du matin.

Même si cette nouvelle vie au couvent coupait en quelque sorte tous les ponts avec le monde extérieur, cela ne l'empêchait pas d'être constamment confrontée au quotidien. La vie d'une épouse du Christ consiste à accomplir, avec une générosité et une humilité hors de l'ordinaire, les tâches quotidiennes incombant à chacune, bien que souvent pénibles et rarement compatibles avec les aspirations individuelles. Car c'est dans la vie ordinaire de tous les jours, même la plus misérable, que Dieu se manifeste. Plus les hommes sont malheureux et souffrants, plus ils ont besoin d'un sourire d'espoir prodigué par des anges comme sœur Angèle, que le Seigneur a choisis pour œuvrer en son nom.

— « Je vous envoie comme des agneaux au milieu des loups », avait dit Jésus à ses apôtres. Ainsi, ces anges de la bonté agissaient inlassablement avec le sourire. Même dans les situations les plus tragiques et difficiles, il fallait toujours être forts, courageux et persévérer dans la joie et l'espoir d'un monde meilleur.

Sœur Angèle s'occupera dans un premier temps des femmes âgées qui, grâce à leur contribution financière, peuvent trouver dans le pensionnat annexé à l'institut un peu de tranquillité et de sérénité pendant les dernières années de leur vie.

Alors qu'elle accompagnait sœur Angèle dans la visite du pensionnat, sœur Marie-Rose lui donna ses dernières instructions :

— N'oubliez pas, sœur Angèle, que si vous brisez le silence, c'est uniquement par nécessité, pour répondre aux questions des pensionnaires concernant leur état de santé ou votre tâche auprès d'elles. Aucune conversation futile ou personnelle n'est autorisée.

— Bien, ma Mère, que la volonté du Seigneur soit faite.

Le travail était simple et les horaires lui permettaient de suivre des cours de français qui devenaient de plus en plus difficiles et intéressants. Sœur Antoinette était en effet une excellente enseignante; elle voulait que ses étudiantes arrivent à maîtriser parfaitement la langue et elle s'attendait à ce qu'elles fournissent de gros efforts. Mais jamais sœur Angèle ne se sentit découragée. Elle réussissait toujours à finir ses devoirs, même le soir tard, comme dans le passé lorsqu'il lui fallait finir ses travaux scolaires après son travail au Café Bramezza.

Avec ses compagnes postulantes, elle apprenait chaque jour à l'église les prières en français. Elle était capable de se débrouiller dans les situations courantes, mais elle ne pouvait pas encore dire qu'elle avait réellement assimilé la langue. Elle pensait, réfléchissait et rêvait encore en italien. Il lui fallait un peu de patience encore avant que cette langue ne devienne, elle aussi, partie intégrante de sa personnalité. Parfois, lorsqu'elle était trop concentrée sur son travail ou trop distraite, il lui arrivait de confondre les mots, ce qui, ce qui suscitait l'hilarité chez toutes ses consœurs.

Une fois par semaine, les postulantes devaient procéder à un examen de conscience collectif en se frappant la poitrine pour le *mea culpa* devant la Mère enseignante.

La première fois, sœur Marie-Rose expliqua le déroulement de cet exercice spirituel :

— Chacune d'entre vous se met en rang et à tour de rôle, lorsque vous arrivez devant moi, vous devez réciter votre examen de conscience en vous frappant la poitrine.

Bien entendu, toutes ces explications étaient données en français, avec un accent québécois qui rendait parfois la langue difficile à interpréter pour celles qui n'en avaient pas l'habitude. Ainsi, sœur Angèle n'avait pas compris grand-chose de ce qu'il fallait faire, alors de peur d'impatienter sœur Marie-Rose qui était déjà assez sévère, elle décida d'observer ce que faisaient ses compagnes. Elle les vit se placer en rang, arriver devant la Mère enseignante, s'agenouiller, se frapper la poitrine et puis parler, parler sans que Ginetta ne puisse comprendre ce qu'elles disaient. Mais puisque tout ce qu'elle avait retenu de l'intervention de sœur Marie-Rose était les mots *réciter* et *rôle*, elle pensa qu'il s'agissait de courtes pièces de théâtre et que chacune avait appris son rôle. Ainsi, lorsque son tour arriva, à la place de s'agenouiller elle se tint debout et dit à sœur Marie-Rose d'un ton ferme :

— Je ne connais pas mon rôle, personne ne m'a avertie et je ne sais absolument pas quel personnage je dois interpréter…

Il s'ensuivit un éclat de rire général, la Mère enseignante devint rouge de colère, elle réprimanda sœur Angèle qui ne pouvait comprendre correctement ce qu'on lui disait et elle laissa échapper quelques mots qui ne convenaient pas à son état de religieuse. Les postulantes éclatèrent de rire à nouveau lorsque vint le tour du *mea culpa* de sœur Barbara qui, étant anglophone, prononçait presque tous les mots avec un accent anglais et, comble de malheur, elle fut suivie de sœur Francine qui balbutiait…

Imaginez la discipline qui pouvait régner à ce moment-là ! Les rires n'en finissaient plus. Sœur Marie-Rose s'en alla très en colère, surtout contre sœur Angèle qu'elle considérait être à l'origine du chahut. Toutes les postulantes eurent alors à subir un long sermon de la Mère Supérieure et durent observer le silence pendant toute la journée le samedi suivant.

Sœur Angèle s'appliqua alors encore davantage à l'étude du français, mais comme beaucoup de mots se ressemblent dans cette langue, c'est souvent facile de se tromper lorsqu'on n'a pas encore suffisamment d'aisance.

Chaque matin, la Mère fondatrice lisait des textes sacrés à toutes les consœurs, postulantes et novices, pendant qu'elles aidaient aux cuisines en lavant les fruits ou les légumes. Sœur Angèle s'occupait de laver et nettoyer les poulets, c'était la seule qui se chargeait de cette tâche sans faire aucune grimace de dégoût. Un travail qui exigeait malgré tout beaucoup d'attention afin de bien nettoyer l'intérieur des volailles; elle écoutait donc les mots de sœur Marie Gérin sans vraiment y réfléchir.

Après la lecture, sœur Marie demandait à une des religieuses au hasard, quel était le sens du texte qu'elle venait de lire afin d'alimenter leurs réflexions.

Un jour, sœur Marie s'adressa à sœur Angèle alors qu'elle était occupée à nettoyer ses poulets et lui demanda à brûle-pourpoint :

— Qu'avez-vous compris du texte, sœur Angèle ? Quelles réflexions vous inspire-t-il ?

— Eh bien oui, ma mère, il me reste encore un poulet à nettoyer !

Éclat de rire général alors que la Mère fondatrice ajouta avec un petit sourire :

— Ma chère consœur, il va falloir penser à changer de travail, ça fait déjà trop longtemps que vous vous occupez de poulets.

Et ainsi libérée de ces pauvres volailles inanimées, le samedi et le dimanche, sœur Angèle pouvait consacrer davantage d'attention aux lectures de l'Évangile et écouter sans être distraite les séminaires d'un père jésuite qui venait toutes les fins de semaine au couvent pour initier les postulantes à la pensée de saint Ignace de Loyola.

Chapitre 7

Le noviciat

Observer la règle du silence, oublier son propre être, exister non pas pour soi, mais uniquement pour Dieu et pour son prochain : tout cela était bien loin de représenter un poids pour sœur Angèle. Ayant grandi dans une famille nombreuse et chrétienne, elle avait assimilé depuis sa plus tendre enfance ces valeurs religieuses et spirituelles. Le plus pénible pour elle était de se sentir dépossédée de sa propre personnalité, de ne pas pouvoir rire, plaisanter et chanter lorsqu'elle ressentait dans son cœur cette impulsion vitale.

Elle trouvait de plus en plus difficile de devoir étouffer la petite Ginetta qui continuait d'exister sous l'habit de sœur Angèle. Lorsqu'elle se croyait seule, elle chantonnait et modulait à voix basse des airs et des chansons de sa terre éloignée.

Certaines de ses consœurs, l'ayant surprise, ne comprenaient pas et condamnaient même cette nostalgie, ce besoin qu'elle avait de se raccrocher au lointain souvenir de ses montagnes pour pouvoir composer avec la vie au couvent. Après tout, même si elles vivaient loin de leurs familles et du reste du monde depuis qu'elles étaient entrées dans les ordres, elles respiraient presque toutes l'air de chez elles, mangeaient leurs plats traditionnels, vivaient dans leur propre culture, parlaient leur langue. Elles n'avaient pas à sacrifier entièrement leur individualité ni à se forger une autre personnalité comme c'était le cas pour la petite Ginetta qui se sentait étouffer sous l'habit de sœur Angèle.

Elle s'était tout de suite rendu compte qu'à l'exception de la fondatrice Marie Gérin-Lajoie et de la Supérieure de la Maison Mère Marie Loyola

Normandin qui la protégeaient en quelque sorte et avaient pour elle une amitié presque maternelle, les autres consœurs la considéraient comme une étrangère. À leurs yeux, le comportement de sœur Angèle était parfois difficile à comprendre. C'est ainsi qu'un beau jour, certaines postulantes allèrent se plaindre auprès de sœur Marie Gérin-Lajoie d'avoir entendu sœur Angèle chantonner solitairement et involontairement quelques notes timides du bout des lèvres.

Sœur Marie Gérin-Lajoie et la Mère Supérieure décidèrent d'intervenir et de mettre fin à de tels commérages. Elles se mirent ainsi à chercher sœur Angèle qui se trouvait au sous-sol, occupée à nettoyer une énorme quantité de pommes de terre pourries et malodorantes. Étant seule, elle chantonnait à voix basse.

— Sœur Angèle, pourquoi sentez-vous le besoin de chanter ? Pourquoi ne pas travailler en silence et méditer un peu, peut-être sur les dernières lectures sacrées de saint Ignace ?, lui demanda la Mère Supérieure.

— Vous avez raison, ma Mère, mais que voulez-vous, j'ai besoin de chanter pour me donner du courage, autrement cette tâche serait trop pénible pour moi, ça sent tellement mauvais, cette puanteur me lève le cœur. Alors si je ne chante pas, je vais vomir…

Les deux religieuses sourirent et s'éloignèrent en silence, faisant signe qu'elles l'autorisaient à reprendre son chant; du reste, Ginetta était un exemple d'obéissance et de bonne volonté.

Le printemps était enfin arrivé et au couvent comme partout ailleurs, on ouvrait les fenêtres pour aérer les pièces. Le chant des oiseaux résonnait dans le silence du cloître. Au pensionnat, les vieilles dames respiraient le parfum du printemps, laissant son air vivifiant entrer dans leurs chambres. Elles se sentaient toutes joyeuses et radieuses. Les jeunes cœurs de sœur Angèle et sœur Juliette débordaient de joie et d'allégresse alors qu'elles rangeaient la chambre d'une vieille dame très gentille qui, assise dans son fauteuil près de la fenêtre, contemplait avec nostalgie une envolée de moineaux.

Sœur Angèle qui l'observait, remarqua une ombre de tristesse dans ses yeux et sans même s'en rendre compte, elle s'approcha d'elle et entonna tout doucement une chanson italienne bien connue de tous, *O solo mio.*

Sœur Juliette et la vieille dame se regardèrent en souriant et voilà qu'elles aussi se mirent à chanter en chœur : *O sole mio, o sole, o sole mio…*

Au diable la règle du silence ! C'est le printemps, les premiers vols d'oiseaux se croisent allègrement dans le ciel turquoise et les moineaux gazouillent, pourquoi les jeunes voix des cœurs purs ne devraient-elles pas chanter ? Chanter apporte d'ailleurs la gaieté, la joie, le goût de vivre et les vieilles dames du pensionnat, tout en vivant tranquilles dans une atmosphère sereine de prière, ont parfois aussi besoin d'allégresse. Saint François lui-même chantait et parlait aux oiseaux, prêchant toujours de travailler dans la gaieté…

Quel mal y avait-il à cela ? Ce n'était que le printemps !

Mais voici tout d'un coup des pas pressés qui s'approchent, les pas de la Mère fondatrice. Sœur Juliette s'exclama :

— Vite, vite, sœur Angèle, cachons-nous, on a fait une grosse bêtise, qu'est-ce qui va nous arriver maintenant ?

Et, cachées derrière la porte de la salle de bain, elles attendirent, anxieuses. Il ne resta que la vieille dame souriante dans la petite chambre, assise près de la fenêtre ouverte, encore en train de regarder une envolée de moineaux dans le ciel bleu.

— Comme nous sommes gaies ce matin, chère madame ! Vous chantez tellement bien ! Vous êtes seule ? Sœur Angèle et sœur Juliette sont déjà venues pour faire votre toilette ? Non ? Vous ne les avez pas encore vues ce matin ? Eh bien, je me réjouis que vous soyez tellement enjouée, c'est sans doute le printemps qui vous met d'aussi bonne humeur.

Puis, jetant un coup d'œil comme pour inspecter autour d'elle, sœur Marie Gérin-Lajoie ajouta avec un sourire aimablement ironique :

— Eh bien, quand vous verrez sœur Angèle et sœur Juliette, vous leur direz que je les attends à mon bureau.

Les deux postulantes eurent alors à subir un long sermon de la part de la Mère fondatrice qui comprenait fort bien l'élan de gaieté des deux jeunes filles encore incapables de réprimer leur vraie nature. Se tournant vers sœur Angèle d'un air réprobateur et maternel, sachant parfaitement qu'elle était la source d'une telle d'allégresse, elle lui dit sévèrement d'aller voir la Mère Supérieure. Celle-ci l'observa quelques instants de la tête aux pieds et lui dit :

— On dirait que vous avez un turban de beauté dansant sur votre tête à la place de votre voile… Vous devez, sœur Angèle, sacrifier vos cheveux afin de porter convenablement le voile !

C'est ainsi que sœur Angèle dut se départir petit à petit de l'identité qui lui était propre, rompre tout lien avec son existence et sa personnalité précédentes.

Les boucles de l'abondante chevelure dont Ginetta était tellement fière tombèrent sous les coups cinglants de longs ciseaux et après avoir voltigé dans le silence profond de la pièce, elles se posèrent sur le plancher recouvrant le sol de mèches blondes, telles des épis de blé après la moisson.

Désormais, elle ne possédait plus rien qui lui appartenait vraiment car le propre souvenir de Ginetta était appelé à disparaître avec le temps. Mais pour l'instant, sœur Angèle n'était pas encore tout à fait prête à s'en détacher complètement; ainsi, cachées sous le voile derrière ses oreilles, deux délicates bouclettes dorées furent épargnées. Personne ne les remarqua et sœur Angèle les cacha précieusement jusqu'à les oublier pour toujours.

Les journées passaient, la vie au couvent était toujours pareille, réglée par le même horaire, les prières du matin, les vêpres, les laudes, la communion quotidienne, la formation sur la vie et les œuvres de saint Ignace de Loyola. Seule distraction pour ces jeunes vies, les récréations dans le jardin derrière le couvent, profitant pendant l'hiver des journées ensoleillées et de la neige abondante pour pratiquer des sports d'hiver comme le ski de fond ou le patinage sur la rivière gelée qui longeait le couvent. Il s'agissait là, pour la majorité de ses consœurs, de sports familiers que les enfants apprennent au Canada dès leur plus jeune âge, mais pour sœur Angèle, bien qu'originaire d'une région de montagnes, c'était tout à fait nouveau. Cette expérience se traduisait pour elle en un exercice ardu et constituait une autre épreuve difficile à affronter. Elle était meurtrie autant dans son corps, par les bleus, que dans son cœur, car c'était souvent son orgueil qui souffrait lorsqu'elle se retrouvait les jambes en l'air, les patins ou les skis empêtrés dans sa longue robe, parmi les rires joyeux et les railleries moqueuses de certaines de ses compagnes.

Pendant longtemps, au cours de son expérience de vie avec les postulantes, sœur Angèle ne fut pas réellement une des leurs. Cela faisait souffrir la Ginetta cachée dans le cœur de sœur Angèle qui puisait dans son amour-propre la force et le courage d'avancer. Mais elle n'était jamais seule face aux difficultés quotidiennes du couvent, son Époux était avec elle. Il lui suffisait de se retirer de temps en temps pour aller se promener en solitaire le long des sentiers du jardin, où elle priait et parlait avec Dieu et sa Madone, retrouvant ainsi la paix et la sérénité.

Elle savait qu'elle ne s'était pas trompée. Elle était consciente que sa place était bien là et elle attendait le moment où elle pourrait enfin reprendre son œuvre et peut-être même revenir au centre des immigrants qu'elle portait toujours dans son cœur et auquel elle s'était vouée, à moins que le Seigneur ne décidât autrement de son destin.

Pour le moment, même si la formation était difficile, il fallait que sœur Angèle soit prête à tout. Un pas à la fois, toutes ces petites souffrances et ces sacrifices de soi lui permettraient d'arriver à une transformation complète. Endurance, patience, humilité, détermination, prudence et son doux sourire ne pouvaient lui faire défaut. Elle devait chérir ses qualités qui, chez elle, étaient innées afin de pouvoir avancer sur le parcours difficile du don inconditionnel de soi.

De temps en temps, le dimanche, sa maman venait lui rendre visite. Richetta avait du mal à s'habituer à ce détachement. Ginetta lui manquait beaucoup et sa famille était en partie attristée par la décision qu'elle avait prise. Tout le monde s'ennuyait de sa gaieté, de son sourire radieux et de sa voix de rossignol toujours prête à consoler les autres en chantant.

Lors de ses visites au parloir, Richetta était de plus en plus convaincue que sa fille était heureuse et sereine. Tout son entourage était persuadé qu'après les premiers mois de vie au couvent, Ginetta rentrerait à la maison ou que les sœurs elles-mêmes la mettraient sans doute à la porte à cause de son caractère vif, sa nature joyeuse et très imprévisible, plus proche de celle d'une artiste que d'une religieuse.

Sœur Angèle réussit malgré tout à traverser tant bien que mal la période d'essai comme postulante et fut acceptée parmi les novices. Sa vie religieuse ne changea pas beaucoup. Au couvent, autant les postulantes que les novices vivaient de la même façon, entre les prières du matin et celles du soir toutes ensemble dans la chapelle, les méditations solitaires en silence et les tâches que la Supérieure confiait à chacune d'entre elles.

Sœur Angèle continua à s'occuper des vieilles dames qui l'appréciaient beaucoup, mais elles comprenaient difficilement comment une jeune fille aussi joyeuse et vive avait pu renoncer à sa vie pour entrer au couvent.

Dans le fond, chacun de nous possède un chemin que Dieu a déjà tracé. Il s'agit de le découvrir et de trouver le courage de le suivre.

Avec patience et douceur, compte tenu du français encore incertain de sœur Angèle, la Mère fondatrice l'initia personnellement à tous les exercices spirituels qui étaient de rigueur pendant le noviciat. Il fallait choisir une scène de l'Évangile et la vivre en profondeur, comme si l'on participait réellement aux évènements.

La dernière Cène, par exemple, devait être vécue comme si on avait été véritablement présent à la Communion des apôtres; en écoutant Jésus, on s'efforçait de comprendre chacun de ses mots et de vivre la scène jusqu'à oublier son propre être.

Sœur Angèle participait avec enthousiasme à ces exercices : comme une actrice de théâtre, elle s'identifiait à tous les personnages possible, devenant tour à tour la Vierge Marie, l'apôtre Pierre, Marc l'évangéliste et même Judas le traître. Elle se demandait si elle aussi aurait été capable de trahir le Maître.

Oui, sœur Angèle avait parfois l'impression d'être intolérante, méchante. Son esprit était traversé par les images de la guerre, du sang, des bombardements. L'Italie de ses souvenirs renvoyait à une triste période de l'histoire, celle où elle dut partir, comme de nombreux compatriotes, pour fuir la misère, la cruauté et le chômage.

Mais bien qu'elle se sente encore parfois tenaillée par la peur, éprouvant alors le besoin impérieux de chanter pour se redonner du courage, il n'y avait dans son âme aucune colère, aucun désir de vengeance. Il n'y avait que sa profonde foi en Dieu et elle s'abandonnait avec confiance à l'amour puissant de son Époux. Elle avait su résister à de longues années de souffrance vécues dans des conditions terriblement aliénantes, animée par le courage et la confiance d'avancer vers l'avenir, tout en acceptant le monde tel qu'il est, avec son lot de bien et de mal.

Son seul désir était maintenant de se préparer : elle voulait pouvoir offrir spirituellement au moins une goutte d'eau bénite afin de rendre meilleur le monde qui l'entourait.

Et pour cela, elle devait chercher le chemin que son Époux voudrait bien lui indiquer. Alors elle priait, elle priait toujours; son but n'était pas de demander quelque chose pour elle personnellement, mais de se rendre disponible pour Lui et l'humanité entière, ouverte à la parole du Seigneur et laissant Sa prodigieuse vague d'amour la traverser.

Ainsi, tout comme lorsqu'elle était enfant, elle ne faisait aucun programme, elle ne projetait rien, elle laissait sa vie spirituelle suivre son cours.

Chaque soir, ses prières de religieuse se terminaient avec les mêmes mots que celles de son enfance :

— Sainte Croix, Sainte Croix, bénis ma nuit. Je vais me coucher et j'ignore si je me réveillerai demain. C'est la grâce de Dieu qui décide. Que Sa volonté soit faite.

Chapitre 8

Les trois vœux

Pauvreté, chasteté, obéissance sont les trois vœux temporaires que Ginetta devra bientôt prononcer pour devenir professe et passer au deuxième niveau des épreuves spirituelles qui l'amèneront aux vœux perpétuels, faisant d'elle une vraie religieuse : sœur Angèle, pour toujours.

En attendant ce jour mémorable, elle continuait sa vie habituelle qui, après six mois de noviciat et une année canonique, n'avait pas vraiment changé. Elle avait fini par s'habituer à la vie de la communauté et à la discipline. Lorsqu'on lui annonça que pour l'année où elle œuvrerait au sein de la communauté elle devrait se rendre à la maison des sœurs du Bon-Conseil qui se trouve à Valleyfield, elle fut plutôt surprise et perplexe. Mais on ne discute pas les ordres de la Supérieure. C'est ainsi qu'on se prépare à l'obéissance !

« Sœur Angèle, toutes les autres sont déjà professes : elles pourront vous servir d'exemple. Les sœurs s'occupent d'une garderie d'enfants et elles accueillent également des pensionnaires plus âgés. Elles cherchent une enseignante pour donner des cours de cuisine. Je suis certaine que vous êtes la personne toute indiquée pour cette nouvelle tâche. »

« Bien sûr, ma Mère, je ferai de mon mieux. » Et tout de suite, sœur Angèle commença à penser aux recettes qu'elle pourrait bien inventer et enseigner pour donner davantage de goût à la cuisine québécoise.

En fait, la Mère fondatrice, conformément à une certaine tradition monastique, avait toujours pensé que les repas d'une communauté religieuse ne devaient être ni trop copieux ni trop délicieux. Variés, équilibrés, oui, mais pas trop savoureux afin de ne pas habituer les religieuses aux plaisirs de la table.

Pour cette même raison, lorsqu'il était arrivé à sœur Angèle de remplacer la cuisinière le dimanche à la Maison Mère et de préparer de délicieux poulets grillés accompagnés de pommes de terre croquantes au romarin, sœur Marie Gérin-Lajoie s'était empressée de l'éloigner des fourneaux.

Encore une fois, sœur Angèle avait obéi sans dire un mot.

L'idée de donner des cours de cuisine et de faire ainsi goûter à ses élèves les bons mets qu'elle avait l'habitude de préparer dans sa famille et au restaurant des Bramezza lui plaisait beaucoup. Par contre, cela voulait dire qu'il fallait qu'elle quitte Montréal pour se retrouver dans une communauté inconnue. Chaque chose a son prix, et sœur Angèle doit obéir.

Le couvent de Valleyfield était vaste, deux maisons se côtoyaient sur le même terrain, l'une pour le pensionnat, l'autre pour les sœurs. Elles étaient une vingtaine qui s'affairaient à aider les plus démunis de la paroisse, préparaient des repas pour les pauvres, organisaient des cours de tous genres pour adultes et s'occupaient également de la garderie pour les enfants.

Bien qu'elle se trouvât dans un milieu tout à fait nouveau et qu'elle eut affaire à des inconnus, sœur Angèle se sentit tout de suite à son aise. Ce qu'elle souhaitait dans le fond, c'était justement collaborer avec des laïcs, offrant son sourire pour consoler la souffrance des autres. Ses cours de cuisine connurent immédiatement un grand succès.

Sœur Angèle utilisait une toute nouvelle façon d'enseigner qui attirait les étudiants : ils ne s'ennuyaient jamais avec elle car elle réussissait à les intéresser avec des exemples pratiques sans s'encombrer de trop de théorie. Lorsqu'elle enseignait, elle essayait toujours d'être gaie, de plaisanter, de garder vivant l'intérêt de la classe, parfois même elle fredonnait quelques chansons italiennes. Personne ne se plaignait de cette nouvelle méthode pédagogique qui, bien au contraire, enthousiasmait tout le monde.

La vie quotidienne à Valleyfield lui semblait moins pénible et ennuyeuse puisqu'elle était animée par les heures d'enseignement aux adultes, un rendez-vous qu'elle attendait avec d'autant plus d'impatience sachant qu'elle pouvait donner libre cours à sa créativité sans être jugée. C'était moins l'orgueil que le désir de se dépasser qui la guidait, teinté peut-être d'une pointe de revanche à l'égard des critiques sur son comportement qu'il lui avait fallu accepter et refouler lorsqu'elle était postulante.

Elle aurait dû étouffer de tels sentiments, mais la fierté de son âme montagnarde la poussait à cultiver l'ambition d'aller toujours vers la perfection pour enrichir sa vie spirituelle. Devenir religieuse signifiait pour elle accepter les sacrifices, réprimer autant que possible tout sentiment de regret ou de nostalgie pour ne laisser transparaître sur son visage qu'un sourire radieux d'espérance et de confiance.

Peu importe s'il y avait des moments où elle se sentait seule, son Époux lui avait offert un petit potager qu'elle avait découvert à Valleyfield et qu'elle cultivait avec passion. Elle apprit ainsi à chasser les moments de tristesse; autour d'elle il ne devait y avoir qu'allégresse, joie et espérance. Les chagrins, les doutes et les peines devaient rester enfermés dans son cœur et ne se révéler que dans sa relation intime avec son divin Époux, confident de ses promenades solitaires.

Lorsque la sœur responsable de la cuisine était absente, c'était sœur Angèle qui la remplaçait et la tâche n'était pas tellement facile car il lui fallait préparer le petit déjeuner, le dîner et le souper pour une trentaine de pensionnaires et une vingtaine de religieuses. Tout cela ne l'inquiétait guère grâce à la solide formation qu'elle avait reçue à l'école du restaurant des Bramezza.

Dans la cuisine, elle se sentait vraiment libre, elle évoluait avec légèreté entre les fourneaux, goûtant aux sauces, ajoutant un peu de sel à une soupe ou ses épices préférées à un rôti, aromatisant les pommes de terre avec du romarin, et son voile de novice voletait d'une poêle à l'autre.

Un dimanche, alors que sœur Angèle travaillait à la cuisine, la Mère fondatrice vint pour inspecter le couvent de Valleyfield et elle fut accueillie pour le dîner par un délicieux buffet magnifiquement présenté.

Sœur Marie Gérin-Lajoie avait déjà goûté aux poulets grillés de sœur Angèle; elle s'était alors empressée de l'éloigner de la cuisine pour éviter d'habituer ses consœurs aux plaisirs d'une table savoureuse. Saisie par la révélation d'un tel talent culinaire et surprise de son efficacité, elle comprenait maintenant la prédisposition de sa protégée et, se tournant vers sœur Paule qui l'accompagnait, elle lui confia en murmurant : « C'est la personne toute indiquée pour Dorchester. ».

Dorchester était le nom de la nouvelle maison que les sœurs du Bon-Conseil avaient ouvert au centre-ville dans le quartier de Westmount. Il s'agissait d'une grande bâtisse de dix étages pouvant accueillir jusqu'à 200 personnes.

Non loin de la résidence pour les dames, les sœurs avaient également ouvert un pensionnat pour jeunes filles de 18 à 25 ans, travailleuses ou étudiantes.

Préparer les repas et diriger une cuisine toute seule pour autant de personnes était une entreprise presque impossible, c'est pourquoi sœur Jeanne, qui en était responsable, avait décidé de démissionner.

À ce moment-là, sœur Angèle était loin d'imaginer que derrière le sourire approbateur des deux Mères qui étaient ses amies, il y avait un projet qui la concernait. Ses pensées étaient toutes tournées vers ce jour d'automne tant attendu où elle prononcerait, bien que temporairement, ses trois vœux de pauvreté, chasteté et obéissance. Ces vœux étaient loin de l'effrayer.

Le premier, la pauvreté, était pour elle le plus facile. Née et élevée dans la pauvreté, elle avait toujours dû travailler pour pouvoir vivre décemment. Là aussi, au couvent où elle ne manquait de rien, elle vivait dans la plus grande simplicité : elle dormait sur un petit lit dans la salle de jeux de la garderie, elle possédait une minuscule armoire renfermant ces simples effets personnels et tout cela ne la dérangeait pas, bien au contraire, elle se sentait plus libre, légère comme une colombe volant dans le ciel limpide.

Quant au deuxième vœu, la chasteté, elle n'aurait pas trop de mal à le respecter. Elle éprouvait depuis toujours un sentiment de désillusion envers la vie matrimoniale. Dans les années cinquante, on ne parlait certainement pas de sexe, il n'y avait pas d'éducation sexuelle dans les écoles et une jeune fille de vingt ans élevée chrétiennement ne savait pas grand-chose des plaisirs du corps et des étreintes amoureuses. La virginité était de rigueur pour une jeune épouse et c'était là le don le plus beau qu'elle pouvait offrir à son compagnon bien-aimé. Ainsi, la chasteté est le cadeau de noces qu'une religieuse offre à son divin Époux dans son union mystique.

Il restait le troisième vœu, l'obéissance. Pour un tempérament indépendant et créatif comme le sien, ce vœu serait sans doute le plus difficile, mais sœur Angèle possédait une confiance aveugle en la Providence et l'aide divine. C'est dans le silence de la chapelle et lors de ses promenades solitaires dans le jardin, qu'elle puisait la paix et la sérénité nécessaires pour affronter, même temporairement, cette grande décision.

Le soir, en écoutant le concert des grenouilles qui coassaient dans la canicule estivale, la tête penchée sur la robe qu'elle confectionnait pour la cérémonie des vœux, sœur Angèle repensait à sa vie passée.

Guerres, épidémies de peste, famines, pauvreté, misère, maladies, mort, autant de maux accablant l'humanité entière, comment pourrait-elle apporter au monde des graines d'espoir et de confiance en la bonté de chaque être humain ?

Elle était de plus en plus convaincue que le parcours qu'elle allait entreprendre, même s'il était semé de difficultés, était certainement le meilleur chemin pour elle, puisque c'était la volonté divine.

À la fin du mois d'août, avant de prononcer ses vœux, sœur Angèle eut, comme toutes les autres novices, la permission de passer quelques jours dans sa famille.

L'atmosphère n'était plus tellement gaie. Personne n'arrivait à se résigner à ce choix et pour les siens c'était difficile de la voir habillée en religieuse et de devoir l'appeler par un autre nom. Pour eux, elle était Ginetta et elle le resterait toujours. Son père, qui avait trouvé du travail dans une usine de robinets, se sentait de plus en plus fatigué et malade à cause de la poudre de métaux qu'il respirait. Sa maman, par contre, semblait être plus épanouie, elle profitait des fleurs de son jardin et des produits de son potager, elle était entourée de ses petits-enfants et de presque tous ses enfants. Il est vrai qu'Antonio se trouvait toujours en Australie et elle ne l'avait pas revu depuis un long moment déjà. Priscilla, quant à elle, avait décidé de rentrer en Italie.

Mais pour le reste, elle se sentait heureuse dans son cœur et reconnaissante envers le Seigneur pour les grâces qu'Il lui accordait.

Alors que Ginetta se préparait elle aussi à quitter sa famille pour de bon, Richetta se disait que sa fille resterait à Montréal – c'est du moins ce qu'elle pensait – et elle pourrait la voir de temps en temps.

Angelo, lui, était furieux : convaincu que Ginetta rentrerait définitivement à la maison, quelle ne fut pas sa déception en voyant que sa fille était revenue uniquement pour leur dire au revoir avant le grand pas. Tout en sachant que les vœux qu'elle allait prononcer n'étaient que temporaires, il se rendait bien compte désormais que les jeux étaient faits et que sa Ginetta deviendrait pour toujours sœur Angèle.

On approchait du grand jour, au mois de septembre, mais Angelo avait décidé de ne pas assister à la cérémonie, ce qui attrista beaucoup Ginetta. Toutefois, elle ne renonça pas, même si elle s'était vite rendu compte que dans la congrégation où elle s'apprêtait à entrer les décisions concernant la vie religieuse étaient fortement influencées par la classe sociale, la situation financière et, hélas, les origines et le pays de provenance de la religieuse. Rapidement, elle comprit que certaines consœurs appartenant à un rang social très élevé jouissaient d'un certain pouvoir décisionnel. Bien que la règle de la Mère fondatrice veuille qu'il n'y ait aucune discrimination dans la communauté, le couvent était une sorte de microcosme, semblable au monde extérieur.

Sœur Angèle avait déjà souffert de la xénophobie exprimée par certaines consœurs. Bien que, conformément à la volonté de la Mère fondatrice, leur communauté se considérât moderne et à l'avant-garde, notamment pour l'attention particulière portée à la condition des femmes qu'elles souhaitaient aider avec amour et compassion, sœur Angèle découvrait au fil du temps, derrière un mot ou une attitude, combien il était difficile pour une immigrante italienne de vivre au sein d'une communauté composée uniquement de jeunes sœurs natives du Québec, solidement ancrées à leurs traditions et culture. Animées par la foi et le désir de se mettre au service du prochain, inspirées par l'amour que leur insufflait leur divin Époux, elles auraient dû se sentir plus unies et plus charitables envers une étrangère; mais leur éducation sévère et rigide les empêchait de vivre et de concevoir leur foi dans la gaieté comme leur consœur italienne et cela donnait lieu à des incompréhensions et à des critiques malveillantes.

Toujours est-il que la veille de la cérémonie, chaque novice devait se rendre au bureau de la Mère Supérieure pour demander solennellement la permission d'entrer dans la communauté et de signer le registre officiel. La nouvelle Mère Supérieure avait du mal à s'acquitter de la tâche qui lui incombait : il n'était pas aisé de succéder à une personnalité comme celle de la Mère fondatrice, c'est pourquoi elle était devenue dépressive, coléreuse et intolérante à tout changement.

Ce matin-là, sœur Angèle entra d'un pas décidé dans la grande pièce austère. La Mère Supérieure était assise derrière une lourde table en chêne sombre. Elle leva les yeux du registre pour examiner la nouvelle candidate et, voyant devant elle sœur Angèle, elle commença à tousser nerveusement. Essayant de garder son calme, elle s'exclama : « Non, non, ce n'est pas possible, qu'allons-nous faire de vous… Non, non, c'est impossible, je ne peux pas accepter quelqu'un qui ne parle même pas français. ».

À ces mots, la Mère Supérieure se leva. Droite, les bras croisés, elle s'approcha de la fenêtre et tourna le dos à sœur Angèle, sans même daigner la regarder. Pour elle, c'était un refus catégorique.

La petite Ginetta rejaillit des profondeurs de l'âme de sœur Angèle, elle pâlit et, sans mot dire, elle sortit du bureau. Ce n'était certainement pas la première fois, ni d'ailleurs la dernière, qu'elle se retrouvait à faire face à de la discrimination de la part de certaines sœurs aigries et frustrées. Une fois de plus, elle se sentit rejetée et mise de côté, elle qui était toujours tellement empressée d'offrir son amitié et son amour à son entourage, sans aucune distinction. Mais elle ne se découragea pas pour autant. Ce n'était sûrement pas le refus de cette vieille sœur conformiste qui lui ferait changer d'idée !

En cette matinée de septembre, le ciel était d'un bleu intense, l'air était doux et tiède, sœur Angèle se réfugia, comme chaque fois qu'elle avait le cœur tourmenté, dans un silence profond. Elle partit se promener le long des sentiers solitaires du jardin et, saisie par la beauté de la nature en septembre, elle se recueillit dans la prière et se mit à fredonner ses chansons préférées. Assise la tête entre les mains à l'ombre d'un immense érable, elle respirait profondément les parfums de cette terre qui l'avait accueillie à bras ouverts et qui semblait maintenant la rejeter. Alors qu'elle écoutait le chant des oiseaux, il lui semblait retrouver l'espoir et la paix s'installa de nouveau dans son cœur. Elle savait que son Époux, de là-haut, ne la laisserait pas seule, Il ne l'aurait jamais abandonnée ni répudiée après l'avoir choisie : Il était avec elle et Niko, lui aussi, l'accompagnait.

Lors de la cérémonie, sa maman et sa petite sœur Flora seraient présentes. Comment pourrait-elle les décevoir et ne pas être là, elle aussi ? Elle prit alors une décision et cela serait sa première désobéissance. Au diable le vœu d'obéissance ! Peu importe les conséquences, elle allait se présenter à l'église pour prononcer ses vœux !

Le lendemain, une bougie à la main, le sourire aux lèvres, sœur Angèle entra dans l'église en procession avec les autres novices qui ignoraient la situation singulière vécue par leur consœur. Elles attendaient d'être appelées une à une par la Mère Supérieure pour se présenter devant l'autel et prononcer leurs vœux.

Sœur Angèle regardait, le cœur battant, ses compagnes défiler jusqu'à ce que, comme par miracle, d'une voix hésitante, la Mère Supérieure l'invite à se présenter à l'autel.

Rayonnante de joie, sœur Angèle avança lentement vers l'autel où l'attendait son divin Époux. Elle le vit lui tendre la main et, face au père qui devait la consacrer, devant la communauté entière qui allait l'accueillir, au grand émoi de sa maman et de sa sœur, d'une voix ferme et sûre elle prononça ses vœux.

« Révérend père, ici en Votre présence, animée de ma foi et de la grâce divine, je veux, en union avec Jésus, suivre son chemin et consacrer ma vie entière à Le servir. En communion avec la Vierge Marie et la Sainte Église, devant la Mère Supérieure Générale de l'institut Notre-Dame du Bon-Conseil ici présente, moi, Angiola Rizzardo, je prononce pour un an mes vœux de pauvreté, de chasteté et d'obéissance, conformément à la constitution de cet institut. Je m'engage à partager la vie de la communauté de l'institut ainsi que sa mission apostolique. Je Vous prie, mon Dieu, d'accepter l'offre de tout mon être. Puisse l'Esprit Saint m'illuminer et m'indiquer mon chemin.

Donnez-moi la force et le courage d'être chaque jour plus disponible pour Vous servir et pour servir Votre Sainte Église. »

C'était le 8 septembre 1960.

Chapitre 9
Dorchester

Sœur Angèle était devenue professe et, le cœur léger, elle se préparait à entrer dans le cercle plutôt fermé et sélectif des consœurs qui, bon gré mal gré, avaient dû l'accepter.

Elle était heureuse de participer à la grande célébration qui se préparait au couvent pour les nouvelles professes et leurs familles. Puisqu'elle était d'un naturel joyeux, elle avait toujours aimé les fêtes. Elle se sentait gaie et légère comme une hirondelle au printemps. Quelle ne fut pas sa joie lorsqu'elle apprit une magnifique nouvelle d'Italie : son cher ami le cardinal Roncalli, patriarche de Venise, venait d'être nommé pape sous le nom de Jean XXIII. Elle reçut même une lettre personnelle et la bénédiction apostolique soulignant sa décision de devenir Soeur Angèle. La nouvelle de sa profession religieuse était arrivée directement au pape par le cardinal de Belluno. Il l'assurait de ses prières à son intention et affirmait qu'elle allait très bientôt comprendre le sens de sa décision d'entrer dans une congrégation aussi éloignée. Il ne faisait aucun doute qu'elle aurait une mission importante à accomplir au Canada, une mission qui s'inscrivait bien dans les desseins de Dieu.

Tout cela suscita un sentiment de grande surprise au couvent et ses consœurs ne pouvaient comprendre comment cette nouvelle professe venue de loin pouvait avoir des connaissances aussi haut placées. Sœur Angèle néanmoins était heureuse, elle ne se laissait pas perturber par les nombreux commentaires car il lui suffisait de savoir qu'il y avait là-haut une Sainte Providence qui veillait sur elle.

Mais chaque rose a ses épines : lorsque la Supérieure lui annonça qu'elle devait immédiatement se rendre à la nouvelle maison de Dorchester et qu'elle ne pourrait donc pas participer aux festivités, sœur Angèle en eut les larmes aux yeux.

Une fois de plus, elle se sentit rejetée par le groupe. Elle ne put répliquer puisque, après tout, elle venait de prononcer son vœu d'obéissance; la Mère Supérieure, qui avait été obligée de se soumettre à des ordres venus d'en haut pour accepter la candidature de sœur Angèle, n'était que trop contente de prendre une petite revanche sur cette Italienne qui, pour des raisons inconnues, s'était présentée à la cérémonie des vœux sans son consentement.

« Nous avons décidé de vous donner la charge de la cuisine : la Mère qui s'en occupait avant a eu un malaise et elle doit partir sans tarder, il n'y a pas de temps à perdre », lui dit-elle d'un ton décidé.

Sœur Angèle ravala ses larmes. Consternée, elle tomba assise sur une chaise. Comment, encore aux cuisines et avec plus de deux cent personnes à nourrir ? Tout comme Cendrillon, elle était toujours reléguée à la cuisine. Pourquoi ? Elle pouvait dire adieu à son rêve d'aller travailler au centre social d'aide aux immigrants !

La Mère Supérieure la laissa ainsi, assise, la tête entre les mains, sans même lui adresser la parole.

Était-ce vraiment aux cuisines que son Seigneur et Maître la destinait ? Puisque, peu importe où elle allait, c'était toujours devant les fourneaux qu'elle finissait par se retrouver, cela voulait sans doute dire que sa mission était bien là. Mais, aussi jeune, allait-elle être capable de supporter le poids d'une tâche pareille ?

D'autre part, elle ne pouvait refuser : elle allait accepter le défi tout en sachant que ce n'étaient certainement pas ses plats savoureux qui avaient motivé une telle décision, mais plutôt son habileté à faire des miracles avec très peu d'ingrédients à sa disposition.

Sœur Paule vint à sa rencontre avec un sourire. C'était une religieuse timide et menue, qui avait toujours manifesté beaucoup de sympathie et d'amitié à son égard. Elle avait été parmi les rares amies qui l'avaient convaincue d'entrer à l'institut et elle l'accueillit en l'encourageant pour lui faire comprendre toute l'importance de son nouveau travail.

« Nous ne sommes pas riches, sœur Angèle, vous le savez bien : nous devons faire des miracles avec le peu dont nous disposons et vous possédez les qualités pour le faire. Vous n'aurez que cent dollars par semaine pour nourrir tout le monde. Je sais, c'est bien maigre, mais les jeunes filles ne paient pas grand-chose pour leur pension, à peine 25 dollars par semaine pour leur gîte et leurs repas, nous ne pouvons guère faire plus... »

Sœur Paule, une Québécoise de 20 ans l'aînée de sœur Angèle, était économe au couvent. Petit à petit, elles allaient devenir de très grandes amies.

Arrivée à Dorchester, sœur Angèle s'arrêta devant la grande bâtisse et sentit son cœur battre à tout rompre à l'idée de la lourde tâche qui l'attendait.

La maison Dorchester accueillait environ deux cent personnes; sœur Angèle avait commencé à cuisiner à Valleyfield pour une trentaine de sœurs, à l'hôtel Bramezza elle s'était occupée de groupes sans doute plus nombreux, mais deux cent personnes à nourrir chaque jour à elle seule ! Elle avait besoin de réfléchir... sans doute allait-elle y arriver.

Pour commencer, tout devait être remis en ordre : fourneaux, appareils électriques, comptoirs, réfrigérateurs et cave. L'organisation du temps et des outils de travail était également fondamentale. Il fallait dresser une liste de tout, notamment ses épices préférées, inventorier les réserves et planifier les dépenses en faisant bien attention qu'il ne manque rien à la dernière minute.

Son secret : l'énergie qui naît du plaisir de créer et d'inventer. C'est ainsi qu'elle pouvait donner le meilleur d'elle-même.

À ce moment-là, sœur Angèle sentit qu'elle assumait la responsabilité du bien-être de toutes les pensionnaires : les jeunes filles, les dames âgées, les sœurs; un bien-être qui dépendait aussi d'une saine et bonne alimentation. Elle y dédiait toute son énergie et tout son amour, même si elle ne se sentait pas toujours bien acceptée.

Elle ne pouvait compter que sur cent dollars par semaine pour deux cent personnes, l'équivalent d'une vingtaine de sous par repas... Un miracle comparable à la multiplication des pains et des poissons. Son Époux avait pourtant réussi à nourrir des milliers de personnes avec quelques pains et quelques poissons : Il saurait bien lui suggérer la meilleure façon d'agir. Il suffisait, dans le fond, d'avoir confiance en Lui et en ses propres capacités.

Il fallait s'approvisionner au marché trois fois par semaine. Et c'était là, au Marché central, que sœur Angèle retrouvait toute sa gaieté.

Entourée de fruits, de légumes, de sacs remplis de riz, d'orge, de maïs, de farine et de mille épices parfumées, parmi les étals multicolores et les camions chargés de tomates, elle sentait s'éveiller en elle la petite Ginetta qui s'en allait, dans le temps, au marché de Cavaso pour vendre ses produits du terroir. C'est ainsi que sœur Angèle retrouva son sourire radieux.

Quand les sous sont comptés, il faut savoir acheter. La voici au beau milieu du marché, prête à marchander le prix de la viande, à récupérer les caisses de fruits légèrement abîmés, à discuter en italien avec les marchands de produits maraîchers, ses compatriotes, à rire et plaisanter avec eux, sous le regard vigilant et bienveillant de sœur Paule. Sa gentillesse et sa sympathie faisaient des miracles, elle devint vite populaire dans tout le marché, discutant avec les uns et les autres, offrant à tous quelques mots encourageants. Chacun la récompensait volontiers, ce qui lui valut le surnom affectueux de Pollicina, le Petit Poucet.

On l'avertissait des nouveaux arrivages fraîchement débarqués au port. D'une façon ou d'une autre, nombreux étaient ceux qui essayaient de l'approvisionner gratuitement ou qui lui répondaient chaque fois en souriant : « Ne vous en faites pas, ma sœur, vous me paierez la semaine prochaine, dites plutôt un *Ave Maria* pour moi… ».

« Merci, merci, je réciterai tout un chapelet pour vous, si vous voulez », répliquait gaiement sœur Angèle.

Et ainsi de suite, d'une semaine à l'autre.

À l'époque, la population du Québec mange très mal, notamment l'hiver, lorsque les légumes sont rares. On mange des aliments trop gras, beaucoup de pommes de terre frites, du maïs soufflé, d'énormes quantités de crêpes épaisses noyées dans du sirop d'érable, des fèves rouge foncé généreusement arrosées, elles aussi, de sirop d'érable, de gros morceaux de porc cuits au four, des tourtières farcies d'une viande très grasse. Peu de gens comprennent que leur santé passe par une alimentation saine, car des mets trop lourds entraînent une prise de poids et rendent le corps flasque et gonflé.

Sœur Angèle sait bien que son énergie et sa santé sont le fruit d'une alimentation simple, légère et naturelle. D'où l'idée de réaliser sa mission apostolique en allant toucher le cœur des gens par le biais de l'art culinaire. Lorsqu'on s'assoit à table tous ensemble, ce n'est pas pour s'empiffrer de n'importe quoi, mais au contraire, pour partager des idées, des prières et de la nourriture dans un climat d'amitié. C'est pourquoi, en mémoire de la Dernière Cène de son Époux Céleste, sœur Angèle souhaite faire connaître à ses consœurs la joie d'une saine et bonne alimentation. Sans vouloir imposer ses traditions alimentaires, elle les introduit petit à petit dans les habitudes culinaires et les recettes québécoises, réussissant à marier les mets et les produits pour donner un goût méditerranéen à la cuisine locale. D'autre part, cette même population québécoise est en train de changer : les Français et les Anglais ne sont plus seuls à vivre au Québec et au Canada, d'autres gens sont arrivés des quatre coins du monde, apportant avec eux des traditions et des cultures différentes, des ingrédients et des mets nouveaux, ainsi que d'autres façons de s'alimenter.

Consciente de ses propres capacités et de sa créativité débordante, sœur Angèle se dévoue corps et âme à la tâche que le destin lui a confiée, s'efforçant toujours de donner le meilleur d'elle-même pour tendre vers la perfection.

Bien que populaire, l'art culinaire est une science noble, un art qui s'adresse en quelque sorte à tous, pratiqué depuis toujours par tout le monde. Souvent, dans les milieux les plus démunis, on se nourrit mal à cause du manque d'argent, mais aussi par ignorance : on ne sait pas qu'il est possible de bien manger avec des moyens très restreints. C'était ce que sœur Angèle avait appris dès sa plus tendre enfance, grâce aux précieux enseignements de sa mère.

L'aumônier du couvent l'avait surnommée « courant d'air » car depuis cinq heures le matin jusqu'à minuit, sœur Angèle courait à droite et à gauche, toujours gaie et fraîche comme l'air vif du printemps.

Ainsi passaient les jours et les mois : il fallait constamment réorganiser, nettoyer, diriger, acheter, cuisiner et préparer cent soixante-dix mille repas par an pour plus de deux cent personnes chaque jour : déjeuner, dîner, souper et deux goûters, à dix heures le matin et à l'heure du thé.

Bien qu'elle n'ait pas encore reçu la visite de la Supérieure de Dorchester et qu'elle fut toujours confinée entre les quatre murs de la cuisine, sœur Angèle se sentait heureuse : la cuisine et les fourneaux étaient devenus son règne. Depuis un certain temps déjà, toutes les bouches qu'elle devait nourrir commençaient à apprécier les nouveautés culinaires qui leur étaient présentées chaque jour.

Sœur Angèle se surprenait à guetter les commentaires des dames et des jeunes filles. Elle ne manquait pas d'idées et son travail la passionnait toujours davantage. Elle espérait déjà qu'en septembre, au début de l'année scolaire, elle pourrait elle aussi s'inscrire à des cours de cuisine pour parfaire ses compétences.

Elle pressentait dans son cœur que tout cela allait peut-être connaître une fin, mais en attendant, elle travaillait avec passion jour et nuit sans trêve, jusqu'au moment où la Supérieure lui proposa de prendre quelques jours de vacances, prétextant qu'il lui fallait se reposer un peu elle aussi.

Stupéfaite et incrédule, sœur Angèle essaya de refuser.

« Ne vous en faites pas, sœur Adrienne vient tout juste d'arriver, elle pourra vous remplacer pendant deux semaines. Le temps passe vite et personne ne se rendra compte de votre absence. Vous pourrez ainsi vous reposer et vous changer un peu les idées. »

Comment refuser deux semaines de détente à la mer ? Les premières vacances de sa vie !

Elle partit donc en compagnie de cinq autres consœurs dans une vieille camionnette, en direction de la Nouvelle-Angleterre où les religieuses avaient loué un petit chalet qui donnait directement sur la mer. Deux semaines à ne rien faire, sans devoir s'inquiéter de quoi que ce soit; elles passaient leur temps ensemble à prier, discuter, se promener, se prélasser au soleil et nager. L'eau était plutôt fraîche pour une Italienne comme sœur Angèle, mais elle ne voulait pas montrer aux sœurs canadiennes qu'elle était frileuse et qu'elle ne s'était pas encore habituée à leur climat. Elle s'approchait du feu pour se réchauffer, car même pendant les vacances, son rôle était de préparer à manger.

Après deux semaines de cette vie presque oisive, sœur Angèle était contente de rentrer à la base, mais elle avait le pressentiment que quelque chose avait changé et cela l'inquiétait.

En effet, dès son arrivée à Dorchester, elle comprit que ses inquiétudes étaient fondées. Pendant son absence, sœur Adrienne avait pris la direction totale de la cuisine et elle n'avait aucune intention d'en remettre les clés à sœur Angèle pour retourner à la buanderie. Puisqu'elle était l'amie de la Mère Supérieure, elle avait fait valoir son ancienneté et son expérience pour assumer la direction des cuisines, soutenant avec aplomb que sœur Angèle était trop jeune.

Sœur Angèle dut obéir sans répliquer. Elle dut d'ailleurs garder le silence aussi car sœur Adrienne, aigrie, ne la supportait pas puisqu'elle était jeune, compétente et, de surcroît, étrangère. De plus, sœur Adrienne lui criait qu'il fallait qu'elle lui obéisse et ajoutait en murmurant tout bas : « Mais pour qui se prend-elle, cette étrangère ? Elle croit tout savoir. Elle est capable, tout au plus, de faire la vaisselle. ».

Sœur Angèle se trouva ainsi reléguée une fois de plus, pauvre Cendrillon, à laver la vaisselle. Mais pire encore, elle avait constamment sur elle le regard sévère de cette soeur devenue agressive à cause de frustrations, qui l'obligeait toujours à exécuter ses ordres sans mot dire, bien qu'elle ne sut pas cuisiner et encore moins équilibrer les menus et les finances.

Les jours étaient lourds et gris pour sœur Angèle qui se sentait triste; elle n'était plus capable de plaisanter, même en compagnie des jeunes filles. Elle trouva alors refuge dans le silence, essayant de retrouver la paix et sa sérénité dans la prière. Mais sa peine était grande et son orgueil souffrait beaucoup.

La nuit elle priait et se disait qu'elle s'était peut-être trompée, qu'elle n'était pas faite pour cette vie religieuse. Elle ne comprenait pas pourquoi le Seigneur lui envoyait autant d'épreuves et une situation aussi odieuse à affronter quotidiennement.

Elle était profondément déçue par l'hostilité que lui manifestaient ses consœurs. Sa seule consolation, elle la trouvait en sœur Paule qui avait remarqué la tristesse de sa jeune amie, mais qui ne savait comment l'aider. Inutile d'essayer d'intercéder auprès de la Supérieure, cela aurait été peine perdue.

Même si elles ont choisi d'être religieuses, les sœurs restent toujours des êtres humains qui ont parfois du mal à aimer leur prochain. Elles ne sont pas à l'abri de la convoitise, la mesquinerie, l'orgueil et les petites méchancetés.

Quant à sœur Angèle, il ne lui restait plus qu'à se résigner, pleurer et prier. C'était tout ce qu'elle pouvait et savait faire. Elle avait perdu sa sérénité, son esprit était toujours tendu et agité, son cœur était blessé. Même la nuit, elle n'arrivait pas à retrouver un sommeil réparateur, d'autant plus qu'elle était obligée de dormir dans une minuscule pièce au sous-sol du couvent, chambre qu'elle partageait avec sœur Adrienne. Là encore, les deux consœurs se regardaient en chien de faïence parce que l'une voulait garder la fenêtre ouverte la nuit pour mieux respirer, alors que l'autre, sœur Angèle, craignait le froid.

Un matin, sœur Adrienne ordonna à sœur Angèle de mettre le saumon au four et lui demanda d'en ôter la peau d'abord. Sœur Angèle, outrée devant une telle incompétence, ne put s'empêcher de répliquer : « Il aura certainement moins de goût… ».

— Vous n'y connaissez rien !, s'écria sœur Adrienne en colère. Faites ce que je vous demande, vous n'êtes qu'une petite prétentieuse arrogante !

Non, il n'y avait aucun espoir de s'entendre, impossible de faire la paix, pas même l'ombre d'un armistice.

La guerre durait désormais depuis plusieurs mois, il n'y avait que l'aumônier, le père Pierre, qui venait de temps à autre consoler sœur Angèle, essuyant avec elle autant de casseroles que de larmes pendant qu'il l'écoutait et essayait de la distraire.

Il voulait beaucoup de bien à cette jeune petite sœur qui avait perdu toute sa gaieté et gardait malgré tout le sourire, quoique teinté d'un peu de tristesse : lorsqu'elle prenait soin des dames âgées, elle les amusait beaucoup avec son français encore hésitant.

Ces visites occasionnelles aidaient sœur Angèle dans son quotidien pénible, mais elles étaient loin d'être appréciées par sa nouvelle ennemie qui se morfondait de rage, surtout lorsque le cardinal Paul-Émile Léger, qui venait souvent rendre visite à la Supérieure du couvent, rejoignait sœur Angèle à la cuisine pour siroter un bon café à l'italienne, s'arrêtant pour converser avec elle afin de parfaire son italien. La petite Ginetta refaisait alors surface, retrouvant, l'espace de quelques instants, son soleil lointain : la cuisine de Dorchester disparaissait pour laisser la place aux canaux de Venise, à la Basilique Saint-Marc, aux places de Rome et à la présence bienveillante du Saint-Père dont sœur Angèle garde précieusement encore aujourd'hui toutes les lettres personnelles qu'elle recevait de temps en temps et qui, bien entendu, suscitaient la jalousie de ses consœurs.

Le cardinal Léger appréciait beaucoup ces moments. Il voyait en cette jeune religieuse une grande pureté d'âme, une profonde simplicité et une intelligence vive; il reconnaissait en elle une foi immense et un inconditionnel amour pour son Époux céleste qui, dans ces moments difficiles, semblait l'avoir abandonnée à son sort. Alors qu'elle parlait avec le cardinal, elle lui confiait presque en pleurant : « Chaque difficulté, chaque obstacle que je rencontrais sur mon chemin était toujours adouci par une profonde joie intime, une flamme intérieure qui réduisait en cendres tout sentiment de rancœur ou de colère, me laissant épuisée dans l'attente sereine d'un signe qui puisse dissiper mes doutes… J'ai l'impression maintenant d'être complètement abandonnée, mon âme est aride; c'est comme si j'errais dans le désert sans aucun but, sans jamais rencontrer une oasis de paix. ».

Le cardinal souriait, l'encourageant à prier et à ne pas perdre sa confiance, car lorsque même notre Seigneur s'est fait Homme, seul et abandonné de tous à Gethsémani, Il dut implorer l'aide du Ciel. Elle aussi allait bientôt recevoir une réponse à toutes ses souffrances.

Avant de partir, il la bénissait et elle lui offrait, entre deux larmes, un de ses radieux sourires devenus désormais tellement rares, alors qu'ils chantonnaient ensemble l'air bien connu de *O sole mio !* comme pour inviter le soleil à briller de nouveau pour dissiper toute cette grisaille.

Chapitre 10

Fugue et réconciliation

« Sœur Angèle, sœur Angèle par ci, sœur Angèle par là…J'en ai assez d'entendre ce nom ! » C'était ainsi que sœur Adrienne avait explosé de colère quand une jeune pensionnaire était entrée dans la cuisine en cherchant sœur Angèle qui était là, en silence, devant une grande pile d'assiettes à laver.

Ce fut la goutte qui fit déborder le vase.

La petite Ginetta n'en pouvait plus ! Jusqu'alors, sous l'habit religieux, elle avait tout supporté sans rien dire, en priant.

Tant que l'on doutait de ses compétences ou qu'on l'humiliait, elle était prête à l'accepter comme une épreuve qui lui était envoyée par le Seigneur pour renforcer son esprit de charité, mais qu'on s'attaque maintenant à sa personne avec mesquinerie et discrimination, c'en était trop, l'affront était cuisant.

Poussée par la petite Ginetta qu'elle portait toujours en elle, comme dans le temps chez les Bramezza et chez sa sœur, le visage inondé de larmes, sœur Angèle quitta aussitôt la cuisine et, les mains encore mouillées, elle prit son manteau et se sauva en courant.

Personne ne l'avait vue sortir par la porte de service. Fuir, partir ailleurs. Loin de là où personne ne l'appréciait, où elle avait cru trouver la paix et la joie en mettant tout son être au service des autres.

« Oui, oui, je m'en vais. Je n'ai plus rien à faire ici. »

Le cœur brisé, elle marchait vite dans la rue. Personne ne portait attention à elle. Tremblante, non pas de froid, car l'hiver venait tout juste d'arriver, mais de colère, elle avait l'impression que sa tête allait éclater tellement sa souffrance était aiguë.

Une fois de plus, elle se retrouva seule, repoussée par ses semblables, rejetée malgré son amour, malgré le don de soi dont elle avait toujours fait preuve sans ménager ses pauvres forces, malgré… Rien, plus rien ne pouvait la consoler maintenant et elle ne savait pas où aller. Enfant, elle trouvait refuge au cœur des bois où la Mère céleste l'accueillait et la consolait sous son manteau. Mais là, dans cette grande métropole agitée et bruyante où elle se sentait complètement seule parmi tant de gens, où aller ?

Et voilà que sur le boulevard Maisonneuve, elle trouva une porte ouverte. C'était une belle église irlandaise, sœur Angèle poussa lentement la lourde porte et pénétra dans une atmosphère sombre mais tranquille

Personne. L'église était déserte. Dans l'entrée, à gauche du portail, une magnifique statue en marbre de Notre-Dame-des-Sept-Douleurs portant dans ses bras son fils mort était là et l'attendait. Une remarquable Pietà. Sœur Angèle tomba à genoux en pleurant et levant ses yeux pleins de larmes vers la Vierge Marie, il lui sembla entendre une voix intérieure murmurer :

« Regarde comme elle souffre. Sa douleur est immense. On a crucifié son fils, ce fils unique que tu as voulu pour Époux. Lui aussi, on l'a condamné; pourtant il ne faisait que du bien. ».

Pendant qu'elle priait, les larmes continuaient à couler sur son visage et sa prière fervente la transporta dans une méditation profonde en attendant que le ciel lui envoie un signe, une réponse, pour apaiser l'angoisse qui l'opprimait.

Puis, tout à coup il lui sembla que le Christ rendant son dernier soupir du haut de sa croix, lui murmurait à l'oreille : « Seigneur, pardonne-leur parce qu'ils ne savent pas ce qu'ils font. ».

«Le pardon, parce qu'ils ne savent pas ce qu'ils font ! Pas même sœur Adrienne ne le sait ! Si elle se comporte ainsi – pensait sœur Angèle – c'est parce qu'elle doit être malheureuse, elle doit se sentir humiliée et frustrée pour des raisons personnelles ! »

Un sourire timide commença à illuminer son visage et, petit à petit, elle se tranquillisa. L'aigreur de sœur Adrienne ne devait plus la blesser. Elle se souvint de ce que disait sa maman, quand elle supportait toujours sans mot dire les critiques malveillantes de sa belle-sœur.

« Pourquoi souffrir à cause de propos méchants, s'ils ne nous concernent pas… Au contraire, puisque nous ne nous sentons pas atteints, répondons par un sourire et notre ennemi sera bien vite désarmé. Nous devons tout simplement nous concentrer sur la confiance en nous-mêmes et sur la joie et la sérénité de notre cœur que jamais personne ne pourra nous enlever. Peu importe si quelqu'un nous fait souffrir, Dieu est toujours avec nous ! »

Le Seigneur ne l'avait pas abandonnée, Il était toujours caché dans son âme. Mais sœur Angèle, aveuglée par la douleur et la colère, ne pouvait ni le voir ni l'entendre. C'est là, aux pieds de la Vierge-des-Sept-Douleurs, dans le silence d'une église irlandaise, qu'elle retrouva son rayon de soleil. Dieu était en elle. Sœur Angèle se rendit définitivement compte que vivre sa nouvelle vie dans le Christ signifiait être consciente qu'en chacun de nous se reflète le visage de Dieu, notre Père qui est aux cieux et qu'Il ne peut nous abandonner.

Il fallait maintenant qu'elle vive sa vie jour après jour en acceptant les choses comme elles étaient, sans se rebiffer, mais en priant.

Grâce à la prière, les difficultés deviennent plus faciles à affronter et à surmonter.

« Que celui qui veut me suivre prenne sa propre croix », avait dit Jésus et sœur Angèle, depuis longtemps, avait voulu le suivre et marcher sur ses traces.

Chacun doit porter sa propre croix, mais avec l'aide de Jésus, ce poids est plus léger.

C'est ainsi que sœur Angèle retrouva la paix malgré son parcours douloureux, elle se releva et, reprenant sa croix, elle continua seule sa route faite d'amour et de sérénité. Elle savait désormais qu'elle pouvait se passer de la sympathie et du respect des autres : un seul Amour lui importait et un seul jugement l'intéressait : ceux de son Époux divin, Jésus.

Libéré de tout ressentiment, son cœur était maintenant rempli de compassion envers ceux qui essaient de se défouler de leurs frustrations sur leur entourage. Après tout, ils souffrent aussi et ont besoin, comme sœur Adrienne, de compréhension.

Sœur Angèle sécha ses larmes, regarda la Vierge en souriant et s'assit aux pieds de la statue. Elle resta un moment ainsi à s'enivrer du parfum de l'encens et des roses blanches qui ornaient l'autel.

« Merci Seigneur, merci Vierge Marie ! Grâce à Votre aide, même dans l'obéissance, je retrouverai la sérénité et la joie, *Ave Maria*… » Et, tournée vers le ciel, elle conclut : *Ecce ancilla Domini !* (Voici la servante du Seigneur).

C'était le crépuscule, le jour s'en allait petit à petit lorsque sœur Angèle sortit de l'église. Elle ne savait plus combien de temps elle s'était absentée de l'institut.

Sur le chemin du retour, elle marchait à pas lents et continuait à penser et à méditer. L'air frais du soir faisait flotter son voile noir et le soleil se couchait lentement derrière les murs épais du vieux couvent Dorchester, offrant aux arbres qui bordaient l'allée les couleurs chaudes et ambrées de l'automne canadien qui tirait à sa fin.

En montant le grand escalier qui mène à l'entrée du couvent, sœur Angèle se doutait bien que des moments difficiles l'attendaient car elle devrait donner des explications sur sa conduite et son absence sans permission.

Le lourd portail était entrouvert, sœur Angèle n'eut pas besoin de sonner. Elle poussa doucement la porte qui grinça de façon sinistre, un frisson lui courut le long du dos. Personne n'était à l'entrée. Peut-être même que personne ne s'était aperçu de son escapade. Mais dans le long couloir sombre, une main se tendit vers elle. Sœur Paule s'approcha silencieusement et l'invita à venir dans son bureau.

Nul besoin d'explications. Sœur Paule devinait les difficultés que vivait sa jeune amie.

« Je comprends combien vous souffrez, sœur Angèle, mais vous verrez que tôt ou tard, tout s'arrangera. Le Seigneur ne ferme pas une fenêtre pour nous laisser dans l'obscurité mais pour nous ouvrir grand la porte par laquelle une lumière radieuse entrera. »

Sœur Angèle leva vers son amie ses grands yeux encore humides de larmes, mais ne demanda pas d'explications. Sœur Paule, de son côté, ne posa aucune question.

En silence, elles se saluèrent et remercièrent le Seigneur.

Cette nuit-là, sœur Angèle mit toute son ardeur dans la prière qu'elle avait l'habitude de dire lorsqu'elle était enfant : « Sainte Croix, Sainte Croix, je vais me coucher et j'ignore si je me réveillerai demain. C'est la grâce de Dieu qui décide. Que Sa volonté soit faite. ».

Les jours suivants, la situation changea.

À la fin du mois, au moment de dresser le bilan des comptes, sœur Paule, économe de la communauté, s'aperçut que sœur Adrienne dépensait le double du budget attribué à la cuisine. À ce rythme, le centre d'accueil allait devoir fermer pour cause de faillite.

Sœur Paule prit tout de suite les mesures nécessaires et sans hésiter, elle avertit la Supérieure en lui faisant remarquer que les mois précédents, quand sœur Angèle était responsable de la cuisine, non seulement les comptes étaient équilibrés, mais à une ou deux reprises, le bilan était même positif.

« Peut-être serait-il plus opportun, révérende Mère, de redonner les clés de la cuisine à sœur Angèle et la réaffecter à ses fonctions. »

La Mère Supérieure, bien entendu, ne reconnut pas son erreur, mais d'un hochement silencieux de la tête, elle accepta la suggestion de sœur Paule. Le jour même, sœur Adrienne dut, bon gré mal gré, laisser la cuisine et changer de tâche.

Sœur Angèle reprit ses fonctions avec modestie, sans crier victoire et, petit à petit, elle retrouva son sourire et son tempérament joyeux. Occupée aux casseroles et aux fourneaux, à la cuisine, au marché, à la poissonnerie du port, elle recommença à fredonner ses refrains. Et l'envie de réinventer ses recettes et d'en élaborer de nouvelles la prit avec plus d'ardeur. Elle goûtait une sauce et improvisait un mets, imprégnant les plats traditionnels québécois de saveurs méditerranéennes. Elle ne critiquait jamais les spécialités des autres pays ou leurs coutumes alimentaires, mais elle en changeait peu à peu le goût et en modifiait la recette.

À l'époque, on ne connaissait pas encore les aubergines que l'on trouvait seulement chez les marchands de légumes italiens. Personne au couvent n'avait jamais mangé d'aubergines auparavant. Sœur Angèle en reçut un jour un grand panier offert par l'un de ses nombreux amis italiens contents de l'avoir retrouvée après sa longue absence.

Mais il lui fallait inventer une façon d'apprêter les aubergines pour que ses consœurs puissent les manger sans trop faire d'histoires. Elle trouva vite la solution : on les coupe en tranches comme un saucisson, on fait disparaître leur goût amer en les salant la veille, ensuite on les rince bien, on prépare une belle sauce béchamel bien ferme, on les trempe dedans et on les fait frire dans l'huile bouillante. Les Québécois adorent tout ce qui est frit et ces beignets d'aubergines connurent un énorme succès.

« Sœur Angèle, mais qu'est-ce que c'est ? Ces beignets sont délicieux… »

Toutes ses consœurs étaient curieuses de savoir ce qu'étaient les aubergines, un légume dont elles ignoraient l'existence. Elles ouvraient grand les yeux à la vue des champignons et des épinards qu'elles n'avaient jamais mangés de leur vie.

Tout comme les aubergines, le même sort attendait les fleurs de citrouille et surtout les fleurs de courgette.

Au marché, elles étaient destinées aux poubelles. Seuls les marchands italiens les rapportaient chez eux où leurs épouses savaient les apprêter : elles s'en servaient pour faire de délicieux beignets ou les grillaient sur une plaque avec de la chicorée rouge, autre légume inconnu. Sœur Angèle faisait ainsi découvrir ces divers aliments aux consœurs et aux pensionnaires qui en demandaient encore.

Parmi les aromates, on avait l'habitude d'utiliser surtout le laurier, beaucoup de cannelle, de la noix de muscade et un peu d'ail, mais sœur Angèle introduisit le basilic, le romarin, la menthe, la marjolaine et la sauge.

Elle créait des plats simples mais savoureux et les pensionnaires restaient émerveillées, extasiées même devant la préparation des mets. Leur présentation artistique, haute en couleurs comme la toile d'un peintre. Personne ne savait résister à des plats aussi bien présentés.

Chaque semaine, sœur Angèle préparait elle-même le pain, pétrissant et enfournant de belles petites miches de blé dur ou de farine mélangée à cinq céréales différentes. Rien n'était jeté, même les restes étaient recyclés.

Le pain rassis avec du lait, des œufs et des raisins secs devenaient un dessert. L'eau ayant servi à faire bouillir les haricots verts n'était pas jetée mais réutilisée pour faire bouillir d'autres légumes, ainsi le liquide prenait du goût, les vitamines y étaient concentrées et ce bouillon servait ensuite à faire des soupes ou des purées de légumes. Les épluchures de carottes, de pommes, ainsi que les feuilles de laitue fanées, une fois bien lavées, ne partaient pas à la poubelle mais étaient au contraire bouillies puis mixées pour être enfin servies sous forme de délicieux potages. Les tomates trop mûres servaient à préparer des sauces parfumées au basilic. Les fruits un peu trop mûrs étaient transformés en confiture et les écorces des agrumes conservées dans le sucre servaient à garnir les gâteaux.

Quand la Mère Supérieure lui fit remarquer qu'elle ne servait jamais de pâté chinois, à base de purée de pommes de terre et de restes de viande, de maïs et d'autres légumes, un plat très commun au Québec dont la Mère Supérieure raffolait, sœur Angèle lui répondit en souriant : « Ma mère, c'est que je n'ai jamais de restes… ».

« Comment cela se fait-il ? Mais vous faites des miracles ! »

Et c'était vrai ! Sœur Angèle faisait des miracles. Chaque repas qu'elle préparait ne devait pas coûter plus de deux sous et demi : chose impossible sans l'aimable complicité de ses amis marchands qui désormais la connaissaient mieux, l'appréciaient et l'aimaient bien.

Malgré tout, sœur Angèle ne réussit jamais à vaincre la peur des critiques de la part de certaines sœurs mécontentes. Pour elle, le pire moment de la journée était le matin, lorsqu'elle devait annoncer le menu du jour pour qu'on l'approuve.

Mais sœur Paule était toujours présente. À voix haute, elle essayait de l'encourager en partageant ses réflexions positives difficilement critiquables parce que bien fondées.

Chaque matin, au petit déjeuner, on servait du jus d'orange fraîchement pressé et chaque jour au dîner on variait le menu; le midi et le soir, il y avait toujours le choix entre un plat de poisson ou de viande, selon les goûts.

Sœur Angèle avait réussi non seulement à équilibrer le budget, mais aussi et c'était ce qui comptait le plus pour elle, à agrémenter la journée parfois monotone des pensionnaires âgées, heureuses dans l'attente de leur déjeuner ou de leur souper.

Elle était infatigable : plus elle travaillait, plus elle avait d'énergie. Dès qu'elle rentrait du marché, elle ne perdait pas un instant : elle nettoyait tous les légumes et les fruits et les préparait pour la cuisson. La viande, coupée en petits morceaux ou enroulée pour les rôtis, était aussitôt empaquetée et étiquetée puis rangée au réfrigérateur.

Sa mémoire extraordinaire l'aidait dans ses tâches. Elle connaissait exactement l'inventaire complet du réfrigérateur : ce qui manquait et ce qu'il fallait acheter, ce qui devait être cuisiné et à quelle heure. Toute sa journée était chronométrée à la minute près et, comme une petite fourmi, elle faisait des provisions pour l'hiver, quand les produits seraient plus difficiles à trouver et les prix plus élevés.

Le soir, enfin, sœur Angèle s'était inscrite à des cours de cuisine sachant que, dans ce domaine, il y a toujours beaucoup à découvrir et à apprendre, car elle voulait un jour réussir à atteindre la perfection.

Il lui restait donc peu de temps pour participer aux prières communes; sa vie et son travail étaient déjà toute une prière. Le matin, avant de commencer la journée, elle allait à la messe. Puis, entre deux sauces, un poulet rôti et un bifteck grillé, son esprit était constamment tourné vers le ciel, vers son

Époux divin. Elle n'avait pas besoin de s'agenouiller dans la chapelle avec les autres sœurs pour égrener son chapelet, elle disait ses *Ave Maria* en tournant le potage ou en épluchant des pommes de terre, certaine que ni la Vierge ni son Époux ne lui en voudraient pour cela.

Sœur Angèle avait désormais acquis une certaine indépendance et une rigueur d'esprit; avec sa volonté de fer, elle s'imposait la paix du cœur et la sérénité qui naissaient de son union mystique avec son Saint Époux.

Chapitre 11
L'appel de la terre natale

Quelle est cette force intérieure qui pousse à quitter les êtres et les choses ? Il faut du courage pour écouter cet appel puissant qui invite à laisser sa propre famille pour aller partager la compassion et l'amour de Dieu avec son prochain, dans la certitude que l'humanité entière forme une grande et unique famille. Peu importe la couleur de la peau ou les différences entre cultures et religions; ce qui compte, c'est d'être porteur d'un message d'amour fondé sur une cohérence de pensée et d'action. Sœur Angèle s'était toujours dévouée avec humilité à défendre son idéal d'un monde meilleur.

Le fait d'avoir été capable de s'adapter et vivre dans un pays étranger aussi loin du sien, d'en accepter les différentes coutumes, de persévérer même dans les moments les plus difficiles, tout cela était le fruit de la grâce de Dieu.

Sœur Angèle s'abandonnait avec une confiance totale à la mystérieuse volonté divine et se laissait guider, acceptant le mandat que le Seigneur lui avait confié et recommençant jour après jour cette collaboration privilégiée voulue par Dieu : porter la lumière de l'espérance dans l'obscurité du monde.

Parmi toutes les recettes de cuisine que sœur Angèle s'affairait chaque jour à inventer, il y en avait une en particulier dont elle se servait quotidiennement pour affronter ses problèmes matériels ou spirituels, petits et grands. Les ingrédients qu'elle mélangeait pour pouvoir être toujours souriante et disponible étaient une pincée de vérité, beaucoup d'humilité et de patience, un peu de douceur et de gentillesse et de la générosité à volonté.

Une générosité qui était parfois mal reçue et elle, dans sa naïveté, ne comprenait pas pourquoi. Sœur Angèle était authentique, spontanée, mais très émotive et bien qu'elle s'imposât une certaine rigueur d'esprit, sa tranquillité d'âme était parfois troublée par une incertitude opprimante et subconsciente, cachée au plus profond de son être. Cette angoisse qui torture inconsciemment ceux qui ont vécu les horreurs de la guerre.

Mais le besoin de vivre et la soif d'être heureux étaient plus forts que la tentation de céder à la crainte. Et, tout au long de son chemin encore parfois assombri par la peur, elle réussissait toujours avec la grâce du Seigneur à semer la foi, l'espérance et la charité.

Sœur Angèle avait appris depuis sa plus tendre enfance à ne pas succomber aux difficultés, mais à avancer avec détermination et confiance en soi sur le parcours choisi.

Ses activités ne se limitaient pas à la cuisine, au pensionnat, à l'école du soir et à la prière : pour distraire ses chères petites dames, elle organisait régulièrement, en collaboration avec les jeunes filles et les pensionnaires encore vaillantes, des représentations théâtrales, des activités thématiques ou carnavalesques, des soirées bingo et sœur Angèle trouvait toujours le temps d'y participer avec entrain et talent.

Même si elle avait choisi la vie de religieuse, elle n'avait jamais oublié son grand amour pour le théâtre. Elle s'occupait de la mise en scène, de la chorégraphie et elle confectionnait les costumes. Elle faisait rire tout le monde avec son humour et les vieilles dames oubliaient ainsi leur tristesse. Elle ne craignait pas le ridicule et récitait des sketches avec brio, s'amusant à répandre autour d'elle de joyeux éclats de rire.

Pendant les célébrations de Noël, elle était encore plus infatigable : en plus du repas qui chaque année devait être unique et inoubliable, elle se chargeait d'orner le pensionnat de décorations en papier qu'elle fabriquait elle-même pendant ses rares heures de repos. Des cloches dorées, des anges blancs et des Pères Noël peuplaient les couloirs et les salles du couvent, alors que près de la porte d'entrée trônait un grand sapin de Noël.

Un peu plus tard en soirée, elle allait à chaque étage de la maison et entonnait de sa magnifique voix les chants de Noël, mêlant le répertoire québécois à celui de son enfance italienne pour apporter un brin d'atmosphère de Noël aux pensionnaires infirmes.

Elle transformait ainsi toutes ses tâches quotidiennes, même les plus ennuyeuses, en moments de joie. Elle n'avait jamais oublié les conseils de sa maman qui lui suggérait toujours de remercier le Seigneur d'être en vie aujourd'hui, vivre le présent, donner le meilleur de soi, ne jamais prendre les choses trop à cœur mais les saisir au juste moment, quand elles se présentent à nous.

Richetta, sa chère maman… Elles ne se voyaient plus aussi souvent, juste à l'occasion des fêtes et des réunions de famille.

Sœur Angèle était heureuse de savoir sa mère à Montréal où elle vivait sereinement, entourée des gazouillis de ses petits-enfants qui la tenaient bien occupée pendant la journée, tout comme les fleurs de son jardin.

Son père lui, avait dû quitter son emploi à cause de la poussière de métal qui le rendait malade. Sœur Angèle avait réussi à le faire embaucher chez les religieuses pour l'aider à transporter les caisses de fruits et de légumes et pour l'assister à la cuisine par ses précieux conseils.

Elle n'avait pas oublié que lorsqu'elle était enfant, son père était un expert en cuisine : il savait comment faire des miracles avec très peu de choses. Il avait réussi pendant la guerre à nourrir toute sa famille en préparant de délicieux repas. C'était bien lui, d'ailleurs, qui avait appris à sœur Angèle à cuisiner.

Elle contemplait avec tendresse ce vieillard, cet homme déraciné et en quelque sorte vaincu par la vie : il avait tout laissé loin derrière lui, renonçant à son rêve de racheter ses propriétés et de recommencer à vivre dignement sur ses terres. Il avait dû se résigner à prendre la vie comme elle venait, abandonnant ses illusions, ses projets et sa rancœur également. Il vieillissait dans la paix et la sérénité, heureux de pouvoir aider sa Ginetta.

Secondés de trois autres assistants, ils formaient une belle équipe et tous auraient fait n'importe quoi pour sœur Angèle qui les traitait avec respect et estime, peu importe la tâche qui leur incombait. Ainsi, la personne qui passait la serpillière avait été surnommée avec humour et bienveillance « le spécialiste écologique », sœur Dolores qui se consacrait à la préparation des gâteaux était « la pâtissière » et ainsi de suite, chacun portait un sobriquet lié à sa tâche. Ces noms avaient fini par sortir des quatre murs de la cuisine pour courir sur les lèvres des pensionnaires qui les avaient affectueusement adoptés aussi.

La nouvelle Mère Supérieure de Dorchester avait pu observer et apprécier le talent artistique de sœur Angèle, elle était convaincue que toute intelligence humaine était la manifestation de l'esprit divin, c'est pourquoi il ne fallait pas gâcher ces dons mais bien au contraire les développer, les perfectionner et les mettre au service de la communauté. La Mère Supérieure proposa donc un jour à sœur Angèle de prendre des cours d'émail sur verre et sur cuivre, ainsi que des leçons de peinture.

Sans hésiter, sœur Angèle se lança avec enthousiasme, patience et rapidité dans cette nouvelle activité.

Sa vitesse de réalisation lui permit de créer trente-deux tableaux en une vingtaine de cours seulement. Elle était non seulement diligente, mais aussi très douée pour l'exécution artistique. Aimant l'art sous toutes ses formes, elle s'appliquait avec passion et créait en peu de temps de magnifiques tableaux riches en couleurs chaudes et lumineuses : des scènes champêtres qui faisaient revivre ses lointaines campagnes italiennes…

Angiola Rizzardo **est** une artiste née.

Son professeur l'appréciait tellement qu'il lui proposa à la fin des cours de travailler avec lui et d'enseigner à son tour. Mais sœur Angèle, bien que flattée, déclina l'offre : elle préférait continuer à perfectionner ses talents culinaires. De fait, tout ce qu'elle avait appris au cours d'art allait lui servir pour donner une touche particulière à la décoration de ses plats : les couleurs, la disposition géométrique des compositions, le graphisme. Ses créations culinaires se trouvaient enrichies de ce qu'elle avait appris pendant ses cours d'art et qu'elle mettait à profit dans sa cuisine.

Sœur Angèle était dans son élément, au cœur d'un tourbillon d'activités entre le marché, les casseroles, les rôtis, les gâteaux et les tartes. Elle ne voyait pas le temps passer, ne se posait jamais de questions sur sa vie et sur son choix, heureuse de vivre son quotidien et reconnaissante de ce que le Seigneur lui offrait chaque jour. Parfois, le dimanche, elle pouvait aller rejoindre les siens pour le dîner. Elle retrouvait avec une immense joie cette atmosphère chaleureuse si chère aux familles italiennes coupées de leur pays natal.

Dix ans désormais s'étaient écoulés depuis ce jour glacé où les Rizzardo étaient arrivés à Montréal, accueillis par Ginetta pour leur premier Noël québécois. Depuis ce temps, même s'ils s'étaient accoutumés aux fêtes et aux traditions du Québec, ils continuaient à célébrer Noël à l'italienne. Ils installaient la crèche près du sapin, ils préparaient le menu habituel : la veille, on mangeait uniquement du poisson et le jour de Noël, on ne pouvait se passer des raviolis ni du bouillon avec des tortellini, de la pintade au four et de l'immanquable *panettone*. C'était des Noëls à l'italienne qui ne ressemblaient certes pas aux pauvres fêtes de Noël passées dans leur lointain pays quand ils étaient presque toujours réunis malgré la misère.

Maintenant qu'ils étaient plus aisés, c'était en quelque sorte plus difficile de se retrouver tous ensemble : Antonio et Priscilla manquaient toujours à l'appel. Leur absence se faisait sentir surtout à Noël. La place de Ginetta, elle aussi, était vide pendant le repas : elle ne pouvait rejoindre sa famille que le lendemain car il lui fallait fêter Noël en communauté.

Cette année-là, il avait neigé sans arrêt le jour de Noël. Le soir, alors que sœur Angèle se préparait à rejoindre sa famille à Laval, une magnifique pleine lune brillait dans le ciel sombre et se reflétait sur la blancheur de la neige qui enveloppait silencieusement la ville entière de son doux manteau. Montréal s'était magnifiquement vêtue de blanc, parée de milliers de lumières scintillantes qui se réfléchissaient sur les vitrines des magasins. Devant un tel spectacle, le cœur de sœur Angèle se sentait empli de paix et de sérénité : tout était beau, tranquille. D'une voix légère, sœur Angèle entonna le chant « *Ô nuit de paix, sainte nuit…* ». C'était en effet une sainte nuit, on eut dit que des anges descendaient du ciel; sœur Angèle retrouvait l'enchantement de son enfance, elle avait l'impression que Niko, son cher Niko, contribuait en quelque sorte à créer ce moment magique et précieux.

Le lendemain, en se réveillant dans sa petite chambre qui était devenue celle de Flora, le soleil brillait sur l'immense étendue de neige. Sa jeune sœur commença à danser autour d'elle en chantant, riant et disant qu'elle lui réservait une surprise

Flora avait le même caractère joyeux que Ginetta, elle n'était que de quatre ans sa cadette, mais elles avaient toujours été proches l'une de l'autre depuis leur enfance. Maintenant, Flora était devenue une belle jeune fille de 23 ans. Elles étaient heureuses de se retrouver comme autrefois dans la même petite chambre et Flora était de bonne humeur : elle plaisantait et dansait en répétant, une lettre à la main : « Tu vas aller en Italie, tu vas aller en Italie… ».

Sœur Angèle la regardait, éberluée, elle ne comprenait absolument pas la raison d'une telle euphorie.

« Calme-toi, calme-toi et dis-moi ce qui se passe… »

« Nous avons reçu cette lettre d'Italie. Les Bramezza insistent beaucoup pour que tu rentres au village les voir. Peut-être sont-ils malades, ils n'en parlent pas dans la lettre, mais ils laissent entendre que c'est très important que tu retournes auprès d'eux. De plus, il y a la famille Coralli qui voudrait acheter la maison du grand-père et la nôtre. Papa et maman sont trop âgés et trop fatigués pour affronter ce voyage et aucun d'entre nous ne peut en ce moment s'absenter du travail. Tu es la seule qui pourrait y aller, faisant ainsi d'une pierre deux coups : tu rendrais visite aux Bramezza et t'occuperais de la vente s'il le faut. »

« Calme-toi, calme-toi, je ne peux pas disposer de moi-même aussi aisément. La Supérieure n'accepterait jamais que je parte. Sans parler du coût du billet, la Supérieure ne peut certainement pas payer une telle somme. »

« Eh bien, essaie de lui en parler. Frappez et on vous ouvrira – disait Jésus – n'est-ce pas ? Demandez et vous obtiendrez. Alors demande, on ne sait jamais. Après tout, tes consœurs partent elles aussi en vacances et toi, tu n'as jamais pris ni congés ni vacances depuis sept ou huit ans au moins… Tes consœurs rentrent régulièrement chez elles. Et toi, ton pays, c'est l'Italie. »

« Oui, oui, mais elles habitent quand même au Canada. Pour elles, partir en Italie signifie aller à l'étranger. » Sœur Angèle avait raison.

SŒUR ANGÈLE

La Mère Supérieure ne pouvait pas payer un billet d'avion pour l'Europe à une sœur qui voulait se rendre aussi loin pour des raisons personnelles. En plus, il aurait fallu deux billets, car une religieuse ne peut voyager seule.

À la timide demande de sœur Angèle, la Supérieure répondit par un refus catégorique.

Mais Flora ne s'avoua pas vaincue.

Elle avait remarqué l'éclat de lumière dans les yeux de sa sœur quand elle lui avait parlé du voyage en Italie. C'est ce qui la décida à aller plaider sa cause auprès des autorités supérieures; après tout, sa sœur connaissait bien le cardinal Léger, grand ami de la Supérieure.

Et puis, pour le voyage, elle se chargerait elle-même de trouver l'argent nécessaire pour les deux billets. Aucun souci pour le séjour, Priscilla habitait à Possagno et les Bramezza étaient là qui l'attendaient à bras ouverts.

Sœur Angèle ne sut jamais comment sa sœur avait fait pour obtenir une telle autorisation. Elle était simplement heureuse, ravie de rentrer dans son pays.

C'était peut-être Niko qui lui avait préparé ce cadeau de Noël, l'appelant à revenir sur les lieux de leur enfance.

Chapitre 12

Le retour en Italie

Onze ans s'étaient écoulés depuis que sœur Angèle avait quitté son beau pays. Elle était heureuse maintenant de revoir ses bois, ses montagnes, son coin favori auprès de la Madonna del Covolo. Elle se faisait une joie de retrouver Ginetta !

Le printemps tirait presque à sa fin, mais à Montréal, il tardait toujours un peu à arriver. Dans les prés et les jardins, quelques bancs de neige s'entêtaient encore à rester. Sœur Angèle savait qu'elle allait trouver un printemps triomphant dans son pays et qu'elle serait accueillie à son arrivée par le parfum des cyclamens et des fleurs des sous-bois.

Cette pensée éveillait en elle un bonheur indescriptible. C'était la première fois qu'elle prenait l'avion, mais elle n'était pas inquiète. Son anxiété venait plutôt du pressentiment que quelque chose d'important allait se produire en Italie et, pour cette raison, le Seigneur avait voulu qu'elle y revienne.

Une amie québécoise laïque qui offrait des heures de bénévolat au Centre Dorchester accepta de partir avec elle et, assises près du hublot de l'avion, elles savouraient le plaisir de s'envoler pour la première fois.

Tout comme les autres passagers qui semblaient dormir pendant la nuit, elles somnolaient aussi dans le silence de la cabine.

Quelques heures plus tard, le soleil commençait à se lever au-dessus des nuages et sœur Angèle, jetant un regard par le hublot, vit la surface ridée de l'océan, cette mer immense qu'elle avait traversée onze ans plus tôt sur un bateau qui l'emmenait loin de tout ce qu'elle aimait et qui l'avait débarquée sur une côte brumeuse par un matin blême timidement éclairé d'un pâle soleil.

L'avion survola ensuite les Alpes. À la vue des pics enneigés, elle ressentit profondément l'immensité et l'infinité de Dieu… Elle sourit en se souvenant de son père qui, du haut de la cime du mont Grappa, lui faisait admirer la plaine à ses pieds jusqu'à ce que son regard se perde dans le miroitement de la mer au loin, là où apparaissait Venise, la ville la plus belle, la plus merveilleuse, la plus extraordinaire qu'elle ait jamais visitée.

C'est justement à Venise qu'elle allait atterrir.

L'aéroport avait été récemment construit et inauguré par son cher ami, Monseigneur Angelo Roncalli, à l'époque patriarche de Venise.

Elle reconnut clairement la topographie de cette ville singulière qui, vue d'en haut, ressemble à un poisson au milieu de l'eau. L'avion amorça sa descente, s'approchant toujours plus de Venise. Émue, sœur Angèle sentait son cœur battre à tout rompre. Elle distinguait nettement la basilique et son clocher et se demandait si par hasard l'avion n'allait pas atterrir sur la place même, mais après une manœuvre habile et un virage, l'appareil se dirigea à nouveau vers la lagune, puis se posa délicatement sur la piste d'atterrissage comme une mouette sur l'eau.

Après une nuit entière passée au-dessus de l'océan, sœur Angèle posa enfin le pied sur le sol vénitien.

En descendant l'escalier, elle fut accueillie par une douce brise saumâtre et le parfum de l'eau salée.

Sa compagne contemplait, émerveillée, par cette beauté naturelle qui lui était inconnue. Sœur Angèle aperçut une silhouette blanche qui, de la terrasse de l'aérogare, lui faisait signe de la main.

Elle répondit par un geste, sans toutefois reconnaître la personne qui l'appelait ainsi.

Après avoir réglé les contrôles aux douanes, les deux amies s'acheminèrent vers le hall d'arrivée et encore une fois, sœur Angèle aperçut une main qui lui faisait signe, une main qui semblait être celle d'un ange au loin. Elle vit à nouveau une silhouette vêtue de blanc, la même qu'elle avait entrevue en descendant de l'avion.

Monsieur Bramezza, en costume d'été blanc, avec un chapeau de paille de la même couleur, se trouvait là et l'attendait. Il l'accueillit, ému et la serra affectueusement dans ses bras.

Une élégante auto noire conduite par un ami de monsieur Bramezza les attendait à la sortie de l'aéroport, près de l'embarcadère pour Venise. Deux heures plus tard, ils atteignaient les montagnes de la région de Belluno.

À Montebelluna, ils s'arrêtèrent pour se restaurer au café-pâtisserie de la sœur de monsieur Bramezza. Tous accoururent pour saluer sœur Angèle, étonnés de la voir en habit de religieuse. Comment ? La petite Rizzardo, la Ginetta qui était partie toute seule vers un pays lointain, leur revenait maintenant en robe de religieuse ? Ils ne pouvaient pas y croire…

Avant le soir, ils reprirent la route pour Possagno et arrivèrent enfin à Cavaso, où Angelica les attendait à l'auberge des Bramezza, impatiente, les larmes aux yeux, affichant un sourire forcé qui dissimulait son émotion.

« Finalement, Ginetta, te voilà ! Tu es revenue… Laisse-moi te regarder… »

Elle lui prit les mains et la fit tourner sur elle-même.

« Non, tu n'as pas changé, tu es toujours la même avec ton beau sourire, un peu maigrelette peut-être, mais tu n'étais pas tellement grosse avant non plus. Mais comment es-tu habillée ? Ne me dis pas que tu veux devenir religieuse, mais pourquoi ? Viens, rentre, nous avons préparé un bon repas pour fêter ton retour. Rentre, mon trésor, tu es ici chez toi ! »

Sœur Angèle, ahurie, ne répondait pas; elle se laissait guider en silence. Sa compagne aussi semblait étonnée devant autant de marques d'affection auxquelles elle n'était pas habituée dans son froid pays. Tout le monde s'assied autour de la grande table en chêne où autrefois la petite Ginetta servait ses spécialités aux clients, son fameux « risotto » et son « foie à la vénitienne ».

Ébahie, sœur Angèle regardait autour d'elle : un vol de douze heures l'avait ramenée à ce même endroit d'où elle était partie plusieurs années auparavant.

« Rien n'a changé, j'ai l'impression d'avoir quitté ces lieux hier et que le temps s'est arrêté », dit-elle.

« C'est vrai, nous avons seulement repeint les murs pour les rafraîchir un peu. Désormais, pour nous, l'auberge, c'est fini. Notre successeur fera ce qu'il voudra », murmura Giovanni Bramezza.

« Pourquoi, vous êtes malades ? Vous allez partir pour de bon ? », répliqua sœur Angèle inquiète.

« Non, non, Dieu soit loué, nous allons bien. Mais nous avons d'autres projets », répondit monsieur Bramezza en jetant un regard à sa femme qui reprit :

« Vois-tu, nous avons décidé de nous retirer du commerce, je me sens de plus en plus fatiguée et Giovanni ne peut plus tenir à lui seul le café et l'auberge. Alors, tu comprendras qu'en vieillissant, il a fallu que nous décidions de nous retirer, même si c'est avec un peu de nostalgie, car ces murs renferment toute notre vie. ».

« Mais qui va reprendre votre activité maintenant ? »

« Eh bien… justement, nous avions pensé à toi », répondirent ensemble les Bramezza.

Sœur Angèle resta bouche bée puis, avec un filet de voix, elle osa murmurer : « Mais que dites-vous ? ».

« Oui, Ginetta – reprit aussitôt Angelica. – Tu sais très bien que nous t'avons toujours considérée comme notre fille. Nous n'avons pas reçu la grâce d'avoir des enfants et nous aurions bien aimé t'adopter, mais tes parents n'ont jamais voulu nous donner cette joie. Nous t'avons toujours aimée. Quand tu es partie, tu nous manquais beaucoup et nous pensions souvent à toi. Maintenant, nous souhaitons te laisser tous nos biens par testament, surtout le fruit de notre travail, car nous sommes certains que tu en prendras soin : tu es la mieux qualifiée pour diriger ce commerce. »

« Et vos neveux ? », demanda sœur Angèle.

« Ils ont une bonne situation, leurs parents sont là. Bientôt ils termineront leurs études universitaires et ils souhaitent continuer leur carrière. Tu n'as pas à t'inquiéter de ce côté-là. Notre famille est au courant de ce projet et tous sont d'accord avec nous. Il suffit que nous obtenions une réponse de ta part, ta signature chez le notaire et tout est réglé. »

« Ma réponse ? Ma signature chez le notaire ? »

« Mais oui, bien sûr. Réfléchis-y. Nous devons aller chez le notaire pour régulariser tous les papiers car nous te laissons non seulement l'auberge, mais également notre villa à la mer. Et à notre décès, tu hériteras aussi de notre maison à Cavaso. Tu pourras revenir dans ton pays et tu n'auras plus besoin de vivre en des terres lointaines. C'est notre façon de te prouver que nous t'avons toujours considérée comme notre fille. »

Sœur Angèle les regarda, les yeux écarquillés par la surprise.

Elle était partie à l'âge de dix-sept ans pour émigrer au Québec et se retrouvait, dix ans plus tard, au point de départ avec une décision difficile à prendre : allait-elle retourner sur les lieux de son enfance et finir sereinement sa vie là où elle l'avait commencée, rapatriant toute sa famille en Italie, après s'être accoutumée à son nouveau pays… Et ses parents pourraient-ils supporter d'émigrer une deuxième fois ?

Toutes ces questions angoissantes s'enchevêtraient soudainement dans son esprit sans qu'elle n'y soit préparée.

« Vous attendez ma réponse ? », demanda-t-elle d'un ton hésitant.

« Oui, bien entendu, tu as besoin de réfléchir. C'est normal, tu viens tout juste d'arriver et tu es fatiguée après ce long voyage. Tout cela te prend de court, mais penses-y, prends ton temps, de toutes façons, tu ne repars pas demain matin ! »

Le souper se termina dans un silence général, parfois interrompu par quelques exclamations en français de son amie québécoise qui demandait des explications sur les mets délicieux qu'elle était en train de déguster.

Après un café *espresso* arrosé d'eau-de-vie, comme c'était la coutume chez Giovanni Bramezza, tous se souhaitèrent bonne nuit et sœur Angèle se dirigea lentement vers le deuxième étage pour occuper la chambre qui appartenait autrefois à Ginetta. Là non plus, rien n'avait changé.

C'était le début de l'été. Il faisait chaud. Toutes les lumières étaient éteintes et elle se mit à la fenêtre pour regarder le ciel étoilé. Autour d'elle, pas un bruit. Le village dormait, seul un bruissement lointain de branches agitées par une brise légère rompait le silence.

Du rez-de-chaussée, le tic-tac de la pendule montait jusqu'à sa chambre, comme s'il voulait frapper à sa porte, avec ses souvenirs. Tout redevenait comme avant, l'odeur de la cire sur le carrelage en brique rouge, le parfum du savon fabriqué maison avec des herbes sauvages. Ginetta restait là, immobile devant la fenêtre, désorientée entre l'illusion du temps retrouvé mais insaisissable parce que perdu à jamais et un avenir qui lui permettrait de se réapproprier son passé dans son village demeuré presque inchangé.

Mais qu'allait-elle faire de cette vie qui l'attendait de l'autre côté de l'océan ? Allait-elle brusquement effacer d'un coup d'éponge dix années de son existence ?

Elle regardait les étoiles scintillantes et priait, tentant d'imaginer un pont qui franchirait l'océan pour aller rejoindre son couvent, sa cuisine… Elle essayait de comprendre clairement ce que le Seigneur attendait d'elle : comment trouver la solution la plus sage ? Quel était vraiment son pays : celui qu'elle avait laissé derrière elle dix ans plus tôt ou l'autre, éloigné, aux rudes hivers de vent et de glace ? Qu'en serait-il de sa vie, devait-elle choisir celle qu'on lui offrait maintenant avec un avenir tranquille et une aisance financière, ou celle pour laquelle elle s'était préparée depuis des années avec sacrifices et humiliations afin d'atteindre une spiritualité en union parfaite avec son seul grand amour, Jésus ?

Fatiguée du voyage, épuisée par toutes les émotions vécues en si peu de temps, elle avait l'impression que sa tête allait éclater : trop de questions se bousculaient sans réponses ni solutions. Alors, envahie par une douce torpeur, elle se laissa tomber sur son lit d'enfant tout habillée et le sommeil la surprit sans même lui laisser le temps de faire sa prière, celle qu'elle récitait toujours quand elle vivait là : « Sainte Croix, Sainte Croix… ».

Le lendemain, le soleil était déjà haut dans le ciel lorsqu'elle se réveilla, enveloppée par la lumière et la tiédeur du jour. Sœur Angèle ouvrit les yeux au doux baiser de son beau soleil d'Italie. Mon Dieu, comme cette chaleur lui avait manqué ! Au Canada, le soleil est lumineux mais presque toujours froid et distant. Deux larmes timides roulèrent involontairement sur ses joues. Elle se secoua. Il était tard déjà et ce n'était pas vraiment le moment de se laisser aller à la mélancolie.

Elle descendit dans la salle à manger et retrouva sa compagne déjà assise devant un délicieux petit déjeuner alors qu'Angelica, souriante, lui parlait de Ginetta. Elle lui expliquait combien elle était habile et compétente et lui confiait à quel point ils s'étaient attachés à elle. L'amie québécoise la regardait en hochant la tête, approuvant mais comprenant sans doute bien peu de cette longue conversation qui se déroulait en italien.

Voyant que sœur Angèle n'était pas encore complètement réveillée, Angelica lui servit un *espresso* bien fort accompagné de tartes feuilletées et de biscuits faits maison. Pour finir, elle lui versa un grand bol de chocolat au lait.

« Mange », lui dit-elle en s'asseyant en face d'elle. Elle se mit alors à l'observer en silence, dans l'espoir que sœur Angèle eût retrouvé en elle Ginetta et qu'elle leur donnât le matin même la réponse qu'ils attendaient anxieusement.

Une fois le petit déjeuner terminé, sœur Angèle partit se promener un peu jusqu'à la place du village avec son amie.

Les vieux villageois la reconnurent tout de suite et la saluèrent avec respect, intimidés par l'habit et le voile qu'elle portait.

Sœur Angèle se retourna et elle eut l'impression de se revoir, enfant, ses petites tresses enroulées autour des oreilles, son panier sur les genoux, proposant aux passants des friandises confectionnées à la maison. Elle sentit les larmes lui monter aux yeux. Elle se dirigea lentement vers l'ancien lavoir, aujourd'hui abandonné. Ses oreilles, puis son cœur s'emplirent de l'écho d'un chant léger et d'un gai bavardage. Il faisait chaud, très chaud et elle sentait sa tête tourner ; le vêtement blanc en laine qu'elle portait convenait tout à fait à l'été canadien, mais ici, dans son pays, elle ne le supportait plus. Elle éprouvait le besoin de rentrer se rafraîchir un peu.

Alors que sa compagne s'était retirée pour la sieste quotidienne obligatoire, après un repas copieux qui lui avait permis d'apprécier les plaisirs de la bonne cuisine, sœur Angèle s'efforçait de son côté de ne pas tomber dans le piège des souvenirs. Elle devait absolument résoudre un dilemme difficile et en trouver la solution en quelques heures.

Pour ce faire, elle avait besoin de silence, d'un endroit tranquille au cœur des bois : « J'ai besoin de marcher, je m'en vais à pied jusqu'à Possagno, chez ma sœur, nous nous reverrons ce soir – dit-elle en s'adressant à son amie et à Angelica. – Ne vous en faites pas si je ne rentre pas, il se peut que je reste dormir chez elle et dans ce cas je reviendrai demain. ».

« Mais bien sûr, voyons. Détends-toi et repose-toi. La nuit porte conseil ! », lui répondit Angelica avec un sourire.

Sœur Angèle se mit en route vers son ancienne maison. Sans même s'en rendre compte, ses pieds la guidaient machinalement d'abord d'un pas lent, puis toujours plus rapide, jusqu'à devenir une course, comme dans le temps, portée par les ailes de son enfance.

Une petite silhouette blanche voletant dans le feuillage vert de la forêt montait le long du sentier tortueux, cueillant au passage quelques fleurs et quelques fougères. Une fois arrivée à la source des « trois creux », elle s'assit hors d'haleine sur une pierre, plongea les mains et le visage dans cette eau bénite et reprit des forces dans la fraîcheur qui avait accueilli autrefois toutes ses jeunes larmes et ses peines. Puis, prise d'une soudaine euphorie, elle se mit à chanter fort, presque à tue-tête, devant la chapelle de sa Vierge, transportée par le souvenir des jours lointains où, en proie aux plus grands dangers, elle chantait. C'est à elle que sœur Angèle s'adressait, à cette Mère céleste qui l'avait toujours protégée et sauvée. Elle savait que, quoi qu'il arrive, elle était auprès d'elle, elle ne l'abandonnerait jamais, elle la guiderait sur le droit chemin. Elle, mère de Jésus, ne pourrait lui laisser prendre une mauvaise décision. Elle comprend les doutes, les anxiétés, les douleurs parce qu'elle a été une mère courageuse, au pied de la croix qui offrait son fils unique en sacrifice, ce fils unique que Ginetta a voulu pour Époux.

Sa voix mélodieuse résonnait comme autrefois dans toute la vallée, le feuillage des arbres frémissait et l'écho lui répondait en même temps. Sœur Angèle, agenouillée devant sa Madone priait, priait et appelait à voix haute : « Angiola… ».

Et l'écho répondait : «… olaa… olaa. ».

« Ginetta… » Et l'écho : «… etta… etta. ».

Avec plus de force encore, sœur Angèle cria : « Angèle, Angèle, Angèle… ». Et l'écho répéta clairement les mêmes mots.

Qui était-elle, que voulait-on d'elle ? Et elle, que désirait-elle plus que toute autre chose ?

Rester en Italie, sa terre natale, qui peuplait ses rêves pendant les moments les plus difficiles lorsque, dans sa terre d'adoption lointaine, pays de forêts, de neige et de glace, elle se sentait seule et incomprise ? Elle savait bien que l'offre des Bramezza n'était pas désintéressée, qu'ils s'attendaient à ce qu'elle soit pour eux une sorte de bâton de vieillesse pour leurs vieux jours. Mais ces jours s'écouleraient agréablement, sous le soleil chaud et généreux de sa terre, à l'ombre de ses bois, comblée par le parfum des fleurs et des herbes sauvages. Et elle redeviendrait alors pour toujours la Ginetta d'autrefois.

Là, près de la Vierge cachée dans la vallée, elle se sentait protégée et libre.

Libre ? Mais avait-elle vraiment été libre de choisir sa vie ?

Elle aurait pu ne pas quitter l'Italie et continuer à travailler dur, comme elle l'avait toujours fait. Elle savait très bien qu'elle aurait vaincu pauvreté et misère. Les choses matérielles, les richesses ne présentaient pour elle aucun intérêt. Elles lui étaient toujours apparues comme des entraves qui la tenaient ancrée à la terre alors que son âme toute entière aspirait au ciel. Elle se demandait si cette proposition de vie aisée n'était pas une tentation pour mettre à l'épreuve sa foi et son amour envers le Christ qu'elle désirait comme Époux. Ou bien s'agissait-il au contraire d'un signe l'avertissant qu'elle devait faire marche arrière car la voie qu'elle avait choisie était trop difficile, trop escarpée et abrupte et la lueur à atteindre au sommet était bien loin encore…

Sœur Angèle tendait l'oreille dans l'espoir de saisir un signe, une voix, une réponse qui lui viendraient du ciel.

Un vent chaud se glissa alors entre le voile et ses boucles cachées; elle sentit une sorte de caresse affectueuse lui ébouriffer les cheveux, le parfum des fleurs la pénétrer tout entière et le dernier rayon de soleil l'embrasser sur le front.

« Je t'en prie, Seigneur, montre-moi la voie, aide-moi à me retrouver. Dis-moi comment je peux offrir le meilleur de moi-même en œuvrant pour Ta Gloire, en me consacrant tout entière à Ton amour. Donne-moi la lumière qui m'aide à marcher et à décider... Qu'est-ce que je cherche ? Qu'est-ce que je veux faire de ma vie ? Et quelle est la valeur des vœux que j'ai déjà prononcés ? Je m'étais déjà promise à Toi, mais maintenant, que va-t-il se passer ? »

Sœur Angèle écoutait le silence, le silence qui l'enveloppait et le silence profond de son cœur, là où se cachait la réponse.

Ginetta avait toujours su que le grand feu d'amour qui brûlait dans son cœur venait de tout cet amour que Jésus lui insufflait. Elle savait qu'elle était destinée à l'offrir à pleines mains aux pauvres gens, aux misérables, à toute l'humanité souffrante. C'est pour cela que son destin l'avait incitée à traverser l'océan et l'avait conduite dans un pays immense où, avec son amour et son sourire, elle pourrait apporter le soleil et la chaleur de sa terre bien-aimée. Pour toutes ces raisons, elle était devenue sœur Angèle.

Oui, c'était bien là son chemin. Là était son pays, au-delà de l'océan.

Le cœur en paix, sœur Angèle se redressa et tourna les yeux vers le ciel. Les premières étoiles brillaient déjà, la chaleur avait cédé la place à une douce brise, la nature semblait se secouer de sa torpeur et les grillons recommençaient à chanter. Sœur Angèle, une fois de plus, tendit l'oreille et il lui sembla entendre les mots que son grand ami le pape Jean XXIII lui soufflait à l'oreille : « Je n'appartiens plus exclusivement à ma famille, à mon pays, à mes idées, à mes projets, à mes études. Aujourd'hui, plus que jamais, je suis l'indigne et humble servante du Seigneur. ».

Ecce ancilla Domini ! (Voici la servante du Seigneur !)

Et sa voix de rossignol s'unit allègrement à celle des grillons.

Chapitre 13
Voici la Servante du Seigneur

La décision définitive était prise : sœur Angèle allait renoncer pour toujours à la vie laïque pour se consacrer corps et âme à la vie religieuse.

Ginetta resterait pour toujours à Cavaso et son âme d'enfant continuerait d'errer dans les bois auprès de sa Madonna del Covolo.

Les Bramezza acceptèrent avec grand regret la décision de leur protégée, ils comptaient vraiment beaucoup sur son retour et ne s'attendaient pas à un refus de sa part. Pour eux, Ginetta n'avait pas changé, même si elle avait traversé un océan et connu une expérience de vie différente.

Bien qu'attristés, Giovanni et Angelica firent contre mauvaise fortune bon cœur et continuèrent à héberger sœur Angèle et sa compagne tout au long de leur séjour en Italie.

Les deux amies passèrent deux semaines de vacances inoubliables, insouciantes, agrémentées de longues promenades au soleil. Maintenant qu'elle savait ce qu'elle devait faire, sœur Angèle était heureuse de retrouver ses souvenirs, joyeux ou tristes, et de les partager avec son amie en lui faisant découvrir les moindres recoins de son pays.

Un jour, elles se retrouvèrent à mille mètres d'altitude, près du chalet, au sommet de l'alpage où son père avait la laiterie; elles redescendirent ensuite vers la vallée jusqu'à sa maison d'autrefois, inhabitée, silencieuse, cachée par la vigne et les rosiers qui couraient et grimpaient le long des murs blancs noircis par le temps et l'abandon. Encore une fois, les souvenirs l'assaillirent mais sans la faire souffrir; elle sourit au contraire à la vue d'un enfant qui lui faisait signe sous la tonnelle.

En toute sérénité, elle confia à son amie l'histoire de Niko qui l'attendait toujours précisément là, sous la tonnelle, pour aller à l'école. Elles se dirigèrent ensuite vers le cimetière, dernière demeure de son unique grand ami d'enfance.

Niko était monté au ciel, mais elle, sur terre, allait honorer toutes les promesses qu'ensemble ils avaient faites d'aider les gens malheureux, projet qu'ils n'avaient jamais pu réaliser ensemble.

C'est presque involontairement que Ginetta lui ouvrit son âme : « Mon destin m'appelait à porter l'espérance dans le monde et c'est ce que je veux faire. Mon plus grand désir est de rendre les gens heureux. Lorsque je peux aider quelqu'un à traverser une journée difficile, je me sens comblée. C'est la raison pour laquelle je pars en laissant mon cœur ici, à côté de toi, avec tous mes souvenirs. La vie aurait été douce et paisible ici à Cavaso; j'aurais pu venir te rendre visite tous les jours. Mais à quoi cela aurait-il servi ? Nous avions projeté ensemble d'enseigner au reste du monde à vivre dans la fraternité, dans le respect de l'autre sans discrimination. Nous savions depuis que nous étions petits que seules ces valeurs peuvent conduire à la paix et à la solidarité humaine et libérer des horreurs de la guerre et des cauchemars comme ceux que nous avons vécus. Je te laisse ici, en cette terre redevenue sereine et tranquille, ce pays de fleurs et de soleil, pour partir au loin, car mon destin est ailleurs, mais tu resteras toujours dans mon cœur. ».

Avant de quitter Cavaso pour aller à Rome où les deux amies allaient prendre un vol direct pour Montréal, les Bramezza, aidés des vieux villageois qui se souvenaient encore de Ginetta, organisèrent une belle fête d'adieu en son honneur et, au moment du départ, ils lui firent cadeau d'une splendide perle qu'Angelica lui offrit en la serrant dans ses bras. Elle ajouta, entre deux sanglots : « Pour notre perle rare, pour notre étoile qui brillera dans un firmament lointain. En regardant le ciel constellé, je fixerai l'étoile la plus belle : ce sera toi, avec ton sourire lumineux. ».

À Rome, les deux amies furent accueillies par madame Cacobardo qui s'y trouvait en vacances. La fin de leur séjour en Italie fut agréablement occupée en alternant visites historiques et promenades le long des avenues célèbres et des ruelles de la ville éternelle.

Pour la première fois, sœur Angèle découvrait Rome dans toute sa grandeur : du Colisée aux forums romains, de la place d'Espagne et ses fameux escaliers à la fontaine de Trévi, suivis de la Via Veneto avec ses cafés, ses restaurants ouverts à toute heure, les vitrines des magasins et les lumières des lampadaires éclairant la ville comme en plein jour.

Son amie québécoise ouvrait grand les yeux : comme dans un rêve, elle était émerveillée à la vue de tant de splendeurs. Elle avait du mal à comprendre pourquoi sœur Angèle avait quitté un pays aussi pittoresque, riche d'histoire, de culture millénaire, de beautés naturelles et artistiques.

À son retour au Centre Dorchester, sœur Angèle reprit immédiatement ses activités quotidiennes avec entrain; les pensionnaires étaient heureuses de son retour, la maison était triste sans son sourire. C'est ce que lui dit une vieille dame en l'accueillant. Elle en fut touchée et cela lui fit presque aussi chaud au cœur que le chocolat fumant d'Angelica.

Sœur Angèle se lança à nouveau dans sa course effrénée entre les fours, les fourneaux, les marmites, les casseroles, le marché et les menus variés à préparer quotidiennement.

Pendant ce temps, la société québécoise vivait une période de transformation et le monde ecclésiastique emboîtait le pas, s'adaptant à cette volonté de changement et de modernisme.

Petit à petit, la révolution tranquille faisait son chemin au Québec, gagnant du terrain pour atteindre son apogée vers la fin des années 1960, de '68 à '70, ponctuée de quelques actes terroristes comme l'enlèvement et l'assassinat du ministre Pierre Laporte.

Le peuple québécois revendiquait son identité étouffée depuis tant d'années. Il réclamait l'usage de sa langue conservée au prix de grands sacrifices et revendiquait l'accès à l'instruction et à la santé pour tous, droits qui étaient jusque-là réservés uniquement à la classe aisée.

En 1967, Montréal se préparait aussi pour l'Exposition universelle et le Québec, encore enfermé dans ses traditions, s'ouvrait au reste du monde. L'inauguration se fit sur l'île centrale de Montréal, au milieu du fleuve Saint-Laurent, sur le thème de *Terre des hommes*. Tous les pays participèrent, apportant chacun leur propre culture dans cette immense vitrine internationale qui attira des millions de visiteurs provenant des quatre coins du monde, même des pays les plus éloignés.

En Europe, cette frénésie de changement ne se manifesta pas aussi tranquillement qu'au Québec, éclatant parfois en révolution de façon tragique comme au printemps '68 en France, puis en l'Italie à l'automne.

Le Vatican ne fut pas épargné par ce souffle révolutionnaire qui bouleversait les âmes et s'attaquait aux anciens idéaux pour les déraciner. Il s'ensuivit le Second Concile du Vatican, achevé sous le pontificat de Paul VI, qui souhaitait ouvrir les portes de l'Église au monde extérieur en ébullition, sollicitant des changements pour un avenir meilleur.

Fidèle à la pensée œcuménique du bon pape Jean XXIII qui l'avait précédé, Paul VI réussit à transformer la vie quotidienne des religieux, même dans les moindres détails. C'est ainsi que certaines communautés religieuses commencèrent à adopter des vêtements civils, notamment celles qui œuvraient auprès des laïcs, dans le milieu des usines ou de la rue.

Finies les longues soutanes noires ou blanches, remplacées par des vêtements foncés et sobres de façon à ne pas se faire remarquer et à pouvoir approcher facilement des marginaux, des plus démunis et des exclus, pour apporter une lueur d'espoir dans le gouffre de leur détresse. Les communautés s'engageaient avec courage dans la quête de voies nouvelles et d'approches différentes pour que renaisse une société plus humaine et plus juste dans un monde accueillant et fraternel.

Les sœurs du Bon-Conseil suivirent elles aussi ce parcours vers la modernité en engageant un célèbre couturier québécois pour créer un habit, une sorte d'uniforme, pour chaque sœur. C'était un tailleur gris plutôt élégant mais qui, porté par l'entière congrégation, la rendait distincte. Il était donc facile de reconnaître les religieuses, ce qui leur valait parfois d'être refusées là où justement on avait le plus besoin de la voix de l'Évangile.

La Mère fondatrice décida enfin que ses sœurs s'habilleraient comme toutes les autres femmes, toujours modestement et sobrement, de façon à pouvoir s'approcher sans être rejetées de ces pauvres créatures qui avaient perdu toute dignité humaine et qui peuplaient les quartiers les plus misérables de la ville.

En 1967 donc, sœur Angèle s'habilla elle aussi normalement, abandonnant sans regrets sa longue tunique noire qui la faisait ressembler à une pauvre veuve éplorée, elle qui dans sa vie avait toujours fui la tristesse.

Il y avait à l'époque déjà beaucoup de laïcs bénévoles qui sacrifiaient leur vie pour un idéal et n'hésitaient pas à s'engager dans des situations souvent difficiles pour œuvrer auprès des nécessiteux, conscients que chaque être humain possède des droits qui doivent toujours être respectés. Ce même idéal avait toujours inspiré sœur Angèle depuis sa plus tendre enfance.

Au cœur de cette effervescence alimentée par le vent des changements et des travaux pour l'inauguration de l'exposition, sœur Angèle fut contactée un jour par le maire de Montréal, monsieur Jean Drapeau, par l'intermédiaire de sa Supérieure. C'était madame Cacobardo qui avait suggéré au maire le nom de sa protégée pour organiser différents banquets, en premier lieu celui de la Délégation commerciale italienne.

Sœur Angèle se mit tout de suite à l'ouvrage avec enthousiasme. Elle fut très appréciée autant pour l'originalité de ses mets délicieux que pour sa précision et sa promptitude d'exécution. On lui offrit d'animer différentes démonstrations culinaires devant un public multi-ethnique accouru pour assister aux diverses manifestations gastronomiques qui se tenaient dans les villages de la campagne québécoise.

Travaillant avec enthousiasme, elle partageait généreusement son énergie et ses idées avec le monde extérieur. Elle aimait ces activités qui brisaient la routine imposée par la communauté. C'est pour cela qu'elle continuait à fréquenter tous les cours possibles dans sa spécialité : de la diététique à l'enseignement de l'art culinaire à différents niveaux, en passant par la gestion hôtelière. L'été, elle suivait des cours universitaires à Boston, Toronto et Québec.

En 1971, elle assista à l'Université Laval de Québec à une formation en gestion des collectivités avec un groupe de religieux et de moines qui travaillaient eux aussi dans les cuisines de leurs couvents.

Après les cours, sœurs et moines se réunissaient pour échanger des idées et revoir leurs notes. Les soirées finissaient toujours dans l'allégresse, animées par la bonne humeur contagieuse de sœur Angèle. C'était l'été et sous les étoiles, au clair de la lune, des moines jouaient de l'accordéon et de la guitare pour accompagner les chansons que tout le monde fredonnait.

Après tout, même étant religieux, il n'y avait aucun mal à chanter *Peace and Love*.

C'étaient les années '70.

C'étaient des soirées tranquilles. La gaieté sereine de sœur Angèle était tellement appréciée qu'un ecclésiastique lui proposa d'aller porter la bonne nouvelle dans les écoles de cuisine américaines, pour qu'elle puisse perfectionner son anglais rudimentaire.

« Écouter la parole de Jésus et les enseignements de l'Évangile dans une telle atmosphère ne peut qu'être efficace et peut très bien remettre les brebis égarées sur le droit chemin. Pensez-y, sœur Angèle. Venez, en attendant, que je vous présente sœur Sourire qui est ici avec nous pendant quelques jours. »

Sœur Sourire était une religieuse belge très populaire qui animait des émissions à la télévision américaine comme une grande vedette. Elle chantait en s'accompagnant à la guitare. Sur des rythmes rock, ses airs étaient porteurs de messages chrétiens qui s'adressaient tout particulièrement aux jeunes.

Sœur Angèle était heureuse de pratiquer sa foi et de prodiguer son amour pour les autres dans cette ambiance gaie et sereine, elle espérait découvrir d'autres activités qui l'amèneraient hors des murs du couvent et peut-être même jusqu'aux écoles américaines.

Mais trois des consœurs qui avaient assisté au cours et aux soirées joyeuses, peut-être envieuses du succès de sœur Angèle, prirent les devants sur elle. Sans même qu'elle ait eu le temps de demander si elle pouvait bénéficier de l'expérience américaine qui lui était proposée, elles rapportèrent à la

Supérieure Générale que l'exubérance et l'allégresse toutes italiennes de leur consœur les avait choquées et qu'un tel comportement était inacceptable pour une religieuse.

Malheureusement, la Mère fondatrice, Marie Gérin-Lajoie, n'était plus Supérieure Générale et ne pouvait pas la défendre; aussi, sœur Angèle fut punie. On la priva de ce qu'elle aimait le plus, on lui interdit de sortir du couvent sauf pour aller au marché trois fois par semaine, à condition toutefois d'être accompagnée.

Sœur Angèle ne comprenait pas la raison d'une telle hostilité, mais elle se soumit sans protester. Après tout, elle avait fait vœu d'obéissance et si Jésus désirait cela, tout était pour le mieux. Elle ne se laissa pas abattre, même si elle trouvait tout cela injuste. Qu'avait-t-elle fait de mal pour être traitée ainsi ?

Chanter la gloire du Seigneur, le servir dans l'allégresse : pourquoi cela serait-il défendu ? Si l'église et la religion étaient perçues autrement que comme sacrifice, pénitence et punition, bien des fidèles choisiraient de ne pas s'en éloigner !

Et sœur Sourire l'avait compris, ainsi qu'un groupe de religieux plus progressistes qui suivaient ces nouvelles approches pour raviver la foi chez ceux qui l'avaient perdue et pour remettre sur le droit chemin ceux qui étaient plongés dans l'obscurité.

Mais, comme toujours, sœur Angèle ne discuta pas et ne récrimina pas. Elle accepta et continua à faire son devoir et son travail. Elle avait davantage de temps libre qu'elle dédiait entièrement à la prière.

Quatre ans s'écoulèrent ainsi, dans le calme et la tranquillité forcés, jusqu'à ce jour de printemps, alors qu'un pâle soleil pénétrait dans sa chambre, une dame, petite et vieille, qui aimait bien sœur Angèle lui dit gentiment : «Une nouvelle école d'art culinaire a été ouverte à Québec, ce n'est pas très loin de Montréal, les cours ont lieu l'été au Manoir Saint-Castin. On cherche des étudiants qui travaillent auprès des collectivités et vous devriez vraiment y participer. Cela vous ferait le plus grand bien de sortir de ces quatre murs.

Je vous observe depuis quelque temps et je constate que vous avez perdu toute votre vitalité. Vous êtes enfermée comme dans une bulle de silence. ».

« Vous savez bien, madame, que je n'ai pas le droit de sortir », répondit amèrement sœur Angèle.

« Je sais, mais ce n'est plus la même Supérieure depuis plus d'un an et la nouvelle a fait elle aussi des études de cuisine, demandez-le lui. Demandez et vous recevrez, n'est-ce pas ? Chère sœur Angèle, pourquoi vous résigner ainsi ? Essayez… »

Depuis quatre ans déjà, sœur Angèle n'était plus sortie du couvent, pas même pour rendre visite à sa famille. Elle était devenue comme un petit rossignol en cage qui a perdu l'envie de voler et de chanter. Sœur Paule s'était aperçue, elle aussi, de ce changement; elle admirait son amie pour sa force de volonté à supporter les blessures morales, même les plus douloureuses, sans jamais répondre aux critiques malveillantes, malgré quelques petites larmes versées en cachette… C'est ce qui décida sœur Paule à intervenir en faveur de son amie pour l'encourager à essayer d'obtenir la permission de fréquenter cette nouvelle école.

La Supérieure, une fois informée de son projet, accepta de bon gré et donna à sœur Angèle l'autorisation de s'inscrire à l'école de cuisine.

Une fois de plus, après l'avoir mise à l'épreuve, le Seigneur lui ouvrait les portes vers un nouveau parcours.

Le rossignol pouvait enfin sortir de sa cage, lentement mais sûrement, il allait reprendre sa liberté et sœur Angèle s'apprêtait à recommencer une nouvelle vie faite d'études et de perfectionnement.

Chapitre 14

La vie d'étudiante

En entrant dans la salle du cours de gestion qui se déroulait pendant l'été à l'Institut de tourisme et d'hôtellerie du Québec, sœur Angèle se sentit désorientée.

Depuis presque cinq ans, elle n'avait plus eu de contacts avec des professionnels en matière de cuisine et elle avait peur de ne pas être à la hauteur après cette longue période où elle avait été confinée aux casseroles du couvent.

Unique présence féminine dans une classe composée de jeunes hommes, elle se sentit un peu intimidée; heureusement personne ne savait qu'elle était religieuse. Vêtue comme n'importe quelle autre jeune fille, elle avait pu s'inscrire sous son vrai nom, Angela Rizzardo.

Là, assise à une petite table, elle écoutait avec grande attention tout ce que disait son professeur. Elle ne parlait pas, ne discutait pas et attendait toujours qu'on lui adresse la parole pour répondre.

Convaincu d'avoir affaire à une jeune fille un peu simplette et sans expérience, le professeur s'adressa à elle avec un sourire un peu ambivalent : « Mademoiselle Rizzardo, à votre avis, quels vins conseilleriez-vous pour accompagner ce rôti ? ». « Un Bordeaux rouge », répondit sœur Angèle sans hésiter, indiquant du doigt une bouteille parmi tant d'autres disposées sur le bureau de l'enseignant.

Le professeur, dans son indifférence vis-à-vis du sexe faible, ne faisait même pas attention à elle, il releva la tête, surpris et la regarda droit dans les yeux en disant « Parfait, c'est exact ! »

Puis, toujours en la fixant, comme pour lui lancer un défi, il continua : « Tantôt, nous nous consacrerons au porc, nous le découperons en morceaux et apprendrons le nom de chacune de ses parties. ».

L'après-midi même, le professeur demanda à mademoiselle Rizzardo d'être la première à dépecer le corps rose et gras du porc suspendu à un crochet dans la chambre froide. Il était certain de provoquer chez la jeune fille une grimace de dégoût, ce qui aurait fait rire tous les étudiants.

Sœur Angèle ne se fit pas prier, elle découpa la pauvre bête sacrifiée et elle en identifia les différentes parties avec exactitude en les posant sur une grande table de bois.

Le professeur resta bouche bée. Incroyable, pensait-il, une femme ! Et si jeune ! Puis il ajouta : « Exact, c'est bien ça, mademoiselle. Retournez à votre place, mais avant de repartir, passez donc à mon bureau. ».

Après le cours, mademoiselle Angela Rizzardo dut fournir des explications claires à son professeur. C'est ainsi qu'elle raconta comment son père, cuisinier expérimenté, lui avait enseigné toutes ces choses pendant son enfance, dans son village lointain de la région de Trévise, près de Venise; comment très tôt elle avait été habituée à découper et à reconnaître les différentes pièces du porc pour les transformer en saucisses et salamis, car une fois par an dans son village on célèbre encore aujourd'hui, au début du mois de novembre, la fête du porc.

Le professeur comprit qu'il avait affaire à une élève exceptionnelle et qu'elle allait, bien entendu, terminer ses cours avec les meilleures notes du groupe; il lui proposa alors d'enseigner aux adultes le soir et elle accepta.

Pendant la période de transition qui précède le début de l'année académique, juste après les cours d'été, sœur Angèle voulut profiter des derniers beaux jours d'été.

SŒUR ANGÈLE

Un magnifique soleil de septembre inondait Montréal et la campagne avoisinante. Une amie italienne, propriétaire de terres agricoles dans la région de la Montérégie était venue lui rendre visite au couvent et lui avait offert toutes les tomates qui restaient sur son terrain. Formidable ! Un don du ciel ! Non seulement parce que cela permettait de réaliser une économie intéressante et faire de bonnes réserves de sauce tomate, mais c'était aussi l'occasion de partir en excursion avec sa très chère amie, sœur Paule, chauffeur de la congrégation.

La journée était splendide, une brise légère se glissait entre les arbres, soufflant juste assez pour rafraîchir l'air.

Comme un rossignol en liberté, Soeur Angèle se sentait, heureuse et elle chantait, chantait. Alors qu'elle respirait à pleins poumons le parfum de la nature, voyant défiler les routes de campagne, elle ressentit à nouveau ce besoin de chanter, après tant d'années. Elle céda à cette force impérieuse, chantant à la vie, au soleil, à la gloire de son Seigneur.

Sœur Paule souriait alors qu'elle conduisait, partageant l'exubérance de sa protégée.

« Nous ne sommes pas loin de l'Abbaye d'Oka. Je sais que vous connaissez le père responsable des cuisines, voulez-vous qu'on aille lui rendre visite ? »

« Oui, oui, je le connais, il participait aux fameuses soirées que j'animais à l'Université Laval. Il est très sympathique, un peu réservé aussi, mais derrière sa timidité se cache un homme plein d'humour, il nous faisait mourir de rire. C'était vraiment agréable de l'écouter raconter ses expériences, toujours sur un ton détaché et ironique qui suscitait la bonne humeur. »

C'étaient ces éclats de rire, cette joie pure qui lui avaient valu quatre ans de réclusion, mais sœur Angèle n'y pensait plus. La journée était magnifique et c'eût été dommage de la gâcher par de mauvais souvenirs. Sœur Paule comprenait, elle aussi, qu'il n'y avait aucun mal à vivre une amitié authentique entre religieux, même si certaines sœurs ne se privaient pas de faire des commentaires déplacés.

Avec son caractère joyeux et sa simplicité dépourvue de toute malice, sœur Angèle a toujours eu des amitiés sincères, non seulement féminines mais également masculines. Un homme pour elle était spontanément un frère, aucune autre pensée ne serait venue la troubler à cet égard. Elle était toujours prête à s'entretenir avec n'importe quelle personne du sexe opposé, sans honte, sans peur, sans ruse : directeurs d'écoles, professeurs, ecclésiastes, même haut placés, tous étaient charmés par son ingénuité, sa pureté d'âme, son cœur débordant d'amour pour son prochain et surtout ce sourire radieux illuminant ses grands yeux sincères d'une étincelle espiègle.

Immédiatement, un courant de sympathie passa entre sœur Angèle et le directeur de l'institut de tourisme où elle suivait ses cours et enseignait aux adultes le soir, deux ou trois fois par semaine.

Le directeur, Antoine Samuelli, était d'origine égyptienne, né au Caire. C'était un monsieur distingué, élégant et très instruit. Il venait de loin, lui aussi, arraché à sa terre ensoleillée, passant des tempêtes de sable aux tempêtes de neige. Il essayait de mille façons de prendre racine dans cette rude terre d'accueil.

Le soleil méditerranéen joua d'emblée le rôle d'entremetteur et fit naître cette belle amitié entre le directeur et la nouvelle élève Angela Rizzardo. De plus, monsieur Samuelli possédait de lointaines origines italiennes, il aimait l'Italie et en connaissait l'histoire et la culture, ce qui enthousiasma sœur Angèle. Elle n'hésita pas un instant à seconder tous les projets du directeur, se lançant corps et âme dans sa nouvelle vie d'étudiante.

Les élèves de l'Institut de tourisme et d'hôtellerie, notamment ceux qui suivaient une formation pour devenir chefs spécialisés en cuisine québécoise, bénéficiaient d'un programme particulièrement intéressant. Le directeur projetait en effet d'amener son nouveau pays d'adoption, le Québec, à se classer parmi les nations les plus réputées pour leur tourisme et leur cuisine. Afin de réaliser ce rêve, il encourageait tous ses étudiants à redécouvrir les secrets culinaires d'autrefois, ceux des grand-mères, les recettes traditionnelles et anciennes oubliées au fond des tiroirs ou dans un grenier de quelque village au fin fond du Québec.

Puisque dans ses classes, il avait également des étudiants immigrés venus des quatre coins du monde, il les incitait à rechercher des recettes de leurs propres pays pour pouvoir partager les différentes habitudes culinaires pendant le cours.

Son but était d'introduire, dans la gastronomie québécoise, les saveurs d'autres tables pour réinventer une cuisine québécoise interculturelle.

Un projet et un programme que sœur Angèle suivait avec passion et enthousiasme, s'intéressant à tout, transportée par ce vent de renouveau qui soufflait sur la Belle Province.

En effet, à partir de l'expo 67, la cuisine ethnique fit son entrée dans les habitudes alimentaires, non pas dans l'ensemble du Québec, mais tout au moins à Montréal. Sœur Angèle avait toujours cru que la gastronomie faisait partie intégrante de la culture d'un pays et que la cuisine traditionnelle pouvait très bien s'enrichir et se transformer grâce à de nouvelles saveurs.

C'est ainsi que monsieur Antoine Samuelli, aidé de son élève exceptionnelle, se proposa de repenser l'art culinaire québécois en lançant un programme innovateur, fait d'études, de recherches et d'expériences.

Comme toujours, sœur Angèle ne se souciait guère de la fatigue, avide d'en apprendre le plus possible, de la comptabilité à la gestion de restaurant, de la pâtisserie à la boulangerie, en passant par l'œnologie. Tout l'intéressait et elle assimilait tout avec ferveur et humilité, consciente que plus on en apprend et moins on en sait.

Le temps passait rapidement et sœur Angèle était toujours surchargée de travail, sans une minute de répit, en partie à cause de la direction des cuisines de Dorchester qui restait toujours son travail principal. Ses cours à l'institut étaient pour elle une sorte de diversion qui l'aidait à supporter la fatigue et les commentaires parfois déplaisants.

L'hiver était revenu à Montréal et avec lui un froid rigoureux et un vent cinglant qui n'épargnaient personne. Sœur Angèle se rendait toujours à l'institut en autobus en fin d'après-midi et rentrait au couvent le soir tard vers vingt-trois heures, parfois minuit. Elle dormait peu pendant la nuit et à six heures du matin, elle était déjà à la chapelle pour les matines, puis en courant elle préparait le petit déjeuner pour toutes les pensionnaires. Le repas matinal était suivi de la réunion épuisante pour concorder les menus :

dîner, souper et goûters. C'était en somme une course quotidienne contre la montre.

Au bout d'un certain temps, la fatigue finit par envahir tout son corps et elle se sentit stressée, pour la première fois, ses forces semblaient l'abandonner. Il y avait des nuits où elle avait l'impression de dormir dans un train, sur une couchette inconfortable continuellement secouée par le mouvement du wagon.

Pendant le jour, ses jambes enflées lui faisaient mal. Elle aurait eu besoin de s'asseoir et de se reposer un peu, mais elle n'avait jamais le temps ou elle oubliait, tellement elle était accaparée par le travail à accomplir de façon parfaite. Il lui arrivait parfois de se traîner, tellement elle était fatiguée, mais elle ne pouvait se permettre de céder à la douleur, ni physique ni morale.

C'est ainsi qu'au mois de juillet 1978, par une journée étouffante et particulièrement épuisante pour sœur Angèle, la nouvelle Supérieure Générale la convoqua pour lui annoncer que le couvent allait sans doute être vendu.

« Nous avons reçu une offre de la part d'un groupe d'investisseurs qui veulent aménager ici une maison de retraite laïque pour des personnes âgées. Nous hésitons à accepter cette proposition. Nous pensions à vous et à votre tâche ici à Dorchester. Souhaitez-vous garder vos responsabilités et votre travail ici ? »

Sœur Angèle répondit sans hésiter : « Rester ici aux cuisines pour toujours ? Non, ce serait comme être enterrée vivante. ».

La Mère Générale resta interloquée. Elle ne s'attendait pas à recevoir immédiatement une réponse aussi claire et nette. Depuis qu'elle avait été élue, elle avait souvent entendu des plaintes au sujet de sœur Angèle. Elle s'attendait à rencontrer une certaine résistance de sa part et cette réponse tranchante la déstabilisa. Surprise par le regard franc et assuré de cette sœur italienne, elle murmura d'une voix faible : « Peut-être serait-il préférable que vous vous reposiez un peu ? ».

« Tout à fait, ma Mère, j'aurai ainsi l'occasion, si vous me le permettez, de m'inscrire à temps plein à l'Institut de tourisme et d'hôtellerie pour suivre des cours en administration que je pourrai fréquenter pendant la journée, évitant de me retrouver en ville le soir dans le froid et l'obscurité, car le retour en autobus est épuisant après une journée de travail intense. »

« Parfait, c'est une très bonne solution », confirma la Supérieure.

Bien que fatiguée, sœur Angèle avait le cœur gai et léger. Elle avait devant elle une année pour se consacrer exclusivement à l'étude et à l'enseignement de sa matière préférée, une année où elle n'aurait plus à souffrir de la condescendance des nombreuses consœurs qui la considéraient toujours comme la fille des cuisines avec un drôle d'accent italien.

Elle avait perdu depuis longtemps l'espoir d'être un jour appréciée et reconnue pour toute l'énergie et l'amour qu'elle consacrait depuis des années à vouloir rendre la nourriture de tous plus saine et plus appétissante.

C'était donc sans regret qu'elle quitta tous ses fourneaux, ses marmites, ses casseroles et l'immense cuisine où elle avait longtemps régné silencieusement. Au moment d'éteindre la lumière, son dernier geste fut de suspendre une dernière fois son tablier de couvent au porte-manteau derrière la porte qu'elle refermait pour toujours.

Le rideau tombait ainsi sur cette époque de sa vie.

Chapitre 15

L'œuf d'or

Sœur Angèle réalisait enfin son rêve : continuer ses études.

Déjà enfant, studieuse, elle avait toujours apprécié étudier et accroître ses connaissances. Malheureusement, il avait fallu qu'elle interrompe l'école pour aller travailler et aider sa famille. Puis, au fil des ans, accaparée par ses nombreuses occupations, il lui restait bien peu de temps pour se former et se perfectionner. Maintenant, grâce à la communauté des sœurs du Bon-Conseil, elle pouvait finalement se permettre toute une année d'études. Rien qu'un an, mais c'était déjà assez pour pouvoir découvrir un autre monde, différent de la réalité du couvent, marquant peut-être le début d'une nouvelle vie. Comment le savoir ? Comme toujours, tout reposait entre les mains du Seigneur.

La route était déjà tracée depuis longtemps et c'était son Seigneur et Maître qui la conduisait sur le droit chemin.

Chaque matin, après la messe à la chapelle, sœur Angèle partait pour ses cours à l'institut, au centre-ville. Elle était vraiment heureuse comme une enfant à son premier jour de classe.

À l'école, personne ne savait qu'elle était religieuse. Pour tous, elle était mademoiselle Angela Rizzardo. Comme partout ailleurs, il régnait entre les élèves une certaine camaraderie fraternelle, tous se tutoyaient et petit à petit, on commençait à plaisanter, même sur les choses les plus personnelles. On lui posait alors parfois des questions embarrassantes comme : « As-tu un fiancé ? Où est-il ? Pourquoi es-tu toujours seule le soir quand les cours sont finis ? ».

Et les garçons les plus entreprenants s'aventuraient à dire : « Veux-tu qu'on te raccompagne chez toi ? As-tu envie de venir boire une bière avec nous ? ».

Étant l'unique jeune fille inscrite au cours et de plus très jolie, les garçons se faisaient un devoir de la courtiser et d'être ses chevaliers servants.

Sœur Angèle s'amusait de ces jeux innocents et se moquait des garçons tout en leur disant la vérité, une vérité qu'ils n'auraient jamais soupçonnée : « Oui, moi aussi, j'ai un fiancé, il s'appelle Emmanuel, il habite bien trop loin pour venir me chercher le soir. ». Ou encore : « Non, je ne peux pas aller boire une bière, je n'aime vraiment pas ça ! Et puis vous serez plus libres entre vous sans avoir un jupon à traîner… vous pourrez discuter de hockey ou bien parler des filles… D'ailleurs le soir, je suis fatiguée et j'ai l'habitude de me coucher tôt. ».

C'est ainsi que chaque fois, elle esquivait gentiment les questions avec un petit sourire espiègle et, bien entendu, ses compagnons ne se doutaient pas de la vérité qu'elle dissimulait.

Lorsqu'elle était entrée en religion, encore novice, sœur Angèle avait cru qu'elle allait pouvoir se rendre utile pour accueillir les immigrants, ayant vécu une expérience comparable à la leur et connaissant bien leurs problèmes, mais jamais personne, à l'exception de sœur Paule, ne lui avait posé de questions sur son lointain pays d'origine ni sur son déracinement.

Mais là, à l'école, le monde semblait différent, on s'intéressait les uns aux autres.

Tout en riant et en plaisantant, ses nouveaux camarades lui racontaient leurs aventures, leurs difficultés, leurs problèmes et l'étudiante Angela Rizzardo les écoutait patiemment, prodiguant ses conseils du mieux qu'elle le pouvait, guidée par le bon sens qui ne lui faisait jamais défaut. Tous appréciaient sa façon d'agir en amie sincère et désintéressée, qui ne se permettait pas de juger ni de critiquer, encore moins d'ébruiter ce qui lui avait été confié.

Sœur Angèle avait toujours détesté les commérages et n'avait jamais voulu critiquer. Elle était trop humble et trop sage pour le faire.

C'est ainsi qu'elle gagnait la confiance de tous. Le directeur de l'institut lui attribuait des tâches toujours plus difficiles et des démonstrations gastronomiques un peu partout dans la campagne québécoise à l'occasion de manifestations agricoles variées. Personne n'imaginait avoir affaire à une religieuse, ce qui aurait probablement éloigné bon nombre d'interlocuteurs. Le sachant, on ne lui aurait peut-être jamais confié l'organisation des expositions agricoles où la plupart des participants sont des hommes, gros et grands, des camionneurs et de vieux agriculteurs capables de laisser échapper parfois des insultes et même quelques jurons. Tout le monde, au contraire, appréciait ses présentations culinaires qui se déroulaient dans la joie et la bonne humeur.

Depuis son enfance, sœur Angèle avait toujours eu un penchant pour le théâtre. Il y avait dans son caractère un côté comique : c'était un atout dont elle se servait lors de ses cours pour combattre la morosité et l'ennui qui naissaient parfois des explications, parfois arides, portant trop exclusivement sur les mesures et les procédures.

Le temps passait vite, quasiment sans même que sœur Angèle ne s'en aperçoive. Le couvent Dorchester fut vendu, il ne restait alors que la grande maison du Généralat de l'Institut du Bon-Conseil, sur le boulevard Saint-Joseph; mais elle, sœur Angèle, n'habitait plus au couvent. Les soeurs avaient adopté des habitudes modernes et celles qui travaillaient à l'extérieur avaient la possibilité de partager un petit appartement avec quelques compagnes.

Ainsi, sœur Angèle habitait maintenant avec huit autres consœurs dans une belle demeure bourgeoise sur le boulevard Saint-Joseph. Cette maison, une solide construction en pierre, appartenait à la congrégation et était divisée en trois appartements, un par étage; les neuf consœurs y vivaient, réparties sur les trois étages. Sœur Angèle se trouvait au troisième avec sœur Louise et sa chère et fidèle amie, sœur Paule.

Tout ceci lui procurait un sentiment de grande liberté…

Ayant atteint ses 40 ans, elle se sentait encore jeune et débordait de joie de vivre.

Jeunesse et vieillesse sont intimement liées au cœur et à l'esprit. On peut avoir 80 ans et un cœur d'enfant, car le cœur ne vieillit jamais.

Dans ce milieu de jeunesse et de modernité qu'elle fréquentait, sœur Angèle se sentait renaître. Lorsque la communauté lui demanda de coordonner un projet pour la rénovation des cuisines de la Maison Mère, sœur Angèle accepta le défi avec enthousiasme, essayant de concilier le style ancien et le plus moderne. Elle était bien loin d'imaginer que les sœurs âgées, accrochées aux souvenirs et aux traditions, allaient lui mettre des bâtons dans les roues.

Ce fut toute une bataille, mais à la fin sœur Angèle en sortit victorieuse et sa cuisine modernisée devint un modèle pour tous les autres couvents.

Il lui en coûta bien des maux de ventre d'avoir défendu ses propres idées novatrices auprès de ses consœurs plus âgées, conservatrices et traditionalistes. Mais une fois ce projet achevé, il fut immédiatement suivi d'un autre. Sœur Angèle était et demeure une vraie petite usine à idées ! Elle voulut participer à sa première compétition pancanadienne.

Ce n'était pas la première fois qu'elle prenait part à un concours de cuisine. Elle avait déjà gagné un premier prix avec sa recette de *panettone*, mais il s'agissait d'un concours local, à Montréal, organisé par la communauté italienne. Les chances de le remporter étaient élevées. Elle y participa avec la recette de *panettone*, un gâteau italien présenté, bien sûr, par une religieuse de la congrégation québécoise des sœurs du Bon-Conseil, mais c'était malgré tout une concurrente italienne.

Cette fois-ci par contre, il s'agissait d'un concours à l'échelle nationale lancé sur l'immense territoire du Canada, une compétition qui s'adressait à tous les cuisiniers canadiens.

On demandait aux participants une recette inédite, avec comme seule consigne l'utilisation d'œufs. Le titre du concours était d'ailleurs : *L'œuf d'or*.

Le prix offert était un chèque de sept cent cinquante dollars et un œuf en or soutenu par deux mains, trophée qui serait remis au vainqueur à Saskatoon.

Ce n'était pas tant la récompense qui l'attirait. Elle ne croyait d'ailleurs pas être capable de gagner : trop de cuisiniers canadiens renommés allaient se présenter et, comme toujours, elle serait sans doute la seule femme parmi les concurrents.

Pour sœur Angèle, ce qui comptait était de participer et surtout de se mesurer à l'habileté des autres, puisque le concours était ouvert à tous sans aucune discrimination et qu'il suffisait d'envoyer une recette utilisant des œufs.

À cette période de l'hiver, il faisait nuit tôt l'après-midi et, une fois le cours terminé, presque toute la classe se réunissait au pub juste en face de l'institut. Sœur Angèle n'avait même pas besoin de trouver une excuse pour ne pas suivre ses camarades, puisque les femmes n'étaient pas admises en ce lieu, elle pouvait donc facilement revenir à la cuisine de l'institut pour se concentrer et réfléchir en toute tranquillité, puis pratiquer et expérimenter.

Elle voulait trouver une recette simple et originale : elle se décida pour les artichauts, une plante pleine de saveur et très saine.

Elle se mit donc à faire des essais, alliant les œufs aux champignons et aux artichauts, aliments totalement méconnus à l'époque au Canada.

Elle cassa les œufs dans l'eau à peine bouillante, les laissant là pendant quelques minutes pour obtenir des œufs pochés. Puis elle fit revenir les fonds d'artichaut dans le beurre, les remplit à l'aide d'une cuillère avec une crème de champignons chaude et elle ajouta un œuf poché sur chaque fond d'artichaut farci. Elle les disposa dans un plat en pyrex, les recouvrit d'une crème béchamel onctueuse saupoudrée de parmesan râpé et mit le tout au four pendant au moins cinq minutes.

Sœur Angèle goûta et, satisfaite du résultat, elle envoya la recette qu'elle baptisa *Œufs comtesse*.

Le lendemain, pendant le cours de pâtisserie, elle fut surprise de retrouver un ami, Tom, qu'elle avait connu à Boston. Heureux de ces retrouvailles, alors qu'ils riaient ensemble et s'embrassaient fraternellement, sœur Angèle lui confia le secret de sa recette et le pria de ne révéler à personne sa véritable identité. Autrefois, Tom avait été un religieux franciscain.

SŒUR ANGÈLE

Les semaines passèrent, l'hiver désormais régnait en maître sur Montréal, la neige recouvrait la ville entière et Noël approchait. L'euphorie du temps des fêtes avait gagné l'institut et on s'efforçait d'inventer de nouveaux menus originaux à réaliser pour Noël. Sœur Angèle, accaparée par tous ces préparatifs, avait complètement oublié le concours lorsqu'un jour, elle reçut un télégramme :

« Félicitations ! La recette des *Œufs comtesse* a remporté le premier prix du *Concours l'Œuf d'or*. Nous vous attendons à Saskatoon pour recevoir votre trophée et votre chèque de 750 $. »

Sœur Angèle n'arrivait pas à y croire et tout de suite, elle pensa : « Cela doit être Tom qui m'a joué un tour pour s'amuser ! ». Après tout, il était le seul à connaître son secret.

Elle oublia le télégramme auquel elle ne répondit pas, passant sous silence l'évènement. De temps en temps, par contre, elle regardait Tom d'un air complice, mais sans rien dire. Et lui, innocent, répondait par un sourire amical aux clins d'œil de son amie.

La semaine de Noël approchait à grands pas. La ville entière à cette période se transforme comme tous les ans en un monde magique, éclairé de mille lumières multicolores qui se reflètent en faisant briller les vitrines des gratte-ciel et scintiller les trottoirs couverts de neige.

À l'institut, tout le monde s'affairait aux divers préparatifs, lorsque sœur Angèle reçut une invitation à se présenter à l'hôtel Reine Élisabeth pour une remise de prix.

Encore une fois, elle était loin d'imaginer qu'elle était vraiment concernée. Elle se présenta à la cérémonie convaincue qu'elle allait assister à la remise d'un prix à quelque collègue ou quelque cuisinier célèbre. Quelle ne fut pas sa surprise lorsqu'elle se vit remettre le trophée convoité accompagné d'un chèque d'un bon montant.

La salle était bondée d'invités, de journalistes et d'opérateurs de télévision.

SŒUR ANGÈLE

Une victoire pour un nouveau cuisinier, ou plutôt, pour une femme, une canadienne, oui, mais d'origine italienne ! Une victoire pour Angela Rizzardo, mais aussi pour sa famille et pour toute la communauté italienne.

Une victoire, la première étape d'un parcours qui allait la mener encore plus haut, vers un succès extraordinaire et bien mérité...

Chapitre 16

Succès inattendu !

Cela faisait maintenant plus de trente ans que sœur Angèle était établie à Montréal mais elle ne s'était toujours pas accoutumée à l'arrivée lente et tardive d'un printemps où la neige sale fond aux premiers rayons d'un soleil pâle et où les oiseaux gazouillent dans les arbres encore dénudés. Le vent glacé hésitait à céder sa place à la brise légère pour qu'elle vienne enfin vivifier l'air. De timides perce-neige, des crocus et des narcisses apparaissaient aux pieds des arbres, les prés étaient encore recouverts d'une fine couche de neige blanche et grise, et partout on entendait le murmure de l'eau qui ruisselait dans les coins de rues oubliés par le soleil, là où s'entassait encore une neige sombre.

Le matin tôt, il lui arrivait de croiser quelques rares passants, mais ce jour-là personne ne remarqua sœur Angèle qui se trouvait depuis un bon moment déjà au Carré Saint-Louis, en face de l'entrée de l'Institut de tourisme et d'hôtellerie.

Comme elle était en avance, elle s'avança dans le parc et s'appuya à un gros tronc d'érable, respirant profondément le parfum intense de son écorce. Le ciel commençait à s'éclaircir et les rayons lumineux du soleil levant se mêlaient à l'aurore rosée qui colorait encore l'horizon. Sœur Angèle s'arrêta pour savourer la timide beauté printanière de ce matin encore frais.

Perdue dans ses pensées, elle voyait défiler devant elle ses souvenirs comme dans un film. Son pays lointain, quitté pour toujours, lui revenait souvent à l'esprit de façon presque obsessive. Elle avait cru que, par la force de sa volonté, elle réussirait à chasser tous ses souvenirs pour pouvoir enfin naviguer au loin sur l'océan infini de l'Amour divin; mais au contraire, son passé s'obstinait à refaire surface, surtout dans les moments de solitude. Pour se sentir bien accueillie par ses consœurs, elle avait accepté, souvent contre son gré, tous les ordres qui lui avaient été donnés. Elle s'était alors isolée dans son propre monde, celui de la cuisine, fait de recettes, de fours, de casseroles, où la plupart de ses compagnes la croyaient incapable de concevoir quelque chose d'important.

Dans le monde laïc, par contre, elle avait rencontré des gens qui l'appréciaient. Elle avait trouvé cette chaleur humaine qui lui manquait depuis qu'elle avait quitté sa famille. Elle se sentait enfin paisible et comblée. S'agissait-il vraiment d'un péché d'orgueil ? Elle l'ignorait. Elle comprenait seulement qu'elle était sereine et que si son Seigneur lui avait envoyé cette tranquillité d'esprit, c'était là une preuve de Sa volonté.

Une journée très chargée l'attendait car c'est au printemps que s'organisent à Montréal tous les festivals, toutes les foires et les expositions. Sœur Angèle animait depuis un certain temps déjà toutes les manifestations culinaires et on l'avait invitée cette fois-ci à participer à un évènement dédié aux femmes et au monde féminin. Elle allait se trouver confrontée à un public de plusieurs centaines de spectateurs venus du monde entier. Après les différentes présentations, elle était, bien entendu, bombardée de questions en différentes langues auxquelles elle s'efforçait de répondre en s'arrangeant pour être comprise par tous ses interlocuteurs, parfois à l'aide de gestes simples qui suscitaient l'hilarité des participants.

De temps en temps, son ami Tom venait lui prêter main forte, l'aidant à transporter les assiettes, les casseroles et tout le matériel dont elle avait besoin.

Le jour avançait et, levant les yeux vers le soleil qui illuminait maintenant le ciel, elle fit le signe de croix, dit un *Ave Maria* et s'achemina vers l'institut pour débuter sa journée de travail. Perdue dans ses réflexions, sœur Angèle ne s'était pas rendue compte du temps qui filait. Le vacarme du trafic automobile déjà dense l'arracha à ses pensées. Elle se dirigea en courant vers l'institut où tous l'attendaient, impatients et inquiets.

« Angèle, Angèle !, lui cria Tom en haletant. Monsieur Samuelli te cherche. Il est anxieux car Gaston, le cuisinier, a eu un accident et tu arrives en retard toi aussi. Nous étions préoccupés ! »

« Oh mon Dieu, ce n'est pas grave, j'espère ! »

« Non, il s'agit simplement d'une foulure du muscle de l'épaule droite. Par contre, il ne pourra pas faire sa présentation aujourd'hui. »

« Et c'est moi qui devrai prendre sa place ? »

« Je crois bien que oui, mais monte voir monsieur Samuelli. »

Sœur Angèle poussa la porte du bureau du directeur en montrant son plus beau sourire pour se faire pardonner ce retard inhabituel.

« Bonjour, dit-elle, je dois remplacer Gaston ? »

« Oui, Angèle, si vous voulez bien accepter. Il s'agit d'une démonstration culinaire à la télévision pour l'émission de Radio-Canada *Allo Boubou* avec Jacques Boulanger. Le programme est transmis en direct et se déroule au Complexe Desjardins, au centre-ville, à onze heures trente. On a juste le temps de les avertir de ce changement et d'y aller. Vous êtes la seule à pouvoir le remplacer. J'espère que vous n'êtes pas intimidée par les caméras de télévision. Connaissez-vous cette chaîne ? Il s'agit d'une émission extrêmement appréciée du public québécois et Jacques Boulanger est un animateur très célèbre, vous l'avez sans doute déjà vu à la télé, n'est-ce pas ? »

« Moi ? Non. Je ne regarde jamais la télévision; d'ailleurs, nous n'en avons même pas à la maison ! »

Étonné, Antoine Samuelli la regarda avec de grands yeux, mais il n'avait pas vraiment le temps de se mettre à discuter.

«Vous pouvez y aller, si vous vous en sentez capable», dit-il.

« Pourquoi pas ? Peu importe si c'est au Complexe Desjardins ou dans l'arène d'une foire agricole, pour moi c'est pareil. Je me prépare en vitesse car je n'ai pas beaucoup de temps. Je présenterai une recette italienne. » Elle sortit en courant et lança un clin d'œil à Tom qui l'attendait à la porte du bureau, prêt à l'accompagner et à lui donner un coup de main.

La journée s'annonçait plutôt mouvementée puisqu'à onze heures et demie, sœur Angèle devait se trouver au centre-ville pour l'émission de

Jacques Boulanger, et ensuite à quatre heures de l'après-midi, il fallait qu'elle soit au Vélodrome pour présenter d'autres recettes aux *Journées de la femme*.

Alors que sœur Angèle était en train de préparer tout son matériel pour l'émission, elle reçut un appel de Radio-Canada. On lui demandait le nom du remplaçant qu'il fallait annoncer à la télévision.

« Sœur Angèle », répondit-elle sans hésiter, se rendant compte trop tard de sa gaffe. Puis, levant les épaules et riant tout bas, elle murmura : « Après tout, c'est bien ce que je suis ! ».

Tom, qui était le seul à être au courant de son secret, la regarda, stupéfait, mais ne fit aucun commentaire. Il lui demanda seulement quelle était la recette choisie.

« La lasagne… C'est une recette que je connais très bien, ainsi je ne risque pas de me tromper lors de l'élaboration. Et puis, c'est l'occasion de faire connaître mon pays, l'Italie. Bon, allez, viens m'aider à préparer les pyrex. »

Tout fut prêt en moins d'une heure et les deux amis partirent à bord de la camionnette bleue de l'institut conduite par Tom qui lui demanda en souriant : « Est-ce que tu as peur ? Es-tu préoccupée ? ».

« Pas du tout ! Le public reste toujours le public, que ce soit à la télévision ou ailleurs. Je n'ai aucune raison de m'inquiéter. Toi, plutôt, essaie de m'aider sans faire d'erreurs. »

« Mais il va y avoir les caméras, les lumières, les micros et non seulement les spectateurs présents dans la salle, mais des centaines de milliers d'yeux fixés sur nous devant le petit écran ! »

« Ne te laisse pas distraire par ces considérations, concentre-toi plutôt sur ce qu'il y a à faire ! »

Le Complexe Desjardins était bondé. Les femmes, jeunes, âgées, épouses, mères de famille, étaient venues en grand nombre assister à leur émission préférée animée par leur idole, Jacques Boulanger, qu'elles appelaient familièrement *Boubou*. Sœur Angèle frappa à la porte d'une loge portant le nom de l'animateur.

« Entrez ! », lui répondit une voix masculine.

« Bonjour, vous attendez le cuisinier de l'Institut du tourisme et d'hôtellerie du Québec pour une recette, n'est-ce pas ? »

« Bien oui, mais malheureusement, ils nous envoient une religieuse », lui répondit l'animateur contrarié qui, la prenant pour une technicienne de télévision, continua en disant : « C'est vraiment dommage, aujourd'hui, ce sera une émission ennuyeuse. ».

« Eh bien, je peux vous assurer du contraire, c'est moi, la fameuse religieuse que vous attendez. »

Boubou, comme tout le monde l'appelait, resta interloqué.

Il l'observa sans mot dire, médusé à la vue de cette petite blonde debout devant lui qui le regardait d'un air amusé et espiègle.

« Venez, il n'y a pas de temps à perdre, nous sommes déjà en retard et il faut vous maquiller. »

« Me maquiller ? »

« Bien sûr, à cause de la lumière des projecteurs, il va falloir vous mettre un peu de fond de teint sur le visage. » Et, assez froidement, il continua : « N'oubliez pas, ma sœur, que vous n'avez que trois minutes pour votre recette. ».

Comme toujours lorsqu'elle veut éviter toute discussion, sœur Angèle ne répliqua pas en entendant cette consigne absurde, tout en pensant qu'un temps de trois minutes pour présenter une recette relevait de la folie pure. Elle dut se retenir pour ne pas faire de commentaire.

« Ils sont réellement insensés et incompétents… », pensa-t-elle.

Elle se laissa maquiller, suivant de loin le va-et-vient des techniciens et des *cameramen* qui s'affairaient autour de l'animateur de l'émission. Elle regardait, observait et se concentrait en même temps sur ce qu'elle allait devoir faire. Tout d'un coup, elle entendit la voix de Jacques Boulanger qui la présentait : « Nous avons parmi nous une experte en cuisine qui nous a été recommandée par l'Institut du tourisme et d'hôtellerie du Québec, sœur Angèle, qui vous préparera une recette italienne, la fameuse lasagne. ».

Installée derrière une table apprêtée pour l'occasion, sœur Angèle se mit aussitôt à l'œuvre, sans regarder le public, concentrée uniquement sur sa recette. Les pyrex se remplissaient de pâtes coupées en bandes rectangulaires, de sauce tomate, de légumes et de fromage, alors qu'elle expliquait ce qu'elle faisait avec son parler québécois fleuri de mots et d'expressions italiennes francisées. En même temps, elle répondait promptement aux plaisanteries de Boubou. C'était comme un match de ping-pong, elle répliquait du tac au tac, sans s'être préparée à l'avance.

Fort heureusement, sœur Angèle avait, comme elle a encore aujourd'hui, la répartie facile et un excellent sens de l'humour.

À un moment, elle remarqua un homme en face d'elle qui lui faisait de drôles de signes et, ne saisissant pas de quoi il s'agissait, elle fit semblant de rien et continua sa présentation. Jacques Boulanger, toujours en plaisantant, lui fit comprendre que son temps était épuisé et qu'il fallait absolument qu'elle achève sa présentation.

« Ah non ! Je n'ai pas fini… », dit-elle en riant; puis elle se mit à chanter en italien devant le public qui, amusé, riait et applaudissait.

L'homme devant elle continuait à lui faire signe d'arrêter car la ponctualité est de rigueur lors des programmes télévisés, mais sœur Angèle ignorait tout cela et, absorbée par son travail, elle voulait aller jusqu'au bout de sa présentation et répondait en riant : « Oui, oui, j'achève, encore un peu de patience. Laissez-moi donc terminer mon travail. Pourquoi m'avez-vous demandé de venir, alors ? ».

À l'époque, les règles de la télévision étaient très sévères et une artiste invitée ne discutait pas devant le public avec les techniciens et l'animateur, modifiant le déroulement de l'émission. De plus, personne n'avait jamais vu une religieuse à la télévision qui cuisinait et chantait *O sole mio* alors qu'elle mettait un plat de lasagne au four.

Les spectateurs étaient stupéfaits et tout le monde éclata de rire. Un rire contagieux. L'animateur, les techniciens, le public, tous furent gagnés par l'euphorie générale. Jacques Boulanger continuait à taquiner sœur Angèle qui ne se laissait pas impressionner et ripostait vivement.

C'est ainsi qu'elle réussit non seulement à terminer sa recette, mais qu'elle s'amusa aussi beaucoup : elle avait l'impression de faire du théâtre, comme elle l'avait toujours souhaité. Le public comprit d'emblée qu'il se trouvait devant une comédienne authentique. Autant les opérateurs que l'animateur ne purent s'empêcher de prolonger l'émission avec sœur Angèle et de couper le temps prévu pour une chanteuse célèbre qui ne lui pardonna jamais. Sœur Angèle, présentant son plat fumant, bien doré et gratiné au parmesan, salua le public en délire en disant : « Alors voilà, maintenant, j'ai vraiment terminé... Au revoir, je vous porterai tous dans mon cœur et avec ce plat de lasagne, je vous laisse toute la chaleur de mon Italie natale et de mon affection. ».

Personne ne s'y attendait. Tous les spectateurs se levèrent en applaudissant, criant, sifflant de joie et riant aux éclats.

« Mais d'où est sortie cette femme incroyable ? », se demandaient-ils tous. Et cette femme incroyable n'avait absolument pas le temps de s'arrêter pour rencontrer les gens, elle devait courir au Vélodrome où elle était attendue pour une autre démonstration, il lui fallait traverser toute la ville pour se rendre jusqu'au stade olympique.

Pendant qu'il conduisait à vive allure, Tom discutait de l'émission et la commentait : « Quel triomphe ! Que d'applaudissements ! Tu as vraiment fait honneur à l'institut. Quel succès ! ».

Sœur Angèle ne comprenait pas grand-chose à ce qui s'était passé. Elle avait tout simplement été authentique. Tout le monde riait. Pourquoi ?

Elle avait réellement aimé son expérience à la télévision. Mais là, il fallait qu'elle se concentre sur la présentation suivante pour les *Journées de la femme*.

Lorsqu'ils arrivèrent au Vélodrome, ils restèrent bouche bée : une immense foule leur bloquait le passage. Il y avait sur la place quatre autobus remplis de joyeux passagers venus pour assister à une autre démonstration de cette inconnue qui avait si bien su amuser le public au Complexe Desjardins.

Dès qu'on la vit descendre de l'auto, tout le monde commença à l'applaudir, à l'acclamer, à lui tendre des calepins et des stylos pour les autographes, une bonne façon de connaître enfin le nom de cette artiste inconnue.

Sœur Angèle se sentait plutôt perdue. En poussant, elle réussit à se frayer un chemin dans la foule et à entrer au Vélodrome. Finalement, elle monta sur scène pour faire son travail, et une fois qu'elle eut fini, elle fut accueillie par un tonnerre d'applaudissements et de rires.

Les gens se demandaient, incrédules : « Est-ce réellement une religieuse ? ».

Personne ne pouvait y croire.

Jusqu'en 1968 au Québec, ceux qui pouvaient recevoir une instruction suivaient des cours dans des institutions privées et religieuses. Ce n'est qu'après la Révolution tranquille que tout le monde put bénéficier d'une instruction gratuite grâce à l'ouverture des écoles publiques.

Pendant de nombreuses années, les Québécois furent éduqués et influencés par l'omniprésence d'une religion catholique ou protestante sévère et rigide. Il était impensable qu'une religieuse puisse être aussi joviale et épanouie que sœur Angèle. Enfin une religieuse pleine de vie qui, à travers son sourire et sa gaieté, donne la joie de vivre et d'espérer ! C'était un miracle, une grâce du Ciel à laquelle la population québécoise était loin d'être habituée… Tous étaient enthousiastes.

En rentrant chez elle, fatiguée mais heureuse, sœur Angèle se retrouva devant une serre. De l'entrée jusqu'au salon de son petit appartement, il n'y avait que des fleurs.

Déconcertée et inquiète, elle s'exclama : « Sainte Mère, qui donc est mort ? ».

« Personne – lui répondit en riant sœur Paule – C'est le public de ton émission qui t'envoie toutes ces fleurs, comme on le fait aux grands artistes. »

Sœur Angèle qui n'avait jamais vu une telle profusion de fleurs resta bouche bée jusqu'au moment où le téléphone sonna et la voix de sa maman la secoua : « Ginetta, Ginetta, tu étais extraordinaire ! ».

« Vraiment ? Tu dis ça sérieusement, maman ? »

« Mais oui, je t'assure ! Nous avons tous ri et nous nous sommes beaucoup amusés. Ton père aussi, lui qui, comme tu sais, ne parle pas beaucoup et ne laisse pas voir ses sentiments, n'a pu s'empêcher de rire cette fois-ci. Quant à ta recette, elle était parfaite ! »

Richetta, sa mère, qui avait toujours eu peur que sa petite Ginetta apparaisse en public et se retrouve sur les planches, elle qui l'avait toujours empêchée de devenir chanteuse, se sentait fière maintenant de sa fille, de sa Ginetta devenue une religieuse qui chante à la télévision pendant qu'elle rentre et sort du four ses plats préférés.

Naturellement, Richetta ne put s'empêcher d'en informer le voisinage et de tout raconter dans les moindres détails. Quelle belle publicité pour cette nouvelle sœur Angèle à la télévision !

Chapitre17
Star de la télévision

À la fin de l'émission *Allo Boubou*, Jacques Boulanger, l'animateur, entra en trombe dans le bureau du directeur de Radio-Canada et se répandit en éloges pour sœur Angèle : « Avez-vous vu cette femme ? C'est une vraie artiste, une mine d'or, tout le public était enthousiaste. J'aimerais faire une série d'émissions avec elle. ».

« D'accord, d'accord… mais calme-toi, reprends ton souffle, respire et essaie de réfléchir. Penses-tu vraiment qu'elle acceptera, d'autant plus que c'est une religieuse ? »

« Bien oui, je crois. Elle est tellement bien entrée dans le jeu de la répartie qu'elle avait l'air de s'amuser elle aussi. Il faudrait juste en parler au directeur de l'Institut de tourisme et d'hôtellerie et on verra… »

Quand Antoine Samuelli reçut l'appel du directeur de Radio-Canada, il resta bouche bée et, passé le premier moment de surprise, il répondit en hésitant, avec un fil de voix : « Mais de qui parlez-vous ? Et qui est sœur Angèle ? Nous n'avons aucune religieuse parmi nos étudiants, il doit y avoir une erreur. ».

« Non, non, il n'y a aucune erreur. Vous nous avez bien envoyé une religieuse pour l'émission *Allo Boubou*, n'est-ce pas ? »

« Oui, bien sûr, mademoiselle Angela Rizzardo… Comment ? Et vous dites qu'il s'agit de sœur Angèle ? Quelle histoire farfelue ! Angela Rizzardo religieuse ? Elle est bonne, celle-là. Est-ce que c'est une blague ? Vous voulez enregistrer des émissions avec elle, dites-vous ? Et signer un contrat avec moi ?

Si tout cela est vrai, ça me convient tout à fait, mais elle, Angela Rizzardo ou sœur Angèle, peu importe, pensez-vous qu'elle acceptera ?

Après avoir raccroché le téléphone, Antoine Samuelli s'appuya au dossier de son fauteuil et se mit à fixer le plafond, comme pour demander des explications au Ciel.

Il savait déjà qu'Angela Rizzardo était exceptionnelle et que c'était un grand atout que de l'avoir comme collaboratrice dans son institut, mais d'apprendre maintenant qu'elle était religieuse le laissait perplexe. Quand sœur Angèle, toujours souriante et insouciante, entra dans son bureau, il la regarda avec curiosité, tentant de découvrir quelque détail qui lui aurait échappé et qui aurait pu trahir son statut réel. Il l'observa avec insistance comme s'il la voyait pour la première fois et c'est elle qui rompit le silence : « On me propose une série d'émissions avec Jacques Boulanger. Pourquoi pas ? Ça n'a pas l'air trop difficile. Si vous êtes d'accord, je suis prête à accepter. ».

Elle posait ainsi les premiers jalons de ce qui allait devenir son destin d'artiste culinaire à la télévision.

Le directeur de l'institut était son employeur, c'était donc lui qui devait signer ses contrats et décider où et comment elle devait organiser ses démonstrations de cuisine. Par contre, sœur Angèle avait également besoin de l'autorisation de la Mère Supérieure Générale et de toute sa congrégation.

Samuelli et Jacques Boulanger étaient impatients de signer ce contrat, mais ils devaient, eux aussi, attendre la réponse de la part de la communauté.

Cette même semaine, on fêtait l'anniversaire de sœur Lorette, la Supérieure Générale du couvent. Les amis et les familles de toutes les religieuses étaient rassemblés pour cette grande célébration. Sœur Angèle avait préparé un magnifique et délicieux buffet et, au moment de couper le gâteau, elle s'approcha de la Mère Supérieure et lui dit à voix basse : « Imaginez-vous, ma mère, que Radio-Canada veut enregistrer toute une série d'émissions télévisées avec moi ! Qu'en pensez-vous ? ».

« Et pour faire quoi, au juste ? », répondit distraitement la Supérieure, convaincue qu'il s'agissait encore de l'une des nombreuses trouvailles stupides de la sœur italienne.

« Eh bien, de la cuisine, comme d'habitude… »

La Supérieure Générale était loin de penser que la chose était sérieuse. D'autre part, elle n'accordait plus grande importance ni aux propos de sœur Angèle ni aux critiques à son égard, c'était pour elle la seule façon de supporter l'exubérance joyeuse de l'Italienne. C'est pourquoi, en goûtant au délicieux gâteau préparé en son honneur par sœur Angèle, sans même daigner la regarder ni la remercier pour l'excellent repas, elle lui dit avec un mouvement d'humeur : « Mais oui, oui, sœur Angèle, ok, c'est bon, c'est bon ! ».

Pour prendre une décision aussi importante, sœur Lorette aurait dû, en tant que Supérieure Générale, convoquer tous les membres du Conseil, mais la réponse qu'elle avait donnée précipitamment et distraitement fut communiquée sur le champ par sœur Angèle à Antoine Samuelli. Ainsi l'institut et Radio-Canada signèrent le contrat et sœur Angèle commença ses apparitions à la télévision.

Lorsque ses consœurs et surtout la Mère Supérieure s'aperçurent que sœur Angèle était à la télévision deux fois par semaine pour une émission de cuisine, et pire encore, qu'elle riait et plaisantait ouvertement, elles furent scandalisées et voulurent immédiatement convoquer le Grand Conseil pour punir cette sœur italienne qui, à leurs yeux, n'avait aucune réserve.

Mais sœur Angèle ne se découragea pas : « Je suis désolée, ma mère, il est trop tard, on ne peut pas rompre un contrat. La communauté devrait alors payer une amende et peut-être même que Radio-Canada pourrait amener la congrégation en cour. Je vous ai demandé la permission d'accepter cette offre le jour de votre anniversaire, au moment de couper le gâteau, vous vous souvenez ? Et vous m'avez répondu : "Mais oui, oui, c'est bon, c'est bon", vous rappelez-vous ? Maintenant, il est trop tard… il faut que je continue mon travail… ».

Le Grand Conseil ne fut jamais convoqué.

Pendant les premiers mois, les consœurs ne firent que la critiquer, lui reprochant ouvertement son français imparfait, son accent italien et ses erreurs de vocabulaire, alors que le grand public et le personnel de Radio-

Canada trouvaient un charme à ses défauts qui apportaient humour et spontanéité à l'émission.

Ainsi, sœur Angèle devint rapidement une étoile montante de l'univers télévisé et elle eut vite fait de conquérir le public grâce à son charisme.

Elle se sentait renaître sous les projecteurs. Toutes ses habiletés créatrices, son caractère spontanément joyeux, son ardeur sereine à la tâche et toutes ces qualités qu'elle avait développées depuis sa plus tendre enfance, constituaient maintenant un atout lorsqu'elle montait sur le plateau de télévision. Avec l'écran télévisé, elle faisait son entrée dans des centaines de foyers, devant des milliers d'yeux qui l'observaient et de mains qui l'applaudissaient.

Elle n'hésitait jamais à partager sa gaieté et son humour toujours de bon goût.

Ainsi, le couple Boubou et sœur Angèle devint bientôt un synonyme de succès et de bonne humeur. Dans la veine de l'émission *Allo Boubou*, Jacques Boulanger lança d'ailleurs peu de temps après *La folie des grandeurs*.

Devant les boutades, les farces, les quiproquos, bon nombre de religieuses étaient toujours scandalisées et prêtes à la critiquer avec désobligeance. Heureusement, la nouvelle Supérieure Générale, Marie-Claire Chrétien, appréciait sa gaieté et la protégeait des critiques acerbes de certaines consœurs malveillantes.

Sœur Angèle aime rire et faire rire les autres, offrant toujours volontiers quelques instants d'insouciance qui permettent d'oublier soucis et difficultés.

Elle livre généreusement à l'écran ses secrets et des centaines de petites astuces pour rendre la cuisine de tous les jours plus accessible à tous. Devant un public curieux et empressé d'apprendre, elle a réponse à tout.

Souvent, elle subissait des critiques de la part de certains cuisiniers envieux qui la trouvaient trop ridicule, mais la vraie raison était autre : il y avait en réalité derrière tout cela de la jalousie vis-à-vis d'une femme chef, une religieuse en plus, qui était devenue très populaire en si peu de temps. Bien sûr, sa cuisine est de style campagnard et familial, mais savoureuse et riche en arômes. Sœur Angèle, toutefois, ne se laisse pas démonter par les critiques, elle préfère avancer sur son chemin, valorisant ainsi – comme elle le soutient toujours – le travail humble et silencieux, mais tout autant utile et nécessaire, de la femme au foyer.

Qu'il s'agisse d'une émission pré-enregistrée ou diffusée en direct, on calcule tout à la minute près. Suite au bouleversement qu'elle avait causé dans la programmation lors de sa première expérience télévisée, sœur Angèle est devenue très rigoureuse pour les horaires, toujours ponctuelle et assidue dans son travail.

Lorsqu'elle commença à travailler à la télé, les émissions étaient presque toujours transmises en direct, il fallait donc être prêt à réagir en cas d'imprévus et capable de gérer les contretemps.

Il y eut l'épisode où, par exemple, sœur Angèle était en train de sortir ses plats du four lorsqu'elle sentit dans son dos quelque chose de chaud et humide. Elle se retourna et se retrouva face à face avec une vache qui était en train de la lécher. Elle n'eut pas peur, bien au contraire, elle se souvint des belles vaches dans les pâturages de ses montagnes lointaines et se mit à lui parler affectueusement en lui caressant les oreilles alors que le public riait et applaudissait.

Dans une autre émission, justement alors que la très populaire chanteuse Ginette Reno avait été invitée à participer et à cuisiner avec sœur Angèle, les pattes du crabe qu'elles étaient en train d'apprêter, avant de les mettre dans la casserole, leur échappèrent, glissant d'un seul coup vers le public amusé.

Sœur Angèle jouit d'un grand charisme. Elle transmet à tous une grande sérénité qui, chassant toute anxiété, apporte le calme dans n'importe quelle situation. Tout le monde sur le plateau appréciait cette grande qualité et surtout sa gentillesse naturelle envers tous, autant avec les grandes vedettes qu'avec l'équipe des opérateurs techniques. À la fin de chaque programme, elle ne manque pas d'inviter tout le monde à goûter ses plats. Et tous de rester pour manger, pour bavarder et plaisanter et, parfois aussi, on lui confie des problèmes personnels. Sœur Angèle écoute et aide du mieux qu'elle peut et elle est toujours appréciée pour sa délicatesse, sa sensibilité et sa sagesse. À tel point qu'elle trouva un jour accroché à la porte de sa loge un écriteau qui disait : « Annexe de l'Oratoire Saint-Joseph ».

Elle est désormais recherchée par tous les médias. Programmes télévisés, radiophoniques, interviews avec les journaux et les revues, manifestations de tous genres : on voit et entend sœur Angèle partout.

Ses photos apparaissaient non seulement dans la presse et les périodiques, mais sur les affiches publicitaires des autobus. Elle ne pouvait plus se déplacer dans la rue sans se faire arrêter, parfois pour avoir un conseil, une idée, une recette et même une prière.

Et elle, toujours affable, répondant à tous : « Écoute ton cœur sans te laisser entraîner par tes peurs. Aie confiance en toi et en Dieu qui ne t'abandonnera jamais, après tout, tu es son enfant aussi, et un Père est toujours là pour aider… ».

Inlassablement en forme, incapable de compter ses heures de travail, elle réussit à enregistrer en une journée six programmes télévisés, commençant en même temps une série d'émissions radiophoniques en collaboration avec Radio-Québec et le célèbre animateur québécois André Paillé.

Sœur Angèle, bien entendu, ne le connaissait pas. Ils réussirent malgré tout, sans jamais se rencontrer, à animer un programme qui finit par avoir une cote d'écoute très élevée. C'est ainsi qu'en se parlant seulement à la radio, une très belle amitié naquit entre eux.

Un jour, à Saint-Hyacinthe, alors que sœur Angèle était en train de présenter son livre *La cuisine joyeuse de sœur Angèle*, un monsieur s'approcha d'elle un livre à la main pour lui demander un autographe et une dédicace.

« Pour qui ? », lui demanda-t-elle en souriant.

« André Paillé. »

« Quelle merveilleuse surprise ! Enfin, je peux faire ta connaissance. » Et devant tout le monde, elle le serra affectueusement, sans penser aux possibles médisances de la part du public.

Mais leur amitié était professionnelle et fraternelle. Leur programme devint tellement populaire qu'elle dut aller à Québec afin qu'il soit diffusé en direct.

Pour les 48 ans de sœur Angèle, André Paillé lui fit un énorme cadeau surprise. En direct à la radio, il la mit en communication téléphonique avec le cardinal Paul-Émile Léger, son grand ami de toujours.

« Alors, chère sœur, comment va la santé ? »

« Moi, toujours bien. »

« Ma chère sœur, je vous souhaite un joyeux anniversaire. Je sais que, tous les jours à l'écran, vous apportez aux familles non seulement la richesse et les saveurs des bons mets, mais également la chaleur et l'allégresse qui vous sont propres. Vous êtes capable d'illustrer les recettes en les assaisonnant avec votre bonne humeur et quelques anecdotes drôles, le tout accompagné de votre belle voix de rossignol. »

Sœur Angèle, émue jusqu'aux larmes, la voix tremblante, répondit : « Je remercie le Seigneur qui vous a placé sur ma route. ».

« Quand je vous ai rencontrée pour la première fois à la Maison Mère sur le boulevard Dorchester, je me souviens d'une jeune sœur au visage triste qui s'illuminait d'un sourire radieux lorsqu'elle me servait son café *espresso*. J'espère que vous avez su conserver ce don du ciel. Certaines religieuses sont tellement sérieuses et rigides dans l'application des règles de leur communauté que l'on s'attend à ce qu'elles aillent droit au paradis. Quant à vous, avec toute cette joie de vivre, on voudrait vous garder ici avec nous pour toujours, car en votre compagnie, c'est le paradis sur terre… D'ailleurs, si je devais un jour devenir pape, j'aimerais que vous veniez cuisiner pour moi au Vatican. »

Après cet appel qui l'avait profondément touchée, toute l'équipe de la radio sous la direction d'André Paillé s'en alla terminer la soirée au restaurant italien *Parmesan*, dont le propriétaire Luigi, est un Italien de Parme et grand ami de sœur Angèle, chez qui elle va souvent souper quand elle est de passage à Québec.

Chaque fois qu'elle dîne chez son ami Luigi, le repas se termine par des chansons accompagnées à l'accordéon. Ces soirées sont tellement agréables qu'elles finissent par devenir une attraction à la mode pour tous les habitants de la ville et, lorsque l'on sait que sœur Angèle est là, le restaurant est très fréquenté, plus qu'à l'habitude, et les recettes sont destinées, ces soirs-là, aux œuvres de charité de sœur Angèle. C'est désormais devenu une tradition.

Pour les fêtes de Noël, Luigi met toujours son restaurant à la disposition de sœur Angèle pour qu'elle puisse faire des démonstrations culinaires. Elle prépare un grand souper et recueille des contributions. Tous les profits sont versés à la fondation qu'elle a créée afin de permettre à des enfants démunis de partir en vacances l'été.

Chapitre 18

Les voyages

Rapidement, sœur Angèle devint très populaire non seulement au Québec et partout au Canada, mais également à l'étranger : elle fut choisie comme ambassadrice de l'Institut de tourisme et d'hôtellerie du Québec.

Ses recettes continuèrent à recevoir des prix lors de tous les concours gastronomiques et malgré les critiques de la part de certains cuisiniers vedettes dans le domaine gastronomique, elle fut reconnue comme grand chef et commença à représenter le Québec et le Canada aux foires internationales des divers continents.

Elle organisa des cours de cuisine à Cuba pour les chefs des plus grands hôtels de la Havane; ce qui lui donna l'occasion de connaître et d'apprécier l'hospitalité cordiale des Cubains.

La fin des cours se conclut avec une grande soirée de gala à l'*Hôtel Palace Paradisio*. Participaient à ce souper les plus hauts dignitaires du gouvernement cubain, ainsi que les ministres et secrétaires d'état, tous accompagnés de leurs épouses. Fidel Castro était également présent. La salle était décorée en rouge et blanc, les couleurs du Canada. Des fleurs à profusion dégageaient un parfum intense qui envoûtait les invités et les porcelaines brillaient sous la lumière cristalline des lampadaires. Fidel Castro fut conquis et, à la fin du repas mémorable, il voulut savoir qui avait organisé cette merveilleuse soirée.

« Sœur Angèle, une religieuse québécoise », lui répondit-on.

« Où est-elle ? Je veux la rencontrer », dit le président d'un ton péremptoire qui n'admettait pas de discussions. Et c'est ainsi que la petite sœur italo-québécoise se retrouva devant l'imposante personnalité de Fidel Castro qui vint à sa rencontre en lui disant : « Je ne peux pas croire qu'une religieuse ait fait tout cela en mon honneur. ». À la fin de la soirée, il serra les mains de sœur Angèle en lui disant, ému : « *Vaya con Dios* ». Lui, un non-croyant, invoquait pour une religieuse la protection de Dieu ! À partir de ce moment-là, sœur Angèle eut à sa disposition une voiture officielle du gouvernement cubain et un chauffeur pour l'accompagner partout sur l'île et lui assurer assistance et sécurité.

Elle avait à peine le temps de se reposer quelques jours entre deux avions, tellement les voyages se succédaient les uns après les autres à un rythme trépidant.

Passionnée de cuisine, elle se consacrait avec tout autant de perfection à l'œnologie, ce qui lui valut d'être invitée dans la célèbre région des châteaux français. Elle séjourna alors en Champagne, au Château du comte Pozzo del Borgo, site français favori de la reine mère Mary d'Angleterre qui s'y rendait souvent pour passer des vacances tranquilles et solitaires. Le hasard voulut qu'elle s'y trouvât justement au moment où sœur Angèle y était aussi. Les deux femmes eurent ainsi l'occasion de se rencontrer et elles sympathisèrent immédiatement.

Sœur Angèle n'a pas de complexes, elle sait parfaitement comment se comporter, toujours égale à elle-même, tant avec un aristocrate qu'avec le plus simple des serviteurs.

Malgré son âge, la reine voulut lui faire les honneurs de la maison et l'accompagna elle-même pour la visite du château et de ses alentours dans sa voiture privée.

À la fin du jour, elles se retrouvèrent dans l'immense jardin : une humble sœur et une reine qui se promenaient en conversant amicalement, parlant de parfums et de couleurs, perdues dans la roseraie où étaient cultivées les variétés de roses les plus rares et précieuses. C'était le crépuscule. La douceur du soleil couchant les enveloppa en une étreinte fraternelle, simple étreinte de deux femmes charmées par le parfum enivrant des roses. Spontanée comme toujours, sœur Angèle cueillit une rose et apprit à la reine à en effeuiller les pétales un à la fois, en exprimant un souhait : celui du dernier pétale se réaliserait ! Pendant quelques instants il n'y eut plus de barrières entre elles, toutes deux unies dans un même intérêt et le même amour pour la nature dans laquelle elles reconnaissaient la présence de la main divine.

De retour au somptueux salon du château, sœur Angèle demanda à la reine si elle pouvait remercier le chauffeur et aller ensuite visiter les cuisines, seule section manquant à sa visite du château.

La reine la regarda sévèrement et lui dit, surprise : « Impossible, vous ne pouvez pas parler aux domestiques, ça ne se fait pas, il y a une certaine distance à respecter entre eux et nous. ».

Sœur Angèle sourit en silence. Elle n'approuvait certainement pas l'idée qu'il y eut un écart entre les différents rangs et, en donnant le bras à la reine pour l'aider à monter l'escalier alors qu'elles s'en allaient souper, elle pensa en son for intérieur : « On verra bien… ».

À la fin de la soirée passée en compagnie du comte et de ses invités, sœur Angèle se retira discrètement dans la magnifique suite décorée de soie bleue qui lui avait été réservée. Quelle ne fut pas sa surprise lorsqu'elle vit un énorme bouquet de violettes fraîches qui embaumaient toute la pièce de leur parfum. Le bouquet était déposé dans un vase de cristal sur une petite table près de la grande fenêtre qui s'ouvrait sur le magnifique jardin qu'elle venait de visiter et un mot écrit à la main par la reine la remerciait pour la conversation qu'elles avaient eue et pour la confiance en la Providence et en Dieu que sœur Angèle avait su lui transmettre.

Les violettes, ses fleurs préférées, lui rappelaient les parfums de son enfance. Épuisée par sa journée et par toutes ses émotions, elle se laissa tomber dans un fauteuil. Les souvenirs se bousculaient dans sa tête, les pensées se mêlaient aux prières et elle se mit à sourire en remerciant le Seigneur de l'avoir toujours guidée sur le droit chemin et de lui avoir donné la joie de vivre, même – et surtout – lorsqu'elle était dans la misère.

Elle ne possédait rien. Elle était pauvre comme autrefois, mais son cœur était débordant d'une immense richesse : l'amour.

Le lendemain matin tôt, elle partit en cachette visiter la cuisine avec toute sa collection de cuivres brillants. Elle sortit ensuite dans le jardin pour se laisser enivrer une fois de plus par le parfum des fleurs et profiter des premières couleurs de l'aube naissante. C'est alors qu'elle rencontra, presque par hasard, le chauffeur privé de la reine et se mit à converser jovialement avec lui. Pour elle, l'écart entre maîtres et serviteurs n'existe pas et ne doit pas exister : nous sommes tous frères car fils d'un même Dieu, notre Père.

Loin de s'enorgueillir du fait d'avoir connu et parlé amicalement avec la reine d'Angleterre, dès son retour à Montréal, elle reprit sa vie de tous les jours sur le plateau télévisé et dans les studios radiophoniques.

Mais les mauvaises langues, animées par la jalousie, allaient bon train et les médisances circulaient, surtout autour des questions d'argent. Mais avec la fortune que sœur Angèle gagne, elle demeure toujours aussi pauvre qu'avant, car même si elle reçoit un salaire considérable en tant que vedette de la télévision, ajouté au revenu qu'elle continuait de percevoir pour son travail auprès de l'institut du tourisme, elle ne touche aucun chèque et n'a aucune idée de combien elle gagne. Rien n'a vraiment changé depuis l'époque où la petite Ginetta, toujours cachée au plus profond du cœur de sœur Angèle, travaillait inlassablement à l'auberge des Bramezza sans jamais s'inquiéter de sa paie. À l'époque, c'était Richetta, sa mère, qui se chargeait de recueillir le fruit de son labeur. Maintenant, tout est versé directement à sa communauté et elle ne possède ni carnet de chèques ni carte de crédit.

Chaque année, comme toutes ses consœurs, elle prévoit un budget pour ses dépenses, elle demande à la mère économe la somme qu'elle juge nécessaire pour vivre et celle-ci lui donne l'argent au fur et à mesure qu'elle en a besoin. Et sœur Angèle essaie toujours de dépenser le moins possible.

Le succès, la télévision, le fait de côtoyer et d'avoir des amis parmi les artistes célèbres et les personnalités politiques en vue, rien de tout cela ne lui monte à la tête. Elle continue à se recueillir comme elle l'a toujours fait dans le silence de ses méditations. Dès qu'elle a quelques minutes de repos, chose qui devient de plus en plus rare, elle se réfugie dans la première chapelle qu'elle trouve sur son chemin et se réserve parfois des journées entières pour se retirer dans le silence complet.

Sœur Paule, son amie fidèle, était toujours auprès d'elle. Grande admiratrice de sœur Angèle, elle l'encourageait, la complimentait et l'aidait autant qu'elle pouvait, comme une secrétaire dévouée.

Au bout du compte, même les religieuses les plus malveillantes avaient fini par comprendre que cette petite sœur italienne, avec tous ses défauts méditerranéens, transmettait, grâce à l'écran télévisé, la bonne parole de Dieu et réussissait à toucher des milliers d'âmes et de cœurs.

Sa famille était extrêmement fière de la petite Ginetta. Angelo et Richetta suivaient assidûment chacune de ses émissions et de ses apparitions à la télévision. Tout en continuant leur vie tranquille, ils ne manquaient jamais de partager avec les voisins et les amis le succès de leur fille bien-aimée.

Elle faisait l'orgueil de toute la communauté italienne.

Enfin, après avoir enduré tant de discriminations envers les Italiens, tant d'épisodes qu'elle a dû endurer, sœur Angèle porte fièrement le nom de l'Italie. Les Québécois l'ont adoptée à tel point que beaucoup d'entre eux sont même surpris d'apprendre qu'elle est Italienne. Pour ne pas parler des Vénitiens qui la considèrent comme le fleuron de leur région, car sœur Angèle est fille de leur terre, la Vénétie.

Comme eux, elle a survécu aux horreurs de la guerre. Comme eux, elle a dû quitter sa patrie pour immigrer au Canada dans l'espoir de trouver une vie meilleure, une vie faite de paix et de sérénité. Et chaque fois qu'elle a l'occasion de retrouver ses compatriotes de la Vénétie, les notes des chants montagnards renaissent sur ses lèvres alors que dans son esprit surgit une foule de souvenirs lointains.

Mais voilà que cette vie tranquille fut perturbée par le départ de son cher père, Angelo. Richetta se retrouva alors seule, même si elle était entourée de ses enfants restés au Canada, car il lui en manquait toujours deux. « Les enfants – disait si bien Angelo – sont comme les doigts de la main : ils sont tous nécessaires, du plus grand au plus petit, et lorsqu'il en manque un, la main peut encore fonctionner, mais rien ne peut remplacer le doigt absent car il reste toujours un vide qui fait souffrir. »

Durant une émission qui lui dédia, Jacques Boulanger, à l'insu de Soeur Angèle, offrit le plus beau des cadeaux qu'il pouvait offrir aux Rizzardo pour les 25 ans de vie religieuse de Soeur Angèle. Il fit venir de l'Australie Antonio, le frère aîné, qu'ils n'avaient pas revu depuis plusieurs années. Et à l'occasion de cette réunion de famille, Priscilla les rejoignit également, arrivant d'Italie avec son mari et ses enfants.

Richetta était profondément émue : il ne manquait auprès d'elle que le chef de famille, son mari Angelo, qui devait certainement les bénir en souriant de là-haut...

Peu de temps après, sœur Angèle fut invitée à représenter le Canada en Allemagne lors des Olympiades culinaires. De Paris, la délégation canadienne prit le train pour aller jusqu'à Francfort. Après avoir passé la frontière, une foule de voix gutturales allemandes envahit le compartiment où se trouvait sœur Angèle qui, assise dans un coin près de la fenêtre admirait le paysage. Ses oreilles furent blessées par ces sons que son esprit percevait comme désagréables et agressants. Incapable de se concentrer sur le paysage qui défilait devant elle, elle se sentit prise à la gorge par une angoisse terrible. Du coup, elle avait mal à la tête et elle avait l'impression que son cœur était sur le point d'éclater dans sa poitrine.

Le train poursuivait sa course à travers la campagne allemande, les voix germaniques continuaient à résonner à ses oreilles et les souvenirs douloureux restés endormis au fond de son âme se bousculaient affolés aux portes de sa mémoire, ressuscitant en elle les cris déchirants des parents de Cavaso devant leurs enfants pendus aux arbres sur la place du village... Machinalement, elle se boucha les oreilles avec ses mains : elle ne voulait pas entendre ces voix qui faisaient renaître d'anciennes terreurs et angoisses.

Comment pourrait-elle travailler tranquille au son de ces accents qui réveillaient en elle un passé douloureux chargé d'horreurs et faisaient souffrir son cœur et trembler son corps entier ?

Le train filait en direction de Francfort. Elle ne savait plus où elle se trouvait, elle ne se sentait plus la force de continuer et de rester parmi ces gens et, alors qu'elle regardait autour d'elle les yeux égarés, elle tourna ses pensées vers sa Madonna del Covolo, qui l'avait tant de fois sauvée, et elle se mit à chanter tout bas, lui demandant de l'aider.

Lorsque le train entra en gare, elle trouva la force de descendre et le courage de rencontrer ses hôtes allemands, mais elle avait encore une forte migraine et une certaine nervosité qui la faisait trembler de la tête aux pieds.

Chapitre 19
Québécoise, mais toujours italienne

Sœur Angèle est devenue désormais la représentante officielle de la gastronomie du Québec dans le monde. Elle participe avec la délégation québécoise à toutes les foires alimentaires internationales en tant qu'envoyée du Ministère de l'agriculture. Ce qui l'amène, après de nombreuses années, à revenir en Italie à titre d'émissaire officiel du Québec pour la Foire de Milan.

Elle, petite émigrante italienne, retournait dans son pays d'origine comme ambassadrice de son pays d'accueil et d'adoption qui, reconnaissant ses nombreux talents et mérites, lui confiait la tâche de faire découvrir au monde entier de délicieux mets sous les couleurs du Canada et du Québec révélant, grâce à son talent, les goûts et les saveurs de sa terre natale.

Québécoise et Canadienne, tout en restant profondément Italienne : c'est ce que sœur Angèle sut prouver sans équivoque au moment même où ils arrivaient tous à l'aéroport de Milan. Le chef de la délégation fut arrêté par les douaniers italiens qui refusaient de faire entrer les aliments et le lot de provisions nécessaires pour faire les démonstrations. Après d'inutiles pourparlers entre le chef québécois qui ne comprenait pas grand-chose à ce que disait le douanier et ce dernier qui continuait à hocher négativement de la tête, sœur Angèle décida d'intervenir.

Elle sentit alors son naturel revenir au galop. D'un coup, elle se mit à parler vite en italien à voix haute en gesticulant, expliquant, indignée, que c'était honteux d'arrêter une délégation canadienne qui venait représenter son pays à l'occasion de la Foire de Milan, et que si on ne laissait pas immédiatement passer tout le matériel, elle irait se plaindre auprès de l'ambassade à Rome.

Impressionné par les grands discours de sœur Angèle qui parlait d'ambassades et de consulats comme si elle allait en faire un incident diplomatique, le pauvre douanier finit par sourire. Par peur de représailles, se confondant en excuses, il les laissa passer avec tout leur chargement. À l'extérieur de l'aéroport, tous les membres de la délégation poussèrent un soupir de soulagement et tous applaudirent sœur Angèle, devenue leur ange sauveur.

Ce furent des journées de travail intense, de plaisir aussi. Les Québécois apprécièrent beaucoup la *dolce vita* italienne, goûtant aux spécialités locales, au bon vin et aux promenades dans les rues de Milan à la fraîcheur du soir.

Le jour de la démonstration du Québec, un cuisinier québécois qui, avec un jeune élève de l'institut, Ricardo Larrivée[2], faisait partie de la délégation et devait collaborer avec sœur Angèle pour amener le Québec à la victoire, séduit le soir précédent par la beauté des femmes italiennes et par le bon vin qu'il avait peut-être un peu trop apprécié, avait disparu, si bien que le lendemain, tout le monde l'attendait, mais en vain.

Un grand repas avait été organisé pour deux cents personnes à midi, agrémenté de présentations des mets et d'explications concernant les recettes et les produits.

Sœur Angèle était seule avec Ricardo et une équipe de jeunes chefs italiens peu disposés à recevoir des ordres d'une femme, encore moins d'une religieuse. Elle ne se découragea pas pour autant et ne se laissa pas intimider car elle était habituée à enseigner à des jeunes parfois rebelles et avait appris à se faire obéir.

Oubliant toute rancœur à l'égard de celui qui l'avait laissée tomber à un moment aussi crucial, sœur Angèle courait d'un fourneau à l'autre, donnant des consignes en français à Ricardo qui s'affairait à préparer les desserts, présentant des explications claires et simples en italien aux jeunes cuisiniers chargés d'apprêter la viande et le poisson. Aucun plat ne sortait

---

2 Elle lui avait demandé à la fin d'un cours très fatigant de lui faire un café espresso, mais Ricardo ne savait pas le faire. Le croyant Italien, elle lui dit « Comment ? Tu t'appelles Ricardo – qu'elle prononce à l'Italienne *Riccardo* – et tu ne sais pas faire un café espresso ! » Elle lui a enseigné comment le faire. Depuis, Ricardo Larrivée a fait son propre chemin et il est devenu, à son tour, un grand chef et une vedette incontestée des médias.

de la cuisine sans sa supervision. Tous les invités furent servis sans qu'il n'y ait aucun retard. Avant d'apporter les différents mets, sœur Angèle montait sur une scène située au fond de la salle à manger, près de la cuisine et elle se mettait à expliquer les recettes en italien, en français et en anglais. Après le service, pendant que les convives mangeaient, goûtaient et commentaient, sœur Angèle retournait à la cuisine, s'empressait autour des fourneaux pour arranger une sauce, encourager un jeune cuisinier qui avait commis une erreur, en complimenter un autre qui avait bien fait son travail, pour revenir enfin sur le podium en chantant et donnant ses explications en trois langues jusqu'à la fin du dîner. Un vrai tour de force !

Mission accomplie : l'équipe avait réussi à marier la gastronomie québécoise aux vins italiens.

Les invités étaient en extase. Non seulement ils avaient dégusté des mets originaux et délicieux, accompagnés de bons vins italiens, mais ils s'étaient également amusés.

Autant les chefs que les convives, tous applaudirent avec enthousiasme. Ils n'avaient jamais connu une religieuse aussi dynamique, minutieuse dans son travail et joyeuse par-dessus le marché.

Le repas se conclut sous une pluie d'applaudissements et d'ovations.

« Bravo ! Bravo ! Elle est excellente ! », répétait le public dans la salle.

La délégation canadienne repartit pour Montréal avec, dans ses bagages, un trophée bien mérité et tout un chargement de soleil et de joie de vivre.

Bien qu'elle continuât ses émissions à la télévision, sœur Angèle ne négligeait pas son travail pour l'institut qu'elle avait contribué à faire connaître, en collaboration avec Antoine Samuelli, bien au-delà des frontières du Québec.

Malheureusement, une série de médisances firent éclater un scandale dans lequel le directeur était accusé de mauvaise gestion de l'institut et de s'être personnellement approprié des subventions gouvernementales qui furent immédiatement bloquées; ce qui provoqua la fermeture du centre de recherche où œuvrait sœur Angèle.

Il y eut un procès et sœur Angèle se sentit en devoir de défendre son ami Samuelli qui finit par être innocenté, mais le centre de recherche resta fermé pendant quelques années.

Ce fut une dure épreuve pour sœur Angèle qui aimait l'enseignement. Elle s'était attachée à ses étudiants qui le lui rendaient bien. Les cours, la cuisine et ce milieu qui lui était désormais familier lui manquaient beaucoup.

Son départ de l'institut avait fait du bruit et certains saisirent immédiatement l'aubaine.

La compagnie Metro-Richelieu ne laissa pas échapper l'occasion d'engager sœur Angèle, prête à accepter un nouveau défi : un travail différent l'attendait.

Elle se mit ainsi à développer un programme de formation présenté sur vidéocassettes destinées aux professionnels de l'alimentation qui travaillaient dans les magasins Metro.

Entre temps, le père de la Sablonnière la contacta pour lui présenter un projet de voyage gastronomique au profit d'orphelins. Lorsqu'il s'agissait d'œuvres de bienfaisance, sœur Angèle est toujours prête à accepter, et c'est alors qu'elle commença un nouveau travail de guide touristique.

Elle avait déjà travaillé dans sa jeunesse comme guide auprès de l'agence de voyage de l'auberge des Bramezza et ne se fit pas prier pour s'engager dans cette nouvelle initiative, devenant bien vite une accompagnatrice indispensable et sans égale.

Elle retourne alors souvent dans son Italie bien-aimée dont elle fait découvrir les beautés à ses voyageurs, sans jamais manquer de faire escale à Rome pour demander une audience au pape.

Un jour, alors qu'elle était à Rome avec tout son groupe, elle eut l'occasion de visiter le Vatican précisément le jour de l'anniversaire du pape Jean-Paul II. Dans la chapelle des audiences, les différents groupes étaient assemblés par nationalité, chacun portant son drapeau et, lors des salutations de clôture, le pape les nommait un par un et les honorait parfois de quelques mots dans leur propre langue.

SŒUR ANGÈLE

Bien entendu, sœur Angèle faisait partie du groupe des Québécois et elle voulait souhaiter au Saint Père un joyeux anniversaire. Après qu'il eut salué son groupe en français, on entendit une voix, celle de sœur Angèle, s'élever claire et nette au-dessus du bourdonnement de la foule et chanter : « Mon cher Jean-Paul, c'est à ton tour, de te laisser parler d'amour… ». Tous les Québécois s'unirent à elle et entonnèrent en chœur la chanson d'amour écrite par Gilles Vigneault pour le Québec.

Impossible de s'ennuyer en compagnie de sœur Angèle. Elle est imprévisible, mais toujours prête à offrir à pleines mains toute son énergie et son amour pour son prochain. Elle voyage un peu partout, en accompagnant des groupes dans divers itinéraires religieux, culturels, historiques, artistiques et gastronomiques en Europe, en France et en Italie, en Thaïlande, en Chine, en Israël où le Premier Ministre en personne l'invita et l'accompagna avec son groupe entier pour visiter la Terre Sainte.

Voyageuse infatigable, nomade, elle est toujours souriante, même lorsqu'elle traverse les villages de la campagne québécoise qu'elle connaît désormais mieux que la majorité des habitants de la région.

Elle porte à travers le monde entier les saveurs et les parfums de sa terre, accompagnés du message d'amour de son divin Époux.

Un vrai marathon : à un train d'enfer comme le sien, même un athlète succomberait !

Un soir, elle commença à éprouver de fortes douleurs à la poitrine, elle se sentait suffoquer et fut transportée d'urgence à l'hôpital. Le diagnostic était assez sérieux : il s'agissait d'une embolie pulmonaire. Tous firent le signe de croix, craignant le pire. Sœur Denise la veilla toute la nuit.

Sœur Angèle délirait et tout au long de la nuit, comme dans un film, elle vit défiler les scènes les plus marquantes de sa vie.

Les sœurs avaient eu le temps d'avertir André Paillé que sœur Angèle ne pourrait pas passer à la télévision ce jour-là. Ainsi, le 2 juin 1996, presque toute la ville de Montréal apprit aux nouvelles à la radio que sœur Angèle se trouvait à l'hôpital et que sa condition était grave.

C'était presque un deuil national !

Tous, y compris ses ennemis, vivaient en espérant le miracle… et Richetta, sa chère maman, priait dans la salle d'attente de l'hôpital pour que la Madonna del Covolo protège, une fois de plus, sa petite Ginetta.

Par téléphone, André Paillé lui adressa quelques mots d'encouragement, en reprenant les paroles du cardinal Paul-Émile Léger : « On veut vous garder avec nous sur cette terre… on a encore besoin de votre gaieté et de votre sourire. ».

Sœur Angèle semblait déjà partie vers le paradis et elle lui répondit avec un fil de voix que si telle était la volonté de son Époux de l'appeler à Lui, elle était prête à aller à sa rencontre et à partir pour son dernier voyage sans bagages. Elle acheva la conversation avec la prière de son enfance : « Sainte Croix, Sainte Croix, bénis ma famille entière et tous ceux que j'aime. ». Ajoutant ensuite : « Bénis tous mes amis ainsi que mes ennemis, bénis tous ceux que j'ai connus et fréquentés… bénis-les, Seigneur, bénis-moi. Que Ta volonté soit faite. » Et elle s'assoupit.

Après quelques jours, à la grande surprise de tous les médecins, elle commença à aller mieux et à reprendre des forces. En quelques semaines, sœur Angèle retrouva la santé, le sourire et la gaieté. Elle continuait à dire à tout le monde en riant : « Mon heure n'était sans doute pas encore venue, c'est signe qu'il me reste encore une mission à accomplir sur cette terre et que mon Époux a encore des projets pour moi. ».

Après un mois de convalescence, difficilement supporté par moments à cause d'une certaine impatience, sœur Angèle était de retour à la télévision et aux festivals culinaires d'été à Montréal, prête à participer à toutes les manifestations gastronomiques et à devenir marraine ou bienfaitrice des organismes de bienfaisance qui le lui demandaient.

Le fait d'avoir été aussi proche de l'heure de son départ définitif l'a rendue encore plus active car elle a pris conscience qu'elle dispose d'un temps limité pour réaliser tout ce qu'elle souhaite faire; elle n'a plus toute la vie devant elle et les quelques années qui lui restent doivent être consacrées à employer le meilleur de ses capacités pour des œuvres de bienfaisance et d'apostolat.

Chapitre 20
La victoire de l'amour

Sœur Angèle fréquente désormais très souvent le milieu artistique. Comédiens, animateurs, opérateurs, réalisateurs du monde de la télévision, du cinéma et du théâtre, chanteurs et acteurs la considèrent comme une des leurs et l'apprécient pour son écoute patiente à l'égard de tous ceux qui veulent bien lui confier leurs problèmes et leurs peines.

C'est un monde un peu artificiel où critiques et commérages vont bon train, mais sœur Angèle ne s'abaissera jamais à y prendre part; c'est d'ailleurs pour cette raison que les gens l'estime beaucoup. Elle est aimée et respectée de tous pour sa discrétion.

Dans ce même monde fait d'illusions et de pellicule, sœur Angèle a trouvé la façon d'exercer son apostolat. Beaucoup d'artistes riches et célèbres qui semblent vivre une existence faite de luxe où ils ne manquent de rien, sont en réalité parfois les plus malheureux.

Un soir, à la Place des Arts, le site qui rassemble les principaux théâtres de Montréal, après un spectacle très applaudi, une chanteuse célèbre rencontra sœur Angèle dans les coulisses et, en l'embrassant, elle éclata en sanglots.

« Sœur Angèle, cela fait plus d'un an que je travaille sur ce spectacle – lui dit-elle. Tout le monde a applaudi et ça a été un grand succès. J'ai gagné beaucoup d'argent, mais maintenant que tout est fini, maintenant que le rideau est tombé sur mon spectacle, je me retrouve ici, à l'arrière-scène et je suis de nouveau seule. À quoi sert tout cela ? Quelle est la valeur de tant d'argent si je me retrouve sans amour ni amitié ? Merci, sœur Angèle, d'être ici avec moi avec votre beau sourire plein d'espoir. Je vous en supplie, priez pour moi ! »

Ce soir-là en rentrant chez elle, sœur Angèle se dit qu'elle avait de la chance d'avoir un Époux aussi spécial. Si elle n'avait pas eu cette foi profonde en un Dieu qui jamais ne nous abandonne, elle se serait sentie, elle aussi, infiniment seule. Elle se souvint des moments les plus difficiles de sa vie passée, lorsqu'elle se sentait isolée et abandonnée de tous : c'était grâce à l'amour de son divin Époux qu'elle avait pu retrouver sa sérénité et son beau sourire.

Elle comprit à ce moment que les artistes qu'elle connaissait avaient besoin d'elle.

Le directeur de Radio-Canada lui avait d'ailleurs confié un jour : « Sœur Angèle, nous avons besoin de vous. Nous avons besoin de votre présence joyeuse. Nous avons besoin de votre joie de vivre, car vous êtes authentique, une amie vraie et sincère. Vous nous montrez le sens et la valeur d'une existence vécue chrétiennement. ».

Même dans un milieu aussi moderne, aussi émancipé, aussi riche en ressources de tous genres, elle avait trouvé des pauvres… On peut être pauvre et malheureux quand on est privé de moyens matériels, mais également lorsqu'on manque d'humanité envers notre prochain et lorsqu'on ne croit pas en Dieu.

De nombreux artistes, amis de sœur Angèle, souffraient moralement. Leur âme, souvent torturée par l'ennui, les empêchait de découvrir dans le travail une valeur spirituelle; tout ce qui les intéressait se limitait à l'argent.

Sœur Angèle comprit alors le sens de sa mission dans ce milieu. Sa foi est libre, elle ne se laisse pas influencer par les critiques ou les règles. Elle peut d'offrir généreusement amour et espérance là où les gens en ont besoin. Il n'y a ni frontières ni limites à l'amour qu'elle peut prodiguer, un amour qui lui vient directement de son divin Époux. Aucune règle de nature religieuse, aucune distance géographique ni barrière linguistique ne peut l'empêcher de réaliser l'œuvre d'apostolat qu'elle a choisie.

Enfant déjà, elle avait appris au sein de sa propre famille le sens de l'engagement social et de l'aide aux plus démunis. Jésus lui avait toujours indiqué le meilleur chemin pour prêter secours aux affligés. Une fois qu'elle avait réussi à tisser un lien d'amitié et de confiance avec des artistes, ceux-ci se sentaient souvent à l'aise pour discuter avec elle de questions spirituelles et morales.

« Quand on obéit à la voix de son propre cœur, on ne peut pas se tromper ! », soutient toujours sœur Angèle. Et elle les encourage dans leur parcours artistique car, étant elle aussi artiste, elle croit en l'art et ses multiples expressions dans lesquelles se manifeste la présence divine. C'est ainsi que dans ce milieu parfois un peu ambigu, où les tentations sont nombreuses, sœur Angèle a su trouver amitié et solidarité. Grâce à ces collègues de travail, elle a pu comprendre les problèmes qui tourmentent même les gens les plus riches et aisés. Plusieurs d'entre eux s'adressaient à elle comme à une vraie amie, oubliant que c'était une religieuse. Tous l'aiment d'un amour fraternel et, l'ayant toujours considérée comme une sœur, leur attachement n'en est que plus sincère.

Du haut de ses soixante-dix ans passés, sœur Angèle n'a pas perdu sa gaieté, elle rit et plaisante toujours affectueusement avec tous ses amis célèbres. Elle réussit à les guider vers le droit chemin et à se faire aider dans chacune de ses œuvres de bienfaisance. Elle parvient à leur donner le goût d'être généreux envers ceux qui en ont le plus besoin.

Depuis plus de quinze ans maintenant, elle anime avec Sylvain Charron, une émission télévisée devenue très vite populaire et dont la cote d'écoute est très élevée : *La victoire de l'amour*, avec la participation de plusieurs personnalités connues et de nombreux artistes.

Dans la grande ville de Montréal devenue multiculturelle, tout le monde apprend à vivre dans une fraternité fondée sur le respect de la personne et de la liberté.

Ce sont les valeurs auxquelles elle croyait déjà lorsqu'elle était enfant, les seules pouvant offrir l'avenir d'un monde meilleur fait de paix, de justice et de solidarité. Elle a réussi à faire pénétrer ces valeurs dans l'âme et dans le cœur de ceux qui n'y croyaient plus. Connue de tous, elle est appréciée pour ses talents de chanteuse aux fourneaux, accompagnée d'une batterie de marmites et de casseroles. Mais voici que sœur Angèle devient vraiment une chanteuse et produit pour Noël son premier disque, comme toutes les grandes vedettes : *Le Noël angélique*, en collaboration avec quelques noms parmi les plus connus dans le monde musical québécois, Ginette Reno, France Castel, Marco Calliari et Antoine Gratton qui sont tous ravis de travailler avec elle. Sœur Angèle sait mettre à profit ses qualités de rassembleuse et attirer autour d'elle de grands acteurs et de riches personnalités pour les motiver et les engager à aider les moins fortunés, peu importe la manière, par ses œuvres de charité, qui ont toujours besoin de l'aide gratuite des gens de bonne volonté.

Toutes les recettes des ventes de son disque de Noël sont versées à la *Fondation Dignité Jeunesse*, un organisme qu'elle a mis sur pied et qui a pour objectif de venir en aide aux adolescents qui ne savent pas où aller, qui pensent avoir perdu la confiance de tous et qui se sentent perdus… Sœur Angèle comprend parfaitement cette angoisse que vivent les jeunes, surtout lorsqu'elle les rencontre dans les parcs, désœuvrés, apathiques, découragés, en train de fumer ou de consommer de la drogue.

Un jour de printemps, alors que la neige fondait, laissant sur le sol un mélange d'eau et de boue, elle passa auprès d'un groupe de jeunes *punks* assis par terre au milieu de cette désolation qui, en la voyant, l'interpellèrent en ricanant : « Eh, sœur Angèle, pourquoi tu ne nous amènes pas un beau gâteau à la marijuana ? ». Et, tout en continuant à rire et à plaisanter de façon irrespectueuse, ils fumaient leurs drogues destructrices.

Le lendemain, sœur Angèle revint sur les lieux et, s'adressant aux mêmes jeunes avec assurance et affabilité, leur offrit un magnifique gâteau au chocolat, préparé avec tout son amour et sa patience… Les jeunes restèrent d'abord surpris puis, partageant entre eux le délicieux dessert, ils commencèrent à bavarder cordialement avec cet ange de bonté descendu expressément pour eux dans la rue.

À partir de ce moment-là, sœur Angèle comprit que c'était le manque d'amour qui faisait souffrir une grosse partie de cette jeunesse considérée socialement inadaptée parce que tenue à l'écart et livrée à elle-même.

Ces adolescents qui traînent dans les ruelles sombres de Montréal trouvent refuge dans les gangs car une fois qu'ils font partie du groupe, ils se sentent acceptés et épaulés. Mais ce besoin de s'identifier à une bande, bien que souvent néfaste, est essentiellement issu d'un manque d'amour !

On ne peut rester insensible devant leurs difficultés parce que ces jeunes deviendront adultes et s'ils sont rejetés maintenant, ils se préparent à être des délinquants demain.

Sœur Angèle fait confiance à ces jeunes; leur richesse et leur bonté sont cachées dans leur cœur. Il suffit de savoir les découvrir pour faire jaillir tout ce potentiel qu'ils possèdent en eux.

C'est la marginalisation qui alimente la délinquance. Il faut faire connaître à ces pauvres jeunes les grandes valeurs d'une existence vécue chrétiennement, il faut leur montrer la dignité et l'importance d'avoir un bon travail, adapté à leurs capacités, une activité qu'ils puissent aimer. Mais pour cela, il faut les encourager, les motiver à poursuivre leurs études, à obtenir leur diplôme plutôt que de les laisser perdre les meilleures années de leur vie dans le labyrinthe infernal des drogues et de la délinquance.

C'est dans cet esprit que sœur Angèle a voulu créer, avec les pères Jean Boyer et Pierre Labossière, la *Fondation Dignité Jeunesse* qui œuvre dans le but de venir en aide à ces jeunes marginalisés en organisant des activités de plein air et des camps d'été, afin de les motiver ensuite, pendant l'année scolaire, à poursuivre et terminer leur formation, puis à trouver un emploi convenable qui puisse les réconcilier avec la vie.

Ces jeunes ont besoin d'être guidés et sœur Angèle est l'étoile qui illumine leur chemin.

Évidemment, il faut de l'argent pour soutenir une telle œuvre. Mais cela n'inquiète pas sœur Angèle qui, pleine d'enthousiasme, réussit à entraîner dans ses initiatives tous ceux autour d'elle qui ont retrouvé le plaisir de donner et l'amour de leur prochain.

Loin d'être à court d'idées, après une série d'expérimentations culinaires, la voici qui collabore à la création d'un fromage très crémeux, de forme ronde comme le soleil de l'espoir, un fromage qui porte son nom : *Le sœur Angèle* et dont les recettes sont dévolues à la fondation qui lui tient tant à cœur[3].

La foi qui l'anime la pousse à entreprendre mille projets, grâce notamment au soutien de ses nombreux amis religieux et laïcs qui croient en Dieu et n'ont pas peur de montrer leur foi.

Sœur Angèle est convaincue qu'il suffit de donner le bon exemple et d'indiquer le droit chemin pour qu'un groupe de gens la suive, se transformant bientôt en une armée de volontaires disposés à lui prêter main forte dans ses nouvelles initiatives de bienfaisance.

Ainsi, depuis les débuts du programme télévisé *La victoire de l'amour*, elle poursuit quotidiennement son œuvre d'évangélisation, touchant le cœur de milliers de spectateurs et, parmi eux, de nombreux jeunes de tous les milieux sociaux.

Sylvain Charron et sœur Angèle, ainsi que tous les bénévoles qui animent ce programme, mettent principalement l'accent sur la miséricorde infinie d'un Dieu qui est surtout un Père plein d'amour. À travers la présentation de différents témoignages, parfois même tragiques, de personnes qui ont réussi à surmonter de dures épreuves grâce à leur foi en Dieu, ils arrivent à inspirer la paix et la sérénité aux spectateurs dont les cœurs sont affligés, ravivant leur foi éteinte et enrichissant leur vie spirituelle pour les rapprocher de Dieu.

Chaque situation, aussi dramatique et terrible qu'elle soit, peut être dépassée grâce à la foi et à la confiance en l'Amour divin.

Nombreux sont les artistes qui viennent à la télévision pour témoigner avoir retrouvé la foi et le droit chemin après avoir croisé le doux sourire de sœur Angèle.

C'est justement pour la remercier que Marie-Chantal Toupin, Jean-Pierre Ferland, Michel Louvain, ces grands noms de la chanson québécoise, ainsi que d'autres artistes, ont enregistré un disque, *La Victoire de l'Amour*, dont les recettes sont affectées, bien entendu, à des œuvres de bienfaisance.

---

3 Le fromage Le Soeur Angèle est préparé par la maison Fritz Kaiser, du nom de son propriétaire, le maître-fromager suisse Fritz Kaiser.

Même la très célèbre Ginette Reno viendra témoigner de la foi qu'elle a retrouvée et de son amitié profonde et sincère envers sœur Angèle. Deux femmes unies par le même prénom, Ginette, par le même talent artistique, une même voix d'or. Deux femmes qui, malgré leur popularité, sont toujours restées simples et modestes, conservant un cœur plein d'amour, de bienveillance et de confiance.

« J'étais seule, mon conjoint m'avait quittée et j'allais être submergée par les vagues dangereuses de la dépression », raconte Ginette Reno à la télévision. On était en octobre, un mois mélancolique, même si la campagne québécoise se pare de ses plus belles couleurs avant de mourir. Et Ginette Reno aussi se sentait mourir; elle avait perdu le goût de vivre… que lui serait-il arrivé si elle n'avait pas croisé sœur Angèle sur son chemin ?

« Dans les moments les plus sombres – continue Ginette – le sourire de sœur Angèle m'a fait du bien et pour m'éloigner de mes pensées noires, je me suis mise à fabriquer des chapelets à la main. »

Cela se passait en octobre, le mois du rosaire. Peut-être s'agissait-il encore une fois d'un signe du ciel ? La grande artiste commença à confectionner un chapelet et, pendant qu'elle y travaillait, les *Ave Maria* glissaient lentement sur ses lèvres.

Un souvenir renaissait dans son esprit : elle était enfant et priait pendant le mois de mai, consacré à la Vierge Marie. Avec une vie artistique mouvementée comme la sienne, toutes ces belles traditions religieuses avaient été oubliées. Mais là, alors qu'elle assemblait patiemment et minutieusement ses chapelets, les *Ave Maria* lui revenaient tout naturellement aux lèvres.

Cela faisait désormais plus d'un an que l'artiste fabriquait des chapelets et, comme elle l'avoue, c'est ce qui lui a sauvé la vie.

Après les avoir fait bénir, elle offre ces couronnes aux malades en leur recommandant de prier pour elle aussi. Ginette Reno a retrouvé la paix, la sérénité et la joie de donner pour aider ceux qui sont dans le besoin.

Tristement, aujourd'hui encore, en cette deuxième décennie du troisième millénaire, le monde est encore rempli d'injustices. Le XXIème siècle, qui devait être le siècle de la paix, a présenté un bilan taché de sang, de pays déchirés par des guerres fratricides, de peuples massacrés. Même les lieux saints où est né Jésus, où il a vécu et a prêché tout son amour pour l'humanité, se trouvent dévastés par des luttes interminables entre peuples frères.

Quand le monde vivra-t-il vraiment en paix ?

La guerre ne fait qu'alimenter des sentiments de haine entre frères, conduisant inévitablement aux génocides, aux massacres, à la destruction et à la mort.

Face à cette réalité, comment imaginer une façon de soulager autant de souffrances ?

Ce n'est qu'avec l'aide divine qu'on pourra enfin trouver le moyen d'apaiser, en partie du moins, la douleur humaine. Afin de raviver l'espoir, il faut donner à pleines mains amour et confiance, comme sœur Angèle qui, avec son sourire, sait offrir, sans aucune discrimination, amitié et solidarité unies au respect de la dignité et de la différence de l'Autre.

C'est ce qu'on appelle la grande victoire de l'amour.

Et sœur Angèle est encore sur le terrain, malgré les années qu'elle ne compte plus, toujours tournée vers l'avenir pour réaliser des projets qui, grâce à leur popularité, pourront être utiles à ses fondations.

Céline Dion et son mari rené Angelil ont accepté, à la requête de sœur Angèle, de prêter la grande salle à manger Le Mirage, situé dans le terrain de golf de leur propriété située à Terrebonne. Ainsi, elle a pu offrir un repas de Noël, concocté par les plus grands chefs de Montréal, à quelque 400 enfants démunis.

Sœur Angèle a connu et fréquenté les plus grands personnages du monde artistique et ecclésiastique. La reine mère d'Angleterre a longtemps été son amie, tout comme de nombreuses autres célébrités et aucune d'elles n'a pu rester indifférente devant sa simplicité et son sourire.

Pour ses 50 années de vie consacrées au Seigneur, ses chers amis, sous la direction de Nicola Travaglini et grâce à l'intervention du secrétaire du pape Benoît XVI, lui ont offert en cadeau une audience spéciale privée avec le Saint Père.

Très émue, après s'être agenouillée devant le Saint Père et lui avoir embrassé la main, cette main qui venait de la bénir, debout avec son radieux sourire, elle offrit à Benoît XVI une magnifique confection de sirop d'érable, lui expliquant simplement comment il fallait le déguster : sur du pain, des crêpes ou, mieux encore, avec sa fameuse tarte au sucre à la crème qu'elle avait apportée du Québec. En riant et plaisantant avec le pape, elle lui expliqua dans les moindres détails sa célèbre recette qu'aucun pâtissier n'avait réussi à copier et qui avait rendu populaire le traditionnel dessert québécois devenu, grâce à elle, un vrai délice connu dans le monde entier.

Le pape s'amusait en écoutant cette simple religieuse lui enseigner quelque chose qui relevait d'un domaine qui lui était totalement inconnu, la cuisine. À la fin, pour lui faire une agréable surprise, il la pria de fermer les yeux et quand sœur Angèle les ouvrit, elle vit devant elle Benoît XVI portant sur sa tête un large chapeau rouge. Émerveillée, elle s'exclama :

« Il est très beau ! Et comme il vous va bien ! Pourquoi ne le portez-vous pas toujours ? ».

Et le pape lui répondit en souriant : « Je ne peux pas. Il ne m'appartient pas, ma chère fille. Vous ne le reconnaissez pas ? ».

Oui, bien sûr, sœur Angèle l'avait reconnu avec un serrement au cœur, mais elle n'osait pas parler. Ce chapeau lui rappelait son grand ami le patriarche de Venise, Angelo Roncalli, qui l'avait reçue au patriarcat alors qu'elle était encore jeune fille. Le couvre-chef était maintenant conservé précieusement au Vatican.

Ce fut une magnifique journée pour sœur Angèle et une audience plutôt hors du commun pour le pape qui passa une heure agréable à sourire et à se détendre.

En la congédiant, il eut pour elle des mots aimables et, s'adressant à ses assistants, il leur dit : « Sœur Angèle est la preuve vivante que les émigrants italiens à l'étranger font honneur à leur patrie. ».

De retour à Montréal, sœur Angèle reprit comme toujours sa vie active : émissions télévisées, programmes radiophoniques, animation de soirées gastronomiques pour ses fondations, voyages touristiques et religieux et conférences.

Elle est donc non seulement guide touristique, guide spirituelle, guide culinaire, mais également conférencière dans différents domaines liés à la nutrition : pour les mamans qui apprennent à nourrir leurs nouveau-nés et leurs enfants, pour les écoles qui doivent offrir une alimentation saine aux étudiants, pour les hôpitaux qui doivent alimenter correctement les patients.

Avec toutes ses activités, elle ne se rend même pas compte que le temps passe; elle a cessé de calculer les années. Elle est toujours joyeuse et pleine de vie, toujours à l'affût d'évènements et de projets à promouvoir, accueillante avec tous et prête à s'enthousiasmer pour toute nouveauté, elle continue son œuvre d'apostolat en encourageant ceux qui œuvrent autour d'elle, certaine qu'en semant le bien, on ne peut que récolter le bien, que la bonne semence fleurit toujours et donne de bons fruits, parfois même dans le désert.

Même si à l'horizon se profilent de sombres nuages précurseurs de tempêtes, sœur Angèle élève son regard là où le ciel est clair et dégagé. Elle continue à avancer, confiante en ce siècle nouveau, convaincue de la mission qui lui a été confiée car elle sait qu'elle n'est qu'un instrument du dessein de Dieu. Elle est consciente qu'un sommet lumineux l'attend et elle s'y dirige en comptant sur elle-même et sur l'aide des nombreuses personnes qui lui sont chères, qui l'ont connue, qui l'aiment et l'apprécient. Mais plus que toute autre chose, elle est guidée par sa confiance inébranlable en la Divine Providence et en l'amour infini de Dieu qui conduisent à toutes les victoires…

Sur le boulevard Gouin, entourée d'un grand pré verdoyant, proche de la Maison Mère de la congrégation des sœurs de Notre-Dame du Bon-Conseil, on aperçoit une maisonnette toute blanche où sœur Angèle passe maintenant le temps qui la sépare encore de la rencontre définitive avec son Époux. Elle a créé chez elle un laboratoire d'art culinaire, un petit salon-café où elle peut enregistrer ses émissions télévisées et elle a aménagé tout autour un jardin avec les plus belles fleurs de ses montagnes lointaines : cyclamens, bleuets des champs, edelweiss et myosotis.

SŒUR ANGÈLE

Dans une petite niche, une Vierge au manteau bleu ciel sourit aux passants…

Un sourire qui illumine la vie.

Un sourire porteur d'espoir.

Un sourire au parfum de paradis…

Épilogue

Malgré les années qui passent, malgré plus de cinquante ans de vie consacrée au Seigneur, sœur Angèle est toujours restée la petite fille d'autrefois.

Toujours joyeuse et souriante, même dans les moments les plus difficiles de sa vie.

Quand vous lui demandez « Comment ça va ? », elle vous répond toujours « Moi, toujours bien ! », même si elle se trouve sur un lit d'hôpital avant de subir une difficile opération.

À l'annonce imprévue de sa grave maladie et de l'opération urgente qu'elle doit subir, elle garde son sourire et sa confiance. Le mot « cancer » fait toujours peur et il déclenche tout un choc. Sœur Angèle aussi a dû éprouver au fond d'elle-même un sentiment d'impuissance. Son cœur effrayé a dû cesser de battre un bref instant, mais une force intérieure lui a donné le courage de se ressaisir et de lutter contre le désespoir.

Souriante à la télévision sur les ondes de TVA, elle se confie à son ami Sylvain Charron.

« Je ne suis pas seule. Mon Époux est avec moi. C'est tout un choc, c'est vrai, mais quand j'ai appris la nouvelle, la première chose qui m'est venue en tête, c'est à quel point la neige est belle ! »

Nous étions à ce moment en pleine tempête de février.

Et elle continue. « Il faut se concentrer sur ce qui est beau. Après tout, c'est une maladie comme une autre, c'est le nom qui fait peur... »

Puis elle plaisante.

« On devrait lui trouver un autre nom, un nom qui ne suscite pas le désespoir. Je voudrais aider tout le monde à avoir une pensée positive vis-à-vis de toute maladie. La maladie n'est pas la mort. »

Encore une fois, comme toujours devant la souffrance, avec son sourire, elle chasse l'anxiété, elle tranquillise les esprits et elle invite à lutter et à vaincre.

Sylvain Charron lui serrant affectueusement les mains lance un appel à tous ses téléspectateurs afin qu'ils forment : «…une chaîne de prières dans tout le Canada pour le jour de son opération car nous voulons vous garder encore avec nous parce que, comme le cardinal Léger vous a dit un jour, avec votre sourire, nous avons le paradis sur terre.».

La vie réserve bien des défis, mais sœur Angèle a toujours su les maîtriser, ils ne l'ont jamais effrayée et encore une fois elle s'en est sortie victorieuse. Jésus, son unique et grand amour est à ses côtés. Après presque un mois de convalescence, le tout n'est plus qu'un souvenir et elle est déjà sur pied, prête à s'envoler pour son cher petit village Cavaso.

En effet, les autorités politiques et ecclésiastiques de la Vénétie l'attendaient pour lui témoigner toute leur admiration pour avoir, grâce à son oeuvre et à l'exemple de toute sa vie, fait honneur à l'Italie et, surtout, à sa terre d'origine, la Vénétie.

En avril 2012, le maire de Cavaso lui a offert un cadeau symbolique : les clefs de son pays natal. Trois jours de festivités s'ensuivirent et elle a pu rencontrer de lointains parents et d'anciennes amies et connaissances.

L'auberge Bramezza est toujours là, au milieu de la place, face à la mairie et sœur Angèle indique avec émotion la fenêtre de sa petite chambre où elle se mettait à chanter et à regarder le ciel étoilé pendant les chaudes soirées d'été. Elle fait le tour de son village sans trop le reconnaître car après tant d'années, il a bien changé. Parfois, elle s'arrête montrant du doigt un lieu, un coin et disant « Ici, il y avait…. ».

Avant de partir pour Venise où le patriarche Monseigneur Francesco Miraglia l'attend pour une audience spéciale avec toute la délégation québécoise qui a voulu l'accompagner, elle veut assister à une messe à la chapelle de la Madonna del Covolo pour la remercier. Encore une fois, elle croit au miracle et elle est certaine que sa Madonna, spécialement cette Madonna, l'a toujours protégée

Tout ce voyage, toutes ces manifestation officielles en son honneur ont été pour elle une heureuse surprise. Elle ne s'y attendait pas et elle reçoit le tout humblement comme un don du ciel.

« Je suis renversée. Après tout, je n'ai pas fait grand-chose. Je ne pensais jamais que mes petits plats auraient tant d'effets ! »

De retour à Montréal, encore d'autres surprises l'attendent.

Le Québec la déclare la Maman de l'année 2012 et lui offre un buste en bronze.

Le Gouverneur général du Canada, l'honorable David Johnston, lui fait l'honneur de devenir Membre de l'Ordre du Canada pour son dévouement exceptionnel envers son pays d'adoption.

Les prix honorifiques ne se comptent plus, mais ce n'est pas parce qu'on a reconnu partout que pendant toute sa vie elle s'est dévouée à soulager les souffrances de l'humanité qu'elle va se laisser aller à un repos bien mérité. Au contraire, elle continue ses activités avec enthousiasme et énergie. Elle poursuit sa merveilleuse vocation de se mettre au service des malheureux et de répandre autour d'elle courage, espoir et confiance dans un monde meilleur. Elle continuera à vouloir percer l'obscurité dans laquelle le monde semble être plongé, encore dans ce troisième millénaire, car elle est convaincue qu'en brassant même un tout petit peu les eaux de la grande mer de l'indifférence, on provoque une petite onde qui va à la rencontre d'autres vagues provoquant ainsi un fort courant capable de vaincre la glaciale indifférence de l'égoïsme.

Avoir le courage donc d'aimer à large échelle et lutter pour un monde meilleur. Voilà toute la pensée qui la soutient encore pour gravir les dernières étapes qui la sépare du haut sommet là où la lumière brille et où le Seigneur de l'univers, son unique et grand amour l'attend pour toujours.

SŒUR ANGÈLE

**Les prix honorifiques les plus importants offerts à sœur Angèle
sont nombreux. Parmi ceux-ci :**

En 2004, L'ITHQ (Institut de tourisme et d'hôtellerie du Québec) lui a décerné la plus haute distinction pour la qualité de son implication. Cet institut a nommé une salle en son honneur : Sœur Angèle Rizzardo, la classe de perfectionnement pour les jeunes qui se destinent à la cuisine dans les ambassades du monde.

En 2005, le maire de Montréal, monsieur Gérald Tremblay, a tenu à célébrer les 50 ans de vie de sœur Angèle sur le sol montréalais et lui a remis les clefs de la ville.

Le prix Femme de la Vénétie lui a été offert en 2012 par le Centre de la culture de Vénétie.

En 2012 encore, un buste en bronze à son effigie a été créé par l'artiste Jean-Pierre Busque dans le cadre de sa nomination comme Personnalité de l'année 2012. Ce prix était décerné par la Fondation Mission Santé. L'œuvre est exposée dans la chapelle de l'institut des sœurs.

En 2012, sœur Angèle est récipidiaire du Prix Max-Rupp de la Société des chefs, cuisiniers et pâtissiers du Québec (SCCPQ). Ce prix met en valeur la persistance du mérite du lauréat.

Et, toujours en 2012, sœur Angèle devient membre de l'Ordre du Canada pour sa contribution à l'avancement des bonnes pratiques nutritionnelles.

Publications et fondations

Sœur Angèle signe de nombreux ouvrages :

La cuisine joyeuse de Sœur Angèle
La Fourchette d'or (trois tomes)
La cuisine simplifiée
Les 7 jours de Sœur Angèle
Cuisinons et colorions avec Sœur Angèle
Dans la cuisine de Sœur Angèle – La Presse Radio Canada
Collaboration au *Guide Debeur,* Revue gourmande des Québécois

Elle est marraine de plusieurs fondations :

Plein air plein cœur (aide les enfants en manque d'amour)
Dignité jeunesse (formations aux jeunes décrocheurs scolaires)
La fourchette de l'espoir (aide les mères monoparentales, les parents et les enfants immigrants et québécois : cours de français, de cuisine, d'orientation)

Le prix international Le Globe Tricolore

Le prix Le Globe Tricolore, créé à Rome en 2009, sous les auspices du président de la République italienne Giorgio Napolitano, veut récompenser les efforts des Italiens (associations ou individus) qui se sont distingués dans leur profession, dans les arts, les études et la recherche, tant en Italie que dans le monde entier.

Pour l'année 2011, on décerna les prix aux oeuvres qui, d'une façon ou d'une autre, se sont penchées sur la mémoire historique italienne et sur l'histoire de l'émigration.

En effet, le président Giorgio Napolitano, en dévoilant le thème du concours *L'unité d'Italie et l'émigration italienne dans le monde*, a déclaré :

« On ne peut pas fêter les 150 années de l'histoire de l'Italie unie en oubliant que cette même histoire est fortement liée au phénomène de l'émigration de notre peuple.

Les vrais protagonistes de l'histoire de notre pays sont les Italiens en Italie, mais aussi tous ceux qui, obligés de quitter leur propre terre, ont gardé l'amour et le respect de leur patrie, tout en vouant respect et reconnaissance envers le pays qui les ont accueillis, en contribuant par leur travail au développement des pays d'adoption. ».

Pour la littérature italienne dans le monde, le prix Globe Tricolore 2011 est décerné au Canada à l'auteure Concetta Voltolina Kosseim pour son ouvrage *Sapori e profumi di paradiso*, biographie d'une personnalité devenue célèbre au Canada, plus précisément au Québec, sœur Angèle, Italienne d'origine vénitienne.

La récipiendaire fut choisie… « pour avoir fait revivre dans ses pages les moments tragiques de la lutte clandestine pour la libération de l'Italie et le douloureux chemin de l'émigration à travers l'histoire d'une jeune fille de la Vénétie, Angiola Rizzardo, qui, seule, à 17 ans, a quitté sa famille et son cher village Cavaso del Tomba pour s'en aller au loin vers l'inconnu et qui à travers mille et une difficultés a su conquérir par la force de sa volonté, un inoubliable sourire et une inébranlable foi en Dieu son pays d'adoption.

On est frappé par l'originalité du sujet, par la description des scènes terribles des évènements vécus et par une forte narration à travers laquelle se développe toute l'histoire. »

Cet ouvrage, composé en Adobe Garamond Pro
a été achevé d'imprimer sur les presses
de l'imprimerie Marquis Gagné,
Louiseville, Canada
en septembre deux mille treize
pour le compte
de Marcel Broquet Éditeur